멘탈리티

재능을 뛰어넘는 악착같은 멘탈의 힘

멘탈리티

팀 그로버·샤리 웽크 지음 | 서종기 옮김

푸른숲

이 책에 쏟아진 찬사

"스포츠 트레이닝에 관한 지식 측면에서 팀 그로버는 단연 최고다. 그는 내 훈련 과정에서 헤아릴 수 없을 만큼 중요한 존재였다."

마이클 조던, 전 NBA 선수(NBA 6회 우승)

"팀 그로버는 멘탈의 중요성을 누구보다 잘 아는 사람이다. 이 책은 우리가 무엇을 성취할 수 있는지 깨닫고, 도저히 상상하기 어려운 결과를 내고, 최고 수준의 성공에 도달하고, 그보다 훨씬 더 높은 곳으로 향하기 위한 청사진을 제시한다."

코비 브라이언트, 전 NBA 선수(NBA 5회 우승)

"스포츠든 비즈니스든 삶 그 자체든 어딘가에서 경쟁을 하는 사람이라면 당신에게는 이 책이 필요하다. 상대를 박살 내는 방법을 팀 그로버보다 많이 아는 사람은 없다. 챔피언을 만드는 일, 그 영역에서 그는 최고의 전문가다."

찰스 바클리, 전 NBA 선수(올 NBA 퍼스트 팀 5회 선정)

"이 책은 팀 그로버가 내게 그랬듯이 당신을 한 차원 높은 수준으로 끌어올리고 자기 분야에서 최고가 되는 길을 알려줄 것이다. 나는 그를 무한히 신뢰한다."

드웨인 웨이드, 전 NBA 선수(NBA 3회 우승)

"리더십과 탁월함에 관한 팀 그로버의 통찰은 위대한 선수들을 최정상의 자리로 이끌어왔다. 그가 쓴 책 역시 독자들을 성공의 길로 이끌 것이다. 《멘탈리티》는 자신을 억누르는 규칙을 부수고 본능을 따라서 원하는 목표를 향해 나아가라고 외친다."

마이크 슈셉스키, 전 미국 국가 대표 농구팀 감독

"내가 세계 최정상급 선수들을 지도하고 응원하고 훈련해온 수십 년간 팀 그로버 이상 가는 조력자는 없었다."

팻 라일리, 마이애미 히트 전 감독 겸 사장

사랑과 격려로 악착같이 산다는 것의 참뜻을 가르쳐주신
수르지트 그로버와 라탄 그로버, 나의 부모님께 이 책을 바친다.
두 분이 계셨기에 나를 이루고 나와 함께하는 모든 것이 존재한다.

차례

당신에게는 악착같이 싸울 힘이 있는가?

이 책의 출간을 나흘 앞두고 내 오랜 고객인 코비 브라이언트^Kobe Bryant^*는 아킬레스건 파열이라는 큰 부상을 당했다.

스포츠계에서 코비처럼 많은 업적을 쌓으려면 수년간 끊임없이 상상할 수 없을 만큼 엄청난 노력을 쏟아야 한다. 그러나 상황은 정말 한순간에 변한다. 어떤 때는 정규 시즌을 무사히 마치고 플레이오프에 도전하지만, 또 어떤 때는 수술대에 올라 재활 치료와 불투명한 앞날이라는 시련에 직면하기도 한다.

여기서 내가 말하고 싶은 건 코비의 선수 생명이 끝장날 뻔했던 그 순간이 아니다. 나는 생각지도 못한 사고가 일어난 직후, 다시 말해 본능이 모든 행동을 결정하는 순간을 이야기하려 한다.

◆ LA 레이커스를 대표하는 선수로 '블랙 맘바'라는 별명으로 유명하다. 1996년에 프로로 데뷔하여 2016년에 은퇴하기까지 총 다섯 번의 우승을 경험했다. 그의 엄청난 노력과 승부 근성을 일컫는 '맘바 멘탈리티'는 농구계를 넘어 다양한 분야에서 많은 이에게 영감을 주었다. 2020년 1월 26일 헬리콥터 추락 사고로 사망하여 전 세계 농구 팬들에게 큰 충격과 슬픔을 안겨주었다.(이하 각주는 모두 옮긴이가 썼다.)

그날 통증과 좌절감으로 주저앉은 코비를 비난할 사람은 아무도 없었다. 그는 동료 선수들의 부축을 받으며 홈 팬들의 진심 어린 박수 속에 코트를 떠날 수도 있었다.

그러나 코비는 제 사명을 다하기 위해 자유투 라인으로 걸어갔다. 그때 내 유일한 궁금증은 그런 상황에서 그가 자유투를 몇 개나 넣느냐였다. 결과적으로 공은 두 번 다 림을 통과했고 그러고 나서야 그는 탈의실을 향해 걸어갔다.

악착같이 싸운다는 건 바로 그런 것이다.

코비에게는 생각을 하거나 계획을 짜거나 결정을 내릴 여유가 없었다. 지시를 기다리거나 우물쭈물할 시간도 없었다. 그 순간에는 오직 계속 앞으로 나아가고, 더 힘을 내고, 결코 포기하지 않겠다는 본능적인 투지밖에 없었다. 그렇게 그는 충격적인 부상을 당하고도 끝까지 자유투를 성공해내며 농구 인생의 다음 장을 직접 열어젖혔다.

바로 그날의 광경이 이 책의 주제와 정확히 일치한다. 누가 무엇을 어떻게 하라고 알려줄 때까지 기다리지 않고 목표를 향해 곧장 나아가는 것. 진짜 행동해야 할 때 머뭇대지 않고 본능적으로 움직이는 것. 임무를 끝내고 다음으로 나아가는 것이다.

스포츠 분야에서 '악착같다relentless'는 말은 누구보다 경쟁심이 강하고 크게 성공한 선수들, 물불 가리지 않고 목표를 이뤄내는 이들을 묘사할 때 쓰인다. 승리와 우승의 횟수, 트로피와 우승 반지의 개수는 그 선수가 얼마나 끈질기게 싸워왔는가를 보여주는 지표다.

실제 삶에서 악착같이 군다는 것은 남들과는 다르게 무언가를 성취하고, 극복하고, 강인하게 살아갈 힘을 마음에 장착한다는 뜻이다. 최종 결과를 내는 데 완전히 빠져들어 그 과정에 얼마나 많은 노력과 희생이 필요한지는 개의치 않는다는 뜻이기도 하다. 단지 스포츠에서뿐 아니라 우리가 하는 모든 일에서 말이다.

세상 모든 사람에게는
악착같이 싸워나갈 능력이 있다.

이 책이 출간된 뒤 한동안 내게는 이메일과 편지, 각종 소셜 미디어의 메시지 폭탄이 쏟아졌다. 마지막 결과를 낼 때까지 포기하지 않고 계속 앞으로 나아가는 인물들의 강철 같은 멘탈에 동질감을 느낀 독자들이 보낸 것이었다.

그들은 경쟁과 성공의 정점에 도달한 사람, 즉 무언가를 그저 시도해보거나 '최선'을 다해보는 데 만족하지 않는 부류인 '클리너 Cleaner'에 관해 이야기하고 싶어 했다. 그들은 단순히 어떤 직업을 갖고 일하는 데 그치지 않고 그 분야의 상징이 된 인물들, 이를테면 마이클 조던 Michael Jordan 과 코비 브라이언트, 드웨인 웨이드 Dwyane Wade 같은 챔피언들이나 각계각층에서 대성한 사람들이 어딘가 자신과 닮았다고 느꼈다. 많은 독자들이 자신에게 클리너가 될 자질이 있는지, 혹은 이 책에 등장하는 또 다른 유형인 클로저^{Closer}나 쿨러^{Cooler}와 자신이 다르지 않은지 물어왔다.

우리는 무엇이든 될 수 있다.
단 클리너가 되고 싶다면
거기에 걸맞은 노력이 필요하다.

내게 연락한 사람들 중에는 잘나가는 운동선수도 일부 있었지만 상당수는 그렇지 않았다. 교사와 소방관, 군인, 기업의 최고 경영자나 학생, 청소년 스포츠 리그부터 프로 리그까지 몸담은 수많은 코치들이 대화를 청했다. 한 고등학교 운동부 코치는 여름 동안 선수들과 이 책을 함께 읽으며 토론했다고 밝혔고, NFL의 한 코치는 이책 덕분에 본인 외에도 '내면의 어둠'을 통해 경쟁 본능을 끌어올리는 사람들이 있다는 사실을 알았다고 말했다. 학교에서 불량 학생들을 지도해온 어느 교사는 이 책을 통해 그들의 가능성을 깨달았다면서, 이제는 아이들에게 남이 원하는 모습 대신 자기 본성을 따라서 살도록 조언한다고 했다. 아프가니스탄에서 헬리콥터를 조종하는 미군에게서도 메시지를 받았다. 그는 한 치의 망설임도, 단 한번의 실패도 허용되지 않는 그 자리에서 매일 임무를 완수하는 데온 힘을 쏟았다. 실수는 곧 누군가의 죽음을 뜻하기 때문이었다.

그들은 남들이 불가능하다고 여기는 목표를 좇으며 느끼는 고독감과 그 과정에 드는 고된 노력을 아무도 이해하지 못하는 현실에 관해 이야기했다. 본능을 믿고 따르며, 의심과 두려움을 차단하고, 다들 포기할 때 홀로 전진하는 그 능력에 누군가가 '클리너'라는 이름을 붙였다는 사실이 믿기지 않는다고 말했다.

이 책은 스포츠계를 지배한 엘리트 운동선수들의 사례를 주로 다루지만 내게 연락한 독자들은 그 핵심이 선수들의 신체 능력이 아닌 마음가짐에 있음을 잘 알았다. 마음속에 악착같은 투지를 품으면 우리 역시 최고의 스포츠 스타들이 해낸 일들을 실제 삶에서 이룰 수 있다.

해마다 중요한 스포츠 경기가 끝나고 나면 내 이메일과 소셜 미디어 계정에는 아무개 선수가 클리너라고 주장하는 메시지가 넘쳐난다. 그 선수가 아주 훌륭한 시합을 했다면서 말이다.

하지만 한두 번 뛰어난 활약을 펼치거나 한 시즌 동안 우수한 기량을 발휘했다고 클리너가 되는 것은 아니다. 프로 선수로서 좋은 경기를 하는 건 당연하다. 그게 팬들에 대한 의무니까. 몇 번이고 계속, 시즌을 거듭해 높은 목표를 달성하고 거기에 만족하지 않는 자가 클리너다. 포기를 모르는 승부사는 그러한 마음가짐에서 탄생한다. 피땀 어린 훈련으로 경쟁자들을 압도하고 또다시 승리의 달콤함을 맛보려는 자세, 쿨러 혹은 클로저와 클리너 간의 차이는 바로 거기에서 나온다.

예를 한번 들어보자. 프로 선수들 가운데 상당수는 첫 우승을 차지한 뒤 그만한 실력을 유지하는 데 뒤따르는 엄청난 중압감을 잘 이겨내지 못한다. 대개는 노력을 이어가는 데 필요한 추진력과 욕구를 지탱하지 못한다. 그러나 드웨인 웨이드*는 2006년에 처음 NBA 우승을 경험한 뒤 다시 우승 반지를 끼기 위해서 숱한 고난(그중에는 여러 번의 부상과 수술, 나와 함께한 지옥 같은 재활 운동도 있었다)을 이겨냈다. 그런 상황에서 2010년 그의 소속 팀인 마이애미 히트에 르브론 제임스^Lebron James**와 크리스 보시^Chris Bosh가 합류했고, 이후 그는 시즌 중에 겪는 육체적 부담을 동료들과 나눠 질 수 있었다.

그렇게 부담이 줄어든 상태에서도 드웨인의 집중력은 한결같았고 고질적인 무릎 부상에 시달리면서도 흔들림이 없었다. 그 결과 그는 2012년에 두 번째 우승 반지를, 2013년에는 세 번째 우승 반지를 획득했다. 그러나 드웨인은 세 번이나 NBA 우승을 차지한 뒤에도 여전히 할 일이 남았다고 생각했다.

그는 한때 내 고객이었지만 지난 몇 년간은 나와 함께 정기적으로 훈련한 적이 없었다. 그는 마이애미에서 팀 동료들과 훈련했고 나

◆　마이애미 히트의 역대 최고 스타플레이어로 입단 3년 차였던 2005~2006 시즌 결승전에서 '마이클 조던의 재림'과도 같은 대활약을 펼쳐 히트에 사상 첫 번째 우승을 안겨주었다.

◆◆　마이클 조던 이후 최고의 농구 선수로 인정받는 NBA의 슈퍼스타로 고교 시절부터 미국 전역에서 주목을 받으며 이른바 선택받은 자로 불렸다. 2003년에 선수 생활을 시작한 뒤 총 네 번의 우승을 경험했으며 프로 데뷔 20년 차에 들어선 2022년 현재까지도 쉬지 않고 수많은 기록을 쌓아가고 있다.

　　　　　　　　　　　멘탈리티

는 딴 데서 다른 선수들을 관리하고 있었다. 물론 서로 자주 연락했고 그가 나를 필요로 할 때는 언제든 그의 곁으로 달려갔지만, 그럴 때도 몇 년 전처럼 맹렬하게 일일 트레이닝을 하지는 않았다.

사실 선수들이 전담 트레이너를 구할 때 처음부터 나를 찾는 경우는 극히 드물다. 나는 언제나 마지막이다. 비상사태가 터졌을 때 깨는 화재경보기의 유리 같은 것이다. 단순히 운동만 시키는 트레이너는 세상에 널렸지만 나는 그런 역할이 아니다. 프로 선수들이 나와 함께 훈련할 때의 목표는 오직 하나, 리그 우승이다. 나를 찾아온 많은 선수들이 우승 반지를 얻기 위해서라면 무슨 짓이든 하겠다고 호언장담하지만, 그렇게 말하는 것과 '실천'하는 데는 하늘과 땅만큼의 차이가 있다. 그렇기에 누군가 내게 몸 관리를 부탁한다는 말은 그 사람이 정말 진지하다는 뜻이다.

2012~2013 시즌이 끝나고 내게 전화를 건 드웨인의 목소리는 어느 때보다 진지했다.

<blockquote>"난 아직 끝나지 않았어요."</blockquote>

클리너란 바로 이런 것이다. 구태여 고되게 노력하는 과정까지 사랑할 필요는 없다. 오직 최종 결과만을 갈구할 뿐이다.

과연 누가 클리너이고 누가 그렇지 않은가에 관해서 더 할 말이 있다. 앞으로 책 본문에서도 확인하겠지만, 나는 2013~2014 시즌

이전에 처음 출간된 이 책에서 다음과 같이 말한 바 있다. 르브론이 '역대 최고'의 선수 중 하나로 평가받으려면 아직 증명할 것이 남았다고 말이다. 그 무렵 일부 농구 팬들 사이에서는 그가 역대 최고의 반열에 올랐다는 말이 나오기 시작했다. 하지만 그때 내 관점에서 르브론은 아직 클리너가 아니었다. 한 차례 리그 우승을 이룬 상황이었지만 나는 그가 다시 해내는 모습을 보고 싶었다.

클리너라면 으레 팀의 모든 것을 책임지지만 르브론은 그럴 필요가 없었다. 그 시즌에 그는 당대 최고의 농구 선수로 손꼽히던 드웨인의 곁에서 뛰었다. 고교 시절 이래로 그에게는 줄곧 모든 것이 주어져 있었다. 나는 그가 그럴 만한 자격이 있음을 스스로 보여주길 원했다. 세상 사람들은 그를 전설적인 농구 선수들과 견주며 외치고 있었다. 그에 걸맞은 선수임을 증명하라고.

그리고 그는 해냈다.

르브론의 엄청난 신체 능력과 완벽에 가까운 기량은 클리너가 되느냐 마느냐를 결정하는 것과 전혀 무관했다. 재능은 클리너의 요건이 아니기 때문이다. 중요한 건 그가 2012년도의 첫 우승이 주는 압박감을 견뎌내고 오히려 그것을 2013년도의 두 번째 우승으로 향하는 원동력으로 삼아 더욱 이를 악물었다는 사실, 그리고 강한 책임감으로 팀을 끝까지 이끌었다는 사실이다. 르브론은 최종 결과를 달성할 때까지 몰입 상태로 한순간도 흔들리지 않고 최고의 집중력을 발휘했다. 그리고 마침내 생애 두 번째 우승을 차지한 순간 이렇게 말했다.

> "저는 더 나은 선수가 되어 돌아올 겁니다.
> 이대로 만족할 순 없어요."

클리너란 바로 이런 것이다. 이는 곧 이 책의 핵심 메시지와 일맥 상통한다. 물론 독자의 성향에 따라서 이런 메시지 하나에 큰 자극을 받는 사람이 있는 반면 분노를 느끼는 사람도 있다는 사실을 잘 안다. 그동안 나는 호평과 혹평을 가리지 않고 책에 관한 모든 서평과 댓글을 꼼꼼히 읽어보았다. 남들의 비난을 두려워한다면 애초에 발전이란 불가능한 일이 아닌가. 결국 '피드백'과 '비난'의 차이를 만드는 것은 말을 받아들이는 사람의 태도이기에 나는 모든 의견에 귀를 기울였다. 긍정적인 반응이 압도적으로 많은 가운데 간간이 이런 문장이 눈에 들어왔다.

> "이 책은 독자에게 무엇을
> 어떻게 하라고 알려주지 않는다."

100퍼센트 맞는 말이다. 왜 남이 이래라저래라 지시해주길 바라는가? 이 책의 요점은 인생에서 진정 성공하고 싶다면 누가 무엇을 어떻게 하라고 할 때까지 기다리지 말고 스스로 움직이라는 것이다. 결국 당신이 이뤄야 할 목표이고 당신이 내려야 할 결정이며 당신이 져야 할 책임이다. '당신 스스로' 머릿속에 그리지 못하는 최종 결과를 다른 누가 대신 떠올려줄 수 있을까? 당신의 목표를 이루는 데 필요한 열 단계 프로세스나 체크리스트를 내가 만들어줄 수는 없다. 누구도 그 일을 대신 할 수 없고 그런 짓을 남들에게 요구해서도 안 된다.

나는 목표를 이루고자 본능과 직감을 철저히 믿고 유례없는 성공을 거둔 이들을 곁에서 지켜보고 이해한 것을 알려줄 뿐이다. 그들은 스포츠계에서 그렇게 해냈다. 당신도 당신이 사는 세계에서 그렇게 해낼 수 있다. 중요한 것은 강인한 정신력을 키우겠다는 마음가짐이다. 남들이 챙겨주길 기다리지 않고 스스로 무엇을 할지 결정하는 것이다.

그렇다면 누구라도 할 수 있을까? 그런 마음가짐은 타고나는 것인가 아니면 배우는 것인가? 이 질문의 답인 동시에 이 책을 읽으며 당신이 기억했으면 하는 메시지는 다음과 같다.

마이클 조던의 강한 정신력을 배우려고 당신이 그처럼 치열하게 농구를 하거나 매사에 공격적인 태도로 달려들 필요는 없다. 당신이 꿈을 이루고자 코비 브라이언트를 본받는다 해도 그와 같은 운동 능력은 굳이 필요하지 않다. 목표 달성을 막는 장애물을 극복하려고 드웨인 웨이드처럼 온갖 부상과 불가능에 가까운 역경을 이겨낼 필요는 없다.

당신은 그저 원하는 결과를 얻고자 그들이 발휘했던 악착같은 투지를 나누어 갖기만 하면 된다. 이제 목표를 향한 여정에 방해가 되는 것은 모두 치워버리자.

팀 그로버

들어가며

결국 최후에는 멘탈 싸움이다

오후 10시, 검은 SUV 차량 한 대가 시카고 웨스트사이드에 자리 잡은 나의 체육관 어택 애슬레틱스* 입구에 멈춰 섰다. 딱히 드문 일은 아니었다. 마이클 조던과 코비 브라이언트, 드웨인 웨이드의 영구 사물함이 비치되어 있고 수많은 슈퍼스타가 몸을 단련하거나 농구 시합을 벌이며 때로는 함께 어울려 노는 이곳에 프로 선수들은 때를 가리지 않고 나타나곤 한다.

하지만 그날 밤은 단 한 사람이 내 체육관에 발을 들였고 그가 여기 있는지 아는 사람은 아무도 없었다. 그의 소속 팀도, 언론도, 가족조차도. 그의 휴대폰은 기자들의 전화와 문자메시지로 불이 날 지경이었다. 당시는 NBA 플레이오프가 한창 진행되던 무렵으로, 그는 비행시간을 포함해 72시간 내에 경기장으로 돌아가야만 했다.

◆　팀 그로버가 운영하는 엘리트 운동선수의 트레이닝과 재활 치료에 특화된 훈련 센터. 전체 규모가 약 1700평에 달한다. NBA 규격 농구 코트 네 개와 1000석 규모의 다목적 경기장을 비롯하여 프로 선수가 기량을 유지하고 실력을 향상하기 위한 설비와 서비스를 갖췄다.

전 세계 농구 팬들은 전날 밤 시합에서 그가 고통스러운 표정으로 절뚝거리며 코트를 떠나는 모습을 목격했다. 모든 사람이 대체 어찌된 일이냐고 물었다. 그의 몸 상태는 어떤가? 다음 시합에 출전할 수 있는가? 그는 경기를 마친 뒤 기자회견에서 말했다.

"저는 아무 이상 없습니다."

"그 친구는 걱정할 것 없어요." 감독은 그렇게 말했지만 오늘 밤 그 스타플레이어가 어디 있는지 전혀 모르고 있었다.

"간단히 치료만 받으면 녀석은 문제없을 겁니다." 단장은 그렇게 말하면서도 그가 소속 팀 트레이너에게 가지 않을 것임을 예상하고 있었다.

자신의 호텔 방에 줄곧 혼자 머무르던 그 선수는 마침내 전화기를 들었다. 그리고 전 세계 수많은 선수들이 남몰래 저장해둔 그 번호로 연락했다.

그의 첫마디는 이랬다.

"나 좀 도와줘야겠어요."

"언제 이쪽으로 올 거야?"

이것이 내 대답이었다.

엘리트 운동선수라면 은밀하게 나와 접촉하는 것이 그리 어렵지 않다. 비행기를 한 대 빌려서 경호원을 데리고 떠나면 모든 일은 비밀에 부쳐진다.

보통 어렵게 느껴지는 부분은 이곳에 도착한 뒤부터다. 그 선수에게 필요한 것이 부상 부위의 긴급 관리든 장시간에 걸친 훈련 프로그램이든 따끔한 충고든 간에 큰 차이는 없다. 어떤 선수들은 여기와서 서류에 이것저것 써넣고 몸이나 조금 풀겠거니 하고 가볍게 생각했다가 한 시간도 안 되어 티셔츠 세 장을 땀으로 흠뻑 적시고 쓰레기통에 먹은 걸 다 토하곤 한다.

하지만 그날 밤 그 선수와 나는 알고 있었다. 진짜 해결해야 하는 문제는 육체적인 부분이 아니라는 것을. 한번 생각해보자. 그 선수가 기껏 얼음찜질과 테이핑이나 하려고 비밀리에 전세기를 구해 무려 3200킬로미터를 날아오지는 않았을 것이다.

물리적인 한계는 적응을 통해서 어느 정도 해법을 찾을 수 있다. 일단 당장은 고통을 무시해야 한다. 분명 불편하겠지만 익숙해져야 한다. 그러고 나서 모든 대안을 살펴봐야 한다. 슛 자세나 점프 방식을 바꿔보고, 착지를 달리해보고, 시합 전과 하프타임에 이런저런 조치를 해보고, 신발의 불편한 부분을 여기저기 손보는 것이다. 선수가 잘 따라주면 몸 상태는 시합에 나가도 될 만큼 준비가 된다. 적어도 최소한의 준비는 갖출 수 있다.

하지만 정신적인 측면은 또 다른 이야기다. 그가 내게 전화한 이유가 바로 거기에 있었다. 그는 시합에 나갈 상태가 아니라느니 이제 코트에서 제 역할을 할 수 없다느니 실력이 퇴보했다느니 하는 온갖 잡소리에 귀를 기울이고 있었다. 그래서 스스로를 믿지 못하는 상황까지 온 것이다.

그는 압박감에 짓눌려 있었다. 어떤 상황이든 극복하도록 스스로를 몰아붙이는 내적인 압박감은 아니었다. 집중력을 흐트리고 방향을 잃게 하는 외부 세계의 압박이 그에게 닥쳤다. 그러자 그는 모든 소음을 차단하는 대신, 자신의 본능과 타고난 능력을 믿는 대신 생각하기 시작했다. 그가 나를 찾아 3200킬로미터를 날아온 것은 이 두 단어를 듣기 위해서였다.

"생각하지 마."

스포츠나 비즈니스 혹은 인생 어떤 부분에서든 최고가 되고 싶다면 가장 높은 곳에 도달하는 것만으로 만족해서는 안 된다. 그 자리에 계속 머물러야 하고 그다음은 더 높은 곳으로 올라가야 한다. 언제 어디서나 그 뒤를 따라잡으려는 누군가가 있기 때문이다. 세상 사람들 대다수는 '적당히 좋은 수준'에 쉽게 만족하고 만다. 그러나 클리너를 꿈꾸는 사람에게 만족은 딴 세상 이야기다. 최고가 된다는 말은 인생이 나아갈 방향을 스스로 정하고 원하는 바를 이룰 때까지 멈추지 않는 것을 뜻한다. 그리고 또 다음 목표를 향해 계속 나아가며 더욱더 큰 목표를 추구하는 것이다.

그야말로 악착같이, 집요하게.

나는 그런 사람을 '클리너'라고 부른다. 클리너는 세상 누구보다 투지가 넘치고 경쟁심이 강한 사람이다. 그는 한계를 거부하고 고요하면서도 강인하게 목표 달성에 필요한 모든 일을 해낸다. 만약 당신이 클리너라면 성공을 향한 끝없는 중독이 무엇인지 잘 알 것이다. 그게 곧 당신의 인생일 테니까.

하지만 당신이 그런 삶과 거리가 멀다면, 축하한다. 지금 당신은 잠재된 능력을 새롭게 발견하고 인생을 뒤바꿀 여정에 첫발을 내디뎠다.

이 책의 목적은 동기부여가 아니다. 당신이 이 책을 읽는다는 건 이미 동기부여가 되었다는 뜻이다. 당신은 이미 무엇을, 또 어떻게 해야 할지 알고 있다. 이제 그 의지를 행동과 결과로 바꿀 때다.

어차피 백날 앉아서 동기 유발을 위한 경구나 읽어봤자 원하는 바를 어떻게 이룰지 모르기는 매한가지다. 무언가를 간절히 바란다고 일이 알아서 될 턱이 없고, 나 자신이 아닌 다른 누군가처럼 되려고 애쓰는 건 아무 소용도 없는 짓이다. 누군가 혹은 무언가가 마음에 불을 붙여줄 때까지 기다린다니, 그건 대체 뭘 어쩌자는 말인가 싶다.

자, 그렇다면 어떻게 해야 원하는 걸 이룰 수 있을까? 일단 이것만큼은 내 말을 믿어도 좋다. 위대한 인물이 되는 데 필요한 모든 요소는 이미 당신 안에 존재한다는 것. 온갖 야망과 남모를 비밀, 마음 깊은 곳의 어두운 환상…. 그 모든 것이 당신의 손에 해방되길 기다리고 있다.

너무 많은 사람이 '너는 뭘 할 수 있네 없네' 하는 남들의 말 때문에, 또 본인에게 익숙하고 안정감을 주는 환경, 즉 안전지대에 머무는 게 더 편하다는 이유로 그 자리에 주저앉고 만다. 그리고 결정도, 행동도 못 하는 어중간한 상태가 되어버린다.

그러나 스스로 선택하지 않으면 결국은 남이 한 선택을 따라야 한다. 이제 남들이 당신에 관해 이러쿵저러쿵 하는 소리에 더는 귀 기울이지 말자. 오직 결과로만 판단하게 하자. 당신이 정한 목표 지점에 어떻게 도달하는지는 그들이 상관할 바가 아니다. 인생을 악착같이 살아가는 사람에게는 타협도 없고 '어쩌면, 아마도, 혹시'처럼 애매한 말도 없다. 물컵이 반이나 찼다거나 반밖에 안 찼다는 소리는 집어치워라. 중요한 건 그 잔 속에 무언가가 있느냐 없느냐이다.

결정하고, 헌신하고, 행동하고, 성공하라. 그리고 다시 그 과정을 반복하라.

이 책은 당신이 기존에 알고 생각하고 배웠던 인간의 능력에 대한 기준을 넘어서는 데 초점이 맞춰져 있다. 언젠가 코비가 여섯 번째 우승을 원한다고 말하지 않았던가? 나는 그가 일곱 번째 반지를 얻길 바란다. 어떤 선수가 나를 찾아와 10주 안에 부상에서 복귀하고 싶다고 말한다면? 나는 8주 안에 그를 목표 지점까지 이끌 것이다. 체중을 13킬로그램 정도 빼고 싶다면? 15킬로그램을 줄여주겠다.

클리너가 되는 길은 바로 이것이다. 자기 자신에게 한계를 짓지 마라. 나는 당신이 더 많은 것을 원하고, 갈망하는 모든 것을 가지기를 바란다. 자기 능력을 스스로, 그리고 남들이 어떻게 생각하는지는 아무 상관 없다. 당신은 더 나아질 수 있고 더욱 발전할 것이다. 악착같은 투지를 안고 살아간다는 것은 남들이 바라는 것보다 더 높은 수준을 스스로 요구한다는 뜻이다. 그리고 하던 일을 멈출 때마다 아직 더 할 수 있음을 깨닫는 것이다. 나는 더 해야만 한다고. 그렇게 본능은 우리가 '이제 끝났다'고 생각하는 순간 '다음'을 외친다.

이 책에는 세계 최고의 농구 선수들과 스포츠계 안팎에서 성공한 많은 인물들의 이야기가 담겼다. 하지만 결코 농구 서적은 아니다. 제2의 마이클 조던이 되는 비법이 실려 있지도 않다. 코비와 드웨인이 제일 공감하겠지만 세상 누구도 마이클 조던 같은 사람이 될 수는 없다.

지금 이 책을 보는 당신이 그 선수들만큼 농구를 잘할 수 있을까? 아마 불가능할 것이다. 그렇다면 그들의 직업 정신, 목표를 이루려는 굳건한 의지와 지독한 추진력으로부터 무언가를 배울 수는 있을까? 물론 배울 수 있다. 성공한 사람들과 실패한 사람들의 사례를 보고 배워 성공 가능성을 높이는 것은? 당연히 가능하다.

재능과 성공은 동의어가 아니다.

세상에는 놀라운 재능을 타고 났지만 아무 데서도 성공하지 못한 사람이 수두룩하다. 그런 사람들은 어떤 영역에서 두각을 보이다가 일이 잘 풀리지 않는다 싶으면 이내 다른 사람을 탓한다. 자신의 재능은 부족함이 없다고 믿기 때문이다. 하지만 실은 그렇지 않다. 진정으로 성공하고 싶다면 '꽤 잘하는 정도'에 만족해서는 안 된다. 결국 그 수준을 넘어설 방법을 찾아야 하는 것이다.

이 책에 담은 모든 내용은 세계 최고의 운동선수들과 함께하며 그들의 일거수일투족을 직접 보고 느낀 데서 비롯했다. 그들이 어떻게 생각하고 어떻게 학습하며 어떻게 성공하고 실패하는지, 또 무엇이 그들에게 악착같은 투쟁심을 불러일으키는지 나는 안다. 그 모습과 과정이 늘 아름답지만은 않지만, 그게 진실이다.

이제 나는 그동안 그들에게 배우고 가르쳤던 모든 것을 당신에게 알려줄 생각이다. 여기에 과학은 없다. 원시적이고 동물적인 본능이 있을 뿐. 이 책은 본능을 따르는 법, 진실을 직시하는 법, 목표 달성을 방해하는 핑계를 없애는 법을 이야기한다. 목표가 아무리 실현하기 어려워 보여도, 다들 불가능하다고 말해도 상관없다. 당신은 해낼 수 있으니까.

여기서 하나 중요한 점을 짚고 넘어가자면, 나는 당신에게 변화를 요구할 생각은 없다. 어차피 사람은 바뀌지 않으니까. 다만 나는 당신이 자기 자신을 믿고 온갖 부정적인 생각, 두려움, 불안, 거짓말을 차단할 수 있는 몰입 상태에 도달하여 무엇이건 원하는 목표를 이루기를 바란다.

그 과정에서 다소 거북하게 느껴질 만한 주제도 꺼내 들 것이다. 읽다가 불편함을 느끼는 사람도 있겠지만 어떠한 해명이나 사과의 말도 없음을 미리 말해두겠다. 성공하는 데 중요한 요소는 현실을 마주하고 우리 마음속에 들어앉은 악마를 직시하는 일이지 웃는 얼굴로 던지는 따뜻한 한마디가 아니다.

지금 당장 소파에서 궁둥이를 떼는 데 온갖 칭찬과 격려가 필요하다면 이 책은 당신과 맞지 않는다. 그야말로 악착같은 투쟁심으로 가득한 사람, 이른바 클리너의 내면에는 도저히 길들여지지 않는 어둠이 있다. 그리고 아는지 모르겠지만 당신의 마음속에도 그런 어두운 부분이 분명히 존재한다. 잘만 활용한다면 그것은 당신의 가장 위대한 능력이 될 수도 있다.

일단 자기 분야에서 최고가 되는 것을 목표로 삼았다면 내 행동이 남들을 불쾌하게 하지는 않을지 혹은 남들이 나를 어떻게 생각할지 걱정하지 마라. 모든 감정을 배제하고 무슨 짓을 해서든 원하는 목표 지점까지 가는 것이다. 이기적이라고? 딱히 틀린 말은 아니다. 자기중심적이라고 한다면? 정확히 맞는 말이다. 혹시라도 이런 부분이 신경 쓰이는 사람은 책을 다 읽고서 그 생각이 달라졌는지 되짚어보길 바란다.

지금 이 시점부터 당신이 할 일은 다른 사람들을 모두 당신의 수준으로 끌어올리는 것이다. 이제 당신이 그들 수준에 맞게 눈을 낮출 일은 없다. 더는 다른 누군가와 경쟁할 일도 없다. 앞으로는 남들이 당신을 따라잡으려고 발버둥 쳐야 할 것이다. 이제부터 중요한 것은 오직 최후의 결과뿐이다.

밤늦게 나를 찾아왔던 선수는 바로 그 최종 결과로 향하는 길을 잃어버린 상태였다. 그는 지는 게 두려운 나머지 이기기 위해 꼭 해야 할 일에 집중하지 못했다. 밀려드는 좌절감과 온갖 감정을 제어하지 못해 타고난 재능을 발휘하지 못하고 자신감까지 잃어버렸다. 그의 부정적인 태도는 코트 위에서 확연히 드러났다. 그는 팀 동료와 코치들을 못마땅한 눈으로 쳐다봤고 마치 죽어가는 사람마냥 얼굴을 찡그렸다. 그런 모습을 눈치챈 동료 선수들은 그때부터 지휘관 없이 전쟁터에 투입된 군인들처럼 행동했다. 완전히 굳어버린 것이다.

훌륭한 팀들이 패하는 건 다 그런 이유에서다. 바로 리더십이 행방불명되었기 때문에. 이런 일은 평범한 회사에서도 매일같이 일어난다. 윗사람이 자신감을 잃고, 냉정함을 유지하지 못하고, 심적으로 위축되었을 때 그런 속내는 조금씩 밖으로 새어 나가 마련이다. 당사자는 아무도 알아채지 못하리라고 생각할 수도 있다. 하지만 주변 사람들은 틀림없이 그 신호를 파악하고 우왕좌왕 갈피를 못 잡는 상황에 이르게 된다.

그러한 공황 상태가 완전한 파멸로 이어지지 않게 하려면 어떻게 해야 할까? 때로는 한발 물러서서 마음을 다스릴 만한 조용하고 쾌적한 장소를 찾을 필요가 있다. 그 선수가 나를 자기가 있던 그 먼 곳까지 불렀다면 어땠을까? 나는 당연히 간다. 그런 요청은 매 시즌 여러 선수에게서 온다. 그들은 필요할 때마다 내가 늘 함께한다는 사실을 잘 안다.

그러나 그는 자신에게 조용한 장소가 필요함을 깨달았고 그래서 팀을 이탈한 사실을 들켰을 때 발생할 결과도 기꺼이 받아들이고 책임질 생각이었다. 그는 모든 생각을 비우고 마음을 가라앉힐 수 있는 혼자만의 영역, 즉 몰입 상태로 빠져드는 것이 본인에게 달렸음을 잘 알고 있었다.

"질 거라고 생각하지 마." 나는 그렇게 말하며 마치 스위치가 켜지듯 그의 눈빛이 바뀌는지 살폈다. "생각하지 않으려고 노력하겠다는 생각까지 버려. 그런 자세로는 또다시 패배를 떠올리게 되니까. 최고가 되고 싶다며? 고통, 피로, 사람들을 기쁘게 해줘야 한다는 부담감 같은 건 싹 무시해버려. 상대편한테 주도권을 뺏기지 말고 놈들이 네 머릿속을 헤집게 내버려 두지도 마. 모든 준비를 마치고 마음이 고요해진 상태라도 주변이 시끄럽게 들썩이면 그런 감각을 잘 못 느낄 때가 있지. 누구한테 어떻게 한다 만다 말할 필요는 없어. 그냥 스스로 제어하는 거야. 다들 겁에 질려서 죽는소리를 할 때 너는 전혀 문제가 없다는 걸 보여주는 거지. 그리고 상대를 찍소리도 못하게 눌러버려. 네 손으로 싸움을 끝내버리라고."

나는 다시 말을 이었다. "그렇게 모든 게 끝난 뒤에는 네가 어떻게 해냈는지 설명하지 않아도 돼. 어차피 다들 이해하지 못할 거야. 그럴 필요도 없고. 그때는 그냥 혼자 시간을 보내면서 네가 무얼 이뤘는지 음미하도록 해. 그다음엔 또 다른 도전으로 나아가는 거지."

이야기가 모두 끝난 때는 이른 아침이었다. 그가 타고 온 비행기는 다시 이륙할 시간만 기다리고 있었다. 나는 다시 한번 말했다. "네 손으로 끝내버려." 그 순간 그의 눈빛이 바뀌었다. 그는 내 말을 분명히 이해했다. 자, 이제 떠날 시간이다.

그는 경호원을 돌아보며 말했다. "우린 잠시 마법의 세계에 다녀온 거야."

《멘탈리티》는 불가능을 현실로 만드는 사람들의 이야기다. 나는 정말로 누구나 그렇게 해낼 수 있다는 것을 안다. 시카고에서 고등학교를 다니던 시절, 180센티미터 남짓한 키로 농구부 활동을 했던 그때 나는 텔레비전에서 노스캐롤라이나대학교의 경기를 보고 마이클 조던을 처음 알았다. 당시에 신입생으로 깡마른 체구였던 그는 내가 농구장에서 한 번도 보지 못한 동작들을 자유자재로 구사했다. 그야말로 본능적, 천부적이라는 표현이 어울렸다. 굳이 생각하지 않아도 어디서 무얼 해야 할지 아는 듯했다. 나는 마이클에 관해 아무것도 몰랐지만 언젠가는 슈퍼스타가 될 선수라고 직감했다.

몇 년 뒤 나는 대학에서 운동 과학 석사과정을 마치고 시카고의 한 헬스클럽에서 트레이너로 일했다. 마이클은 여전히 마른 체구였지만 그때는 시카고 불스의 슈퍼스타가 되어 있었다. 나는 불스에 수차례 연락했다. 누구라도 좋으니 불스 선수와 같이 일할 기회만 달라는 심정이었다. 마이클을 제외한 모든 선수에게 직접 편지도 썼다. 그가 전담 트레이너를 원했다면 이미 누군가가 있을 테고 또 이제 막 이 일을 시작한 나 같은 사람을 고를 리 없다는 생각 때문이었다. 내 연락에 반응을 보인 사람은 아무도 없었다.

그러다가 1989년에 작은 신문 기사를 하나 발견했다. 그해 리그 챔피언인 디트로이트 피스톤스와 그 외의 팀들이 죄다 힘으로 밀어붙이는 데 마이클이 크게 염증을 느낀다는 내용이었다. 나는 한 번 더 불스와 접촉하여 팀 닥터인 존 헤퍼론과 팀 수석 트레이너인 마크 페일을 만났다. 내 나름대로 설득을 해본다고 애썼지만 과연 그들이 구단의 슈퍼스타에게 프로 선수를 한 번도 맡아본 적 없는 무명 트레이너와 함께 일해보라고 권할 가능성은 얼마쯤 되었을까? 제로, 다들 그렇게 말했다. 포기하라고, 불가능한 일이라고.

누군가가 해내기 전까지는
세상 모든 것이 불가능한 일이다.

마이클은 이전에 전담 트레이너와 근력 운동을 하던 중에 등허리를 다친 적이 있었다. 그래서 다시 트레이너를 고용하기를 망설이던 터였다. 하지만 그 상태로는 농구 역사상 최고의 기술들을 연마하기에 충분치 않다는 것 역시 본능적으로 느끼고 있었다. 전설적인 선수 그 이상이 되려 한다면, 진정으로 한 시대의 아이콘이 되려한다면 그의 몸 또한 최고 중의 최고 수준으로 끌어올릴 필요가 있었다. 그는 필요한 일이라면 무엇이든 할 생각이었다. 그래서 존과 마크에게 자신의 요구 사항을 잘 이해하는 사람을 찾아달라고 부탁했다.

불스 관계자들과 첫 만남이 있고 며칠 뒤 교외에 위치한 구단 훈련 시설에서 한 번 더 보자는 연락이 왔다. 나는 또 면접을 보겠거니 생각했다. 거기서 마이클 조던의 집까지 가서 그와 직접 이야기를 나눌 줄은 꿈에도 생각지 못했다.

나는 마이클과 한 시간 동안 대화하면서 모든 계획을 밝혔다. 어떤 식으로 부상을 최소화하며 서서히 근력을 키울지, 몸이 변화하면 슛에는 어떤 영향이 미치는지, 최고의 기량을 발휘하도록 신체 균형을 유지하고 또 가능하다면 선수 생활까지 연장할 수 있는 방안은 어떤 것이 있는지 설명했다.

그는 내 말을 끝까지 유심히 듣고서 마침내 입을 뗐다. "그렇게 될 리가 없어요. 너무 이상적이잖아요. 말이 안 됩니다."

"앞으로 우리가 정확히 뭘 할지, 트레이닝이 당신의 몸과 경기력,

전체적인 힘에 어떤 영향을 미칠지에 대해 적은 30일짜리 일정표를 드리죠. 훈련을 하면서 몸에 어떤 느낌이 올지 빠짐없이 알려줄 테니까 변화에 적응할 수 있을 거예요. 어떤 음식을 언제 먹고 언제 잘지도 계획을 짤 겁니다. 세세한 부분까지 전부 살펴볼 거예요. 나중에 이 계획이 어떻게 다 맞아떨어지는지 확인할 수 있을 겁니다."

그는 나에게 30일이라는 기한을 줬다.

그 뒤로 나는 그와 15년을 함께했다.

마이클은 최종 은퇴를 선언했을 때 내게 이런 농담을 던졌다. "나 사는 곳에 어디 얼굴만 보여봐. 아주 그냥 총으로 쏴버릴 테니까."

우리는 서로 많은 것을 배웠다. 우리는 장애물이나 문제점에 주목하지 않고 해결해야 하는 상황 자체에만 관심을 기울였다. 세상에 마이클 조던 같은 선수는 또 없었던 탓에 우리는 아직 알려진 해법이 없는 상황과 자주 맞닥뜨렸다. 배우고, 실수하고, 우리가 저지른 실수에서 또 배우고, 그야말로 배움의 연속이었다.

마이클이 최고였던 이유는 누가 봐도 불가능한 슛을 성공해서가 아니다. 언제나 '만족해도 좋은 수준' 따위는 없다는 신념으로 승리를 향해 악착같이 나아가서다. 아무리 승리를 많이 거두고 아무리 위대한 선수가 되어도 그는 늘 더 많은 것을 원했으며 목표를 달성하기 위해 무슨 일이든 기꺼이 했다.

이러한 가치관은 내가 20년 넘게 수백 명의 선수들과 함께 일하는 동안 든든한 초석이 되어주었고 이제 이 책의 바탕이 되었다.

《멘탈리티》는 결코 만족하지 않고 항상 최고가 되기 위해 전진하며 거기서 더욱 발전을 꾀하는 사람들의 이야기다. 다음 단계가 존재하지 않는 순간에도 다음으로 나아가기 위한 동력을 찾고, 마음속의 두려움을 직시하며, 자신을 매번 실패로 이끄는 중독적인 요소들을 제거하고, 육체적인 능력을 넘어 정신적인 면에서도 경외감을 불러일으키는 사람이 되는 법을 이 책은 다룬다.

당신의 물컵에 무엇이 들었는지는 모르지만 지금 당장 모든 것을 비워라. 내가 처음부터 다시 채워주겠다. 그 안에 남은 마지막 몇 방울은 앞으로 당신이 더 나은 사람이 되는 것을 막는 정신적 장벽이 된다. 여태 마음에 품었던 생각과 믿음 따위는 잊고 지금부터 다시 시작하는 것이다. 이제 우리는 지금껏 한 번도 가보지 못했던 새로운 곳으로 간다.

클리너의 13가지 특성

끝까지 목표를 이루는 멘탈은 무엇이 다른가

"

세상에는 세 부류의 인간이 있다.
쿨러,
클로저,
그리고 클리너.

"

마이애미 히트가 오클라호마시티 선더를 꺾고 2012년도 NBA 우승을 차지한 날 밤, 내 호주머니에는 종이쪽지가 하나 들어 있었다. 오랜 고객이자 친구인 드웨인 웨이드에게 줄 생각으로 시합 전에 내가 쓴 것이었다.

　일주일 전 드웨인은 결승 2차전을 마치고 시카고에 있던 내게 전화를 걸었다. 무릎 상태가 좋지 않으니 마이애미로 와서 남은 시리즈를 잘 소화하도록 도와달라는 것이었다. 조금 뜻밖의 요청이었다. 우리는 오랫동안 좋은 관계를 유지해왔지만 지난 두 시즌 동안은

같이 일한 적이 없었다. 그 이유 가운데는 그가 마이애미에 머물면서 팀 동료인 르브론 제임스와 함께 훈련하기로 결정한 것도 있었다. 하지만 서로 연락은 계속하는 상황이었고 나의 다른 고객들과 마찬가지로 그는 자신이 필요로 할 때 내가 늘 함께할 것임을 잘 알았다.

아마도 다른 선수였다면 그런 전화를 하지 않았을지 모른다. 드웨인은 르브론에게 우승에 필요한 모든 일을 맡긴 채 의지할 수도 있었고 무릎이 두어 경기 정도만 더 버텨주길 바라며 통증을 그냥 참을 수도 있었다. 실제로 대다수 선수들이 내리는 선택이 그렇다. 그러나 승리가 위태로운 상황에서 클리너는 남들에게 중책을 떠넘기지 않을 뿐 아니라 일이 막연하게 잘 풀리길 기대하지도 않는다. 그럴 때 클리너는 적재적소에서 제 역할을 다하고자 쓸 수 있는 모든 수단을 동원한다.

그래서 7전 4선승제의 결승 시리즈가 1승 1패로 동률을 이룬 그때 나는 마이애미로 향하는 비행기를 탔다. 가서 살펴보니 드웨인의 무릎은 수술이 필요한 상태였다. 그 자리에서 뚝딱 해결할 만한 일이 아니었다. 일단 나는 남은 며칠간 더 힘을 낼 수 있게, 더 폭발적으로 뛸 수 있게 내 수준에서 가능한 일은 다 하겠다고 말했다. 또 나는 그에게 2006년에 얻은 챔피언 반지 하나만으로는 충분하지 않을 것이라고 말했다. 훗날 선수 생활을 의미 있게 평가받으려면 반지가 적어도 세 개는 필요할 것이라고.

하지만 내가 정말 하고 싶었던 말은 따로 있었다. "한 분야에서 최고로 손꼽히는 선수라면 나이 서른에 스스로를 '늙었다'고 말해서도 안 되고 자기 팀을 더 젊은 선수들에게 떠넘겨서도 안 돼. 스스로 늙었다고 생각하면 진짜로 늙는 거야. 네가 무릎 수술과 어깨 수술을 다 이겨내고 NBA 득점왕 타이틀을 따낸 게 불과 얼마 전이야. 넌 그때 지옥 같은 재활 훈련도 두 달 만에 끝내버렸어. 남들 같으면 세 달은 족히 걸렸을 일이지. 그걸 너는 해냈어. 그러니 이번에는 안 되겠다는 소리 따위 하지도 마."

그 뒤로 며칠간 그는 팀 동료나 언론, 온갖 잡다한 방해물로부터 떨어진 채 나와 함께 체육관에서 최근 몇 년간 하지 않았던 일들을 했다. 어떤 날은 새벽 두 시까지 훈련이 이어졌다. 정말 오랜만에 오롯이 자신에게만 몰두하는 시간이었다. 이후 히트는 3차전과 4차전을 연달아 이기며 3승 1패의 전적으로 앞서갔다. 남은 한 경기를 잡지 못한다면 선더의 홈인 오클라호마시티로 전장을 옮겨야 하는 상황. 이제는 싸움을 끝내야만 했다.

우리가 체육관에서 한 활동의 상당 부분은 몸에 집중되어 있었다. 실제로 드웨인의 몸은 한동안 잊고 멀리했던 몇몇 운동법과 관리법 덕분에 되살아나는 중이었다.

그러나 이 세상의 모든 챔피언들이 그랬듯이
핵심은 어디까지나 멘탈이었다.

그는 마이애미 히트의 이름 높은 '빅 쓰리' 중 한 명이 아니라 진짜 드웨인 웨이드로 돌아갈 방법을 찾아야 했다. 그는 르브론 제임스와 크리스 보시 그리고 나머지 팀원들과 함께 무대에 서는 데 너무 익숙해진 나머지 자신의 바탕이 어디에 있는지, 또 최고의 반열에 오르기 위해 그간 얼마나 노력해왔는지를 잊고 말았다.

나는 장황한 격려의 말이나 연설을 신뢰하지 않는다. 무엇이든 간에 기나긴 설명이 필요하다면 그것은 십중팔구 진실이 아니다. 물론 나와 익히 알고 지내는 선수들은 내가 던지는 짧은 말 속에 진실이 담겼다는 것을 잘 안다.

히트는 결승 5차전이 치러진 그날 밤에 NBA 우승을 차지했다. 나는 호주머니에 든 쪽지에 이런 말을 적어두었다.

'진짜 원하는 걸 가지려면 무엇보다도
진짜 네 모습을 찾아야 해.'

나는 드웨인이 화려한 조명이나 평판, 남들을 기쁘게 해야 한다는 의무감 따위에 연연하지 않던 시절로 돌아가길 원했다. 오로지 농구만 생각하던 그때, 프로 선수가 되려고 사력을 다하던 그때, 그를 얕잡아 보던 선수들을 48분간 지옥으로 몰아갔던 바로 그때로. 그날 필요했던 것은 남들의 충고나 조언이 아니라 그 스스로 내면의 목소리를 듣고 따르는 일이었다.

'이 유니폼에 새겨진 건 바로 내 이름이야. 세상 사람들에게 내가 누구인지 다시 보여주자. 내 목표는 내가 이루겠어.'

그날 밤 드웨인은 깊은 몰입 상태로 맹렬하게 시합을 지배하며 킬러 본능을 유감없이 드러냈다. 물론 다른 선수들도 좋은 활약을 펼치기는 했다. 실제로 마이크 밀러^{Mike Miller}와 셰인 베티에^{Shane Battier}를 비롯한 히트의 선수들은 모두 기대 이상의 기량을 발휘했다. 그러나 마이애미 히트에 우승을 선사하고 드웨인에게 두 번째 우승 반지를 안겨준 것은 그 자신의 차분하면서도 강렬한 자신감과 책임감 그리고 리더십이었다.

나는 그에게 쪽지를 전달하지 않았다. 애초에 그럴 필요가 없었다.

그날 밤 그는 악착 그 자체였다.

클리너란 무엇인가

사람들은 경쟁의 극에 도달한 부류로 흔히 클로저를 언급하곤 한다. 시합을 마무리 짓거나 계약을 체결시키고 중요한 일을 처리할 때 늘 신뢰할 수 있는 그런 사람 말이다. 클로저는 맡겨진 일을 해내고, 공을 인정받고, 영웅이 되어 만족하며 집에 돌아간다.

하지만 그게 다가 아니다. 더 크게 생각하자. 세상에는 훨씬 높은 차원이 존재한다. 분명히 달성할 수 있지만 너무나 특별해서 대다수는 아예 꿈도 꾸지 못하는 그런 차원. 마이클 조던을 한번 떠올려보라. 그는 그야말로 궁극의 클리너다. 마이클은 위대한 선수 같은 타이틀 따위에는 손톱만큼도 관심을 두지 않았다. 그의 마음은 최고가 되는 데 쏠려 있었다. 언제나, 늘, 한시도 쉬지 않고.

물론 위대한 선수가 되는 것은 전혀 흠잡을 일이 아니다. 단순히 좋은 선수로 남는 것보다 훨씬 낫지 않은가. 위대하다는 건 그만큼 우수하다는 뜻이고 이는 성취하기 어려울 뿐 아니라 자랑으로 여길 만한 일이기도 하다. 하지만 최고와는 엄연히 다른 것이다.

위대한 선수는 전설이 된다. 반면에 최고의 선수는 시대의 아이콘이 된다. 위대한 선수가 되고 싶다면 아무도 예상치 못한 일을 해내면 된다. 그러나 최고의 선수가 되고 싶다면 기적을 일으켜야 한다.

이 말은 비단 스포츠에만 국한되지 않는다. 세상 모든 분야에는 클리너가 존재한다. 각 집단의 엘리트 인재들을 생각해보라. 최고 수준의 운동선수, 세상 누구보다 부유한 기업인, 언제나 1등을 놓치지 않는 학생, 어떤 위기든 모두 이겨내는 특급 소방관…. 어떤 분야에 몸담았느냐는 중요하지 않다. 분명한 것은 이들이 모두 맡은 일을 매우 훌륭하게 해내지만 그중에서도 또 일부는 항상 차원이 다른 능력을 발휘한다는 사실이다.

마이클은 킬러 본능과 경쟁심의 대명사 같은 존재다. 시카고 불스가 NBA 우승을 차지할 때마다(총 여섯 번 했다) 그가 치켜세운 손가락의 개수는 실제로 우승을 한 횟수와 달랐다. 늘 다음 우승을 생각하며 손가락을 하나씩 더 들어 올린 것이다. 첫 우승 때는 손가락 두 개를, 두 번째 우승 때는 세 개를, 다섯 번째 우승을 한 뒤에는 여섯 개를 펼쳤다. 우승 직후 탈의실로 돌아와 샴페인을 여기저기 흩뿌릴 적에도 그는 이내 다음 시즌을 위해서 어떤 훈련이 필요할지 이야기하곤 했다.

절대 만족하지 않고, 절대 안주하지 않고,
늘 더욱더 높은 곳을 향해 밀어붙인다.
클리너란 바로 그런 것이다.

래리 버드Larry Bird◆는 클리너다. 코비와 드웨인, 팻 라일리Pat Riley◆◆, 필 잭슨Phil Jackson◆◆◆, 찰스 바클리Charles Barkley◆◆◆◆ 역시 그렇다. 오늘날 농

◆　　NBA를 대표하는 역대 최고의 스몰 포워드 중 하나로 1980년대에 소속 팀인 보스턴 셀틱스를 세 차례 우승으로 이끌었다.

◆◆　　NBA 역사상 가장 위대한 감독 중 한 명이며, 현재 마이애미 히트의 사장. NBA 선수 시절을 포함하여 어시스턴트 코치, 감독, 구단 경영자를 거치는 40여 년 동안 총 아홉 번의 우승을 경험했다.

◆◆◆　　1990년대 시카고 불스와 2000년대 LA 레이커스를 이끌며 역대 NBA 감독 가운데 최다인 열 번의 우승을 일궜다.

◆◆◆◆　　마이클 조던과 더불어 1980~1990년대의 NBA를 대표하는 선수로, 강한 승부 근성과 특유의 카리스마, 거침없는 직설과 유머로 팬들에게 많은 사랑을 받았다.

구계에서 클리너의 수는 겨우 손으로 꼽을 정도로 적다. 아마 지금 당신이 생각하는 선수도 클리너는 아닐 것이다. 클리너의 척도는 인기가 아니라 승리다. 그것도 겨우 한 번으로는 안 된다. 몇 번이고 승리를 일궈낼 줄 알아야 한다. 비즈니스 세계로 치면 빌 게이츠나 말년의 스티브 잡스 같은 사람이다. 스포츠 팀을 운영하는 구단주들은 대부분 클리너다. 댈러스 카우보이스의 제리 존스Jerry Jones와 댈러스 매버릭스의 마크 큐번Mark Cuban, 시카고 불스의 제리 라인스도프Jerry Reinsdorf 등은 그들을 업계의 큰손으로 키워준 비정한 비즈니스 감각을 한결같이 유지하며 팀을 운영해왔다. 대통령직에 오른 사람들 역시 대부분 클리너. 혹시라도 지금 당신이 클리너도 아닌데 그 자리에 앉아 있다면 재선은 그냥 운에 맡기도록 하자.

기억하라. 재능이나 지능, 재력은 클리너의 요건이 아니다. 중요한 건 어떻게 해서든 자신이 원하는 위치로 올라서고 그 수준을 유지하고자 하는 끝없는 본능적 욕구다. 히트가 우승을 차지한 그날 밤 코트 위에서 가장 재능이 뛰어났던 선수는 드웨인이 아니었다. 하지만 그는 승리하기 위해 다른 팀원들이 무엇을 해야 하는지 아는 유일한 선수였다. 챔피언은 바로 그런 일을 한다. 성과가 나오도록 사람들을 적재적소에 배치하고 함께 일하는 이들을 더욱 빛나게 하는 것이다.

클리너의 태도는 이 한 줄로 압축할 수 있다.

"

기억하라.
재능이나 지능, 재력은 클리너의 요건이 아니다.
중요한 건 어떻게 해서든 자신이 원하는 위치로
올라서고 그 수준을 유지하고자 하는
끝없는 본능적 욕구다.

"

'이곳의 지배자는 나다.'

클리너는 자신감 있게 걸어 들어와 성과를 내고 떠난다. 클리너는 특유의 본능적 감각과 선견지명으로 모든 상황을 자신에게 유리하게 이끈다. 주변 사람들은 그가 무엇을 할지 전혀 예상하지 못한다. 다만 무언가를 해낼 것임을 알 뿐, 할 수 있는 일이라고는 곁에서 상황을 지켜보고 기다리면서 어떤 논의도 분석도 없이 무엇이든 해결하는 능력, 그만의 직감에 경외감을 느끼는 것뿐이다.

클리너가 되느냐 마느냐는 재능과는 거의 관련이 없다. 재능이란 누구에게나 어느 정도 있기 마련이지만 그 능력이 항상 성공으로 이어지지는 않는다. 저만치 뛰어난 경지에 오르는 이들은 재능에만 기대어 대충 하는 법이 없다. 그런 사람들은 일을 주도하고 책임을 다하는 데 모든 초점을 맞춘다. 선수 생활, 가사 활동, 사업체 경영, 버스 운전, 무엇을 하든 간에 그들은 어떻게 임무를 끝낼지 스스로 결정하고 모든 수단과 방법을 동원하여 목적을 달성한다. 세상 누구보다 투지가 넘치고 자기 일에 관해서는 비할 데 없는 재주를 발휘하는 사람, 그런 사람은 일을 되는대로 하지 않고 접근 자체를 달리한다. 바로 '이곳의 지배자는 나'라고 생각하면서.

이를테면 자신이 맡은 손님들이 어떤 음료를 주문했고 스테이크를 얼마나 익혀달라고 했는지 빠짐없이 기억하는 웨이터가 그렇다. 그런 웨이터를 알고 나면 식당을 방문한 손님들은 그 사람만 찾게

멘탈리티

된다. 그리고 떠날 때면 다들 후한 팁을 두고 간다. 능력을 인정하기 때문이다. 모든 학생이 수업 내용을 이해할 때까지 포기하지 않고 가르치는 학교 교사, 사장이 말을 꺼내기도 전에 늘 모든 준비를 마쳐 회사 간부들보다 더 인정받는 비서, 자녀의 대학 등록금을 내기 위해 야근을 마다하지 않는 부모들도 마찬가지다.

미 해군 특수부대인 네이비 실 대원들 또한 클리너다. 그들은 임무에 몰두하고 그 일을 해내기 위해 수단과 방법을 가리지 않는다. 무엇을 해야 하는지 분명히 알고 반드시 끝까지 해낸다. 처음부터 성공을 예상할 뿐 아니라 실제로 해냈을 때 기뻐하는 시간도 그리 길지 않다. 항상 또 다른 임무가 있기 때문이다. 앞서 이룬 업적은 다음 도전으로 이어지는 디딤돌일 뿐이다. 그들은 목표를 달성하기 무섭게 다음 정복 대상을 좇는다. 또 클리너는 대개 남들 눈이 닿지 않는 곳에서 홀로 조용히 일을 마무리한다. 흥분도 없고 화려함도 없다. 보여주기 식으로 하거나 마지못해 시늉만 하는 경우도 없다. 진정한 클리너는 자신이 무엇을 하는지, 어떤 계획이 있는지 굳이 남에게 알리지 않는다. 다른 사람들은 그 일이 다 마무리된 뒤에야 알게 될 따름이다. 그리고 다들 그가 무엇을 성취했는지 깨달을 즈음에 그는 이미 다음 도전으로 넘어간 상태다.

나는 왜 그런 이들을 클리너라고 부르는가? 그들은 모든 것에 책임을 지는 사람이다. 어딘가 일이 틀어져도 누군가를 탓하지 않는다. 애초에 임무를 해나가는 과정에서 남들에게 그리 큰 기대를 하지 않는다. 그저 어지러운 상황을 깨끗이 정리하고 앞으로 나아갈 뿐이다. 단 클리너는 일이 터졌을 때 가장 먼저 등장하는 사람은 아니다. 달리 사태를 수습할 길이 없다는 게 분명해진 순간 마지막으로 바통을 이어받는 사람이다. 그럴 때 그에게는 대화도 의논도 두려움도 없다.

클리너는 꼭 필요하다면 규칙을 깨는 짓도 서슴지 않는다. 오직 최종 결과만을 중요시하기 때문이다. 일이 틀어져 모든 사람이 당황하기 시작할 때 클리너는 동요 없이 차분하고 냉정하며 의젓한 태도를 보인다. 결코 기분이 크게 오르락내리락하지 않고 과도한 행복감이나 우울함을 느끼지도 않는다. 문젯거리가 아니라 해결이 필요한 상황 자체만 주시하며 해법을 찾더라도 그것을 설명하는 데 시간을 낭비하지 않는다. 그저 이런 말을 던질 뿐이다. "내가 처리할게." 상황이 해결되고 클리너가 성과를 내면 다른 사람들은 멍하니 서서 믿기지 않는 표정으로 고개를 흔들어댈 뿐이다. 대체 어떻게 해냈는지 놀라워하면서…. 클리너는 결코 실패를 생각하지 않는다. 몇 년이 걸린다 해도 위기를 기회로 바꿀 방법을 찾아내고 성공을 거둘 때까지 멈추지 않는다.

클리너의 내면에는 깊디깊은 어둠이 존재한다. 클리너는 세상 모든 것이 차단된 몰입의 세계로 곧잘 빠져든다. 원하는 것을 이루는 대가로 고독을 얻는다. 초인의 길은 곧 외로움이다. 홀로 보내는 기나긴 시간 동안 그 머릿속에는 최고가 되기 위해 이겨내고 헌신해야 할 일들이 끊임없이 떠오른다. 그래서 클리너는 육체적으로나 정신적으로나 노력하길 멈추지 않는다. 사람들 대부분은 그만큼 높이 올라가길 두려워한다. 실패를 겪고 추락하면 죽을 만큼 고통스럽기 때문이다. 그러나 클리너는 기꺼이 도전하다 죽으려 한다. 천장이든 바닥이든 부딪히기를 걱정하지 않는다. 클리너에게는 애초에 천장도 없고 바닥도 없는 까닭이다.

클리너는 대중매체나 선전 따위로 만들어낼 수 없다. 클리너는 제 힘으로 성공하고 무엇이든 자력으로 구하는 사람이다. 돈 때문에 무언가에 심취하는 경우는 결코 없으며 신념을 어기는 것을 죽을 만큼 싫어한다. 그는 본인의 값어치를 잘 알기에 상대방이 그 점을 잊었을 때는 기꺼이 실수를 짚어준다. 그러나 돈은 부차적인 것일 뿐 진짜로 클리너를 움직이는 힘은 따로 있다.

클리너를 이해하는 데 가장 중요한 요소, 클리너를 규정하고 다른 경쟁자들과 구분 짓는 그 한 가지는 바로 성공 중독이다. 성공이 안겨주는 강렬한 흥분을 느끼려는 욕구와 열망이 너무도 강한 탓에 클리너는 자신의 삶 전체를 변화시켜 그 감각을 손에 넣으려 한다. 하지만 그 느낌은 언제나 충분치 않다. 성공이 주는 만족감을 느끼고 음미하고 쥐자마자 그 순간은 끝나버리고 그는 이내 또 다른 성공을 갈망하게 된다.

결국 클리너가 하는 모든 행동은 그러한 중독적인 욕구를 채우기 위한 것이다.

도전하는 과정을 딱히 좋아하거나 즐겨서가 아니라
그 끝에 맞이하는 결과를 열렬히 사랑하기 때문에.

아마 다들 살면서 '자신의 일을 사랑하면 일평생 단 하루도 일할
날이 없다'라든가 '일을 사랑하면 돈은 자연히 뒤따르기 마련이다'
같은 경구를 한 번쯤은 들어보았을 것이다. 물론 누군가에게는 그
말이 맞을지도 모르나 클리너에게는 그렇지가 않다. 자기 일을 '사
랑'한다는 말은 그 상태에 만족한다는 뜻이지만 클리너는 절대로
만족하는 법이 없다. 클리너는 성공하기 위해서 꼭 일을 사랑할 필
요는 없다고 여기며 성공의 길이란 목표를 향해 악착같이 나아가는
데 있다고 믿는다. 그리고 그 사이에 존재하는 모든 것은 최종 보상
을 지연시키고 가로막는 방해물이라고 생각한다. 그래서 운동선수
는 땀을 흘리고 몸을 다쳐가며 체육관에서 끝없이 훈련한다. 사업
가는 기업의 이익을 높이기 위해서 본인의 삶을 희생하며 가족과의
시간을 포기한다. 고등학교 교사는 제자들을 대학에 진학시키는 데
무수한 노력과 시간을 쏟는다. 그들에게는 오직 결과만이 중요하기
때문에.

그러나 어떤 클리너든 언젠가는 그러한 중독으로부터 한발 물러
나야 할 때가 온다. 바로 욕구에 휘말려 몸과 마음이 소모되고 망가
질 위험이 느껴질 때다. 늘 강렬한 에너지를 발산하는 스포츠 스타
와 지도자, 기업 경영자 등 열의와 투지로 가득한 인물이 최고 중의

최고의 자리에 오른 뒤 곧잘 휴식기에 들어가는 이유도 바로 거기에 있다. 더 높은 곳으로 가야 한다는 압박감이 자기 자신을 심하게 갉아먹는 것이다. 그럴 때면 그들은 그 자리에서 후퇴하여 재충전의 시간을 갖고 새로운 마음으로 더 큰 성공을 꿈꾸며 돌아온다.

혹시 여기까지 읽고 나는 절대 저렇게는 못 산다는 생각에 이 책을 덮으려 했다면 잠시만 참아달라. 좋은 소식이 하나 있다. 당신은 인생의 모든 영역에서 클리너가 될 필요도 없고 애당초 그럴 수도 없다는 사실이다. 모든 일을 잘하려고 악착같이 매달릴 필요도 없고 모든 분야에서 최고가 될 필요도 없다. 직업과 대인 관계와 개인적인 관심사 영역에서 '동시에' 클리너가 되기란 불가능하다. 그중 하나에서 찬란한 성과를 좇는 것만으로도 입에서는 "지금 하는 일 외에는 관심 없어" 하는 소리가 나오기 마련이다.

클리너의 관심은 '모든 것을 다 갖는 데'에 있지 않다. 클리너는 가장 간절히 원하는 목표를 이루기 위해 나머지를 희생한다. 혹시 세계에서 손꼽히는 부자들을 본 적 있는가? 사람들이 모인 자리에서 그들은 단연코 워스트 드레서라 할 만하다. 지금도 워런 버핏은 1958년에 3만 1500달러를 주고 산 집에 산다. 진정한 클리너는 화려하고 과시적인 라이프 스타일에 눈을 돌리지 않고 실리를 따진다. 언제나 최종 결과만이 중요할 뿐 그 과정에서 접하는 잠깐의 만족감에는 아무 관심도 없다.

쿨러, 클로저, 클리너의 차이

나는 엘리트 운동선수들과 일할 때 내가 단련시킬 선수가 어떤 사람인지, 정신적으로 어떤 면이 강하고 약한지, 얼마나 몰아붙여도 될지, 본인의 의지가 얼마나 되는지 등을 반드시 확인한다.

언젠가 비시즌 중에 우리 체육관에서 NBA 올스타급 선수들과 준 올스타급 선수들 스무 명 정도가 뒤섞여 시합을 벌인 적이 있다. 그날 모인 선수들은 모두 탁월한 인재라 할 만했다. 다만 시합을 대하는 태도나 코트 위에서 보여주는 기량과 한계점 등은 제각각 달랐다. 쿼터마다 온 힘을 다해서 뛰는 선수가 있는가 하면 가볍게 대결하는 것 자체로 만족하는 선수도 있었다.

내가 무어라 지적할 일은 아니었다. 하지만 나는 그들이 보여주는 미묘한 차이, 다시 말해 누가 얼마나 진지하게 승부 근성을 드러내는지에 주목한다. 사실 크게 보면 어떤 분야든 최고 수준에 해당하는 곳에서는 그 구성원 모두가 이미 괄목할 만한 업적을 일구었다고 할 수 있다. 그날 모인 선수들을 탁월함의 범주에 넣은 것도 다 그런 이유에서다. 그러나 진정 최고 중의 최고가 되고 싶다면 그 차이를 내는 아주 사소한 부분들을 알아야만 한다.

이런 현실에서 착안하여 나는 내 나름의 판단으로 경쟁 사회에서 나타나는 인재의 유형을 세 가지로 분류해보았다. 이러한 등급 체계는 책을 쓰기 전까지 아무에게도 밝힌 적이 없다.

쿨러, 클로저, 클리너.

각각 좋은 인재, 탁월한 인재, 불굴의 승부사를 뜻한다.

이 기준은 어떤 집단에든 적용할 수 있다. 지금 당신이 속한 팀, 회사, 친구들, 가족을 생각해보라. 사실 성공에 관한 정의는 사람마다 다르다. 어떤 이들은 그 판단을 주변 환경에 맡겨버리지만 어떤 이들은 자신이 원하는 바를 직접 선택하고 이뤘을 때 만족을 느낀다. 또 그 수가 극히 적긴 해도 성공의 기준을 계속 높여가며 그런 정의 자체를 할 수 없는 사람들도 어딘가에는 존재한다.

이 세 가지 부류가 바로 쿨러, 클로저, 클리너. 실제로 주변을 돌아보면 사람들 대부분이 쿨러이고 클로저의 비율은 그보다 낮다는 것이 확연히 드러난다. 클리너는 한 집단에 한 명 정도 있을까 말까 하다. 클리너가 근처에 있더라도 평소에 정체를 알아채기는 쉽지 않지만 일단 그가 활약하는 모습을 보고 나면 그 존재감을 잊기란 불가능하다.

쿨러는 신중하다. 무엇을 해야 할지 지시를 기다리고 남들이 무엇을 어떻게 하는지 관찰한 다음 리더의 뒤를 따른다. 어떤 사안의 결정권자가 아닌 중재자로서 딱히 강요받는 경우가 아니라면 특정한 편을 들지 않는다. 일이 잘 풀릴 때 일정 수준의 압박감은 감당할 수 있지만 스트레스가 너무 심해지면 문제를 타인에게 떠넘긴다. 때때로 중요한 역할을 맡기도 하지만 결과에 최종적으로 책임을 지는 사람은 아니다. 보통 무난한 일처리로 클로저나 클리너가 손을 대기 전까지의 준비 단계를 담당한다.

클로저는 쿨러보다 더 큰 압박감을 감당할 수 있다. 적절한 상황에서 정확한 임무를 배분받기만 하면 반드시 일을 해내는 사람이다. 앞으로 벌어질지 모를 문제를 예측하고자 온갖 계획을 살피는 유형으로, 예기치 못한 상황에 맞닥뜨리면 불안해한다. 주목받고 공을 인정받길 좋아하며 남들이 어떤 일을 하고 자신을 어떻게 생각하는지 잘 파악한다. 본인의 명성과 결부된 보상, 혜택 등을 무척 좋아하며 승리나 성공보다도 경제적 안정성을 우선시하곤 한다.

클리너는 보통 관점에서는 이해하기 어려운 사람으로, 스스로 그러한 상황을 즐긴다.

세 유형의 특징을 정리하면 다음과 같다.

- **쿨러**는 때때로 굉장한 시합을 펼친다.
- **클로저**는 때때로 굉장한 시즌을 보낸다.
- **클리너**는 굉장한 선수 경력을 남긴다.

- **쿨러**는 경쟁 상대와 어떻게 대적할지 걱정한다.
- **클로저**는 경쟁 상대를 연구하고 그 정보를 토대로 공략 방법을 연구한다.
- **클리너**는 경쟁 상대가 자신을 연구하게 만든다. 적수가 누구인지 신경 쓰지 않고 누구든 감당할 수 있다고 확신한다.

- **쿨러**는 승부를 결정짓는 마지막 슛을 던지길 꺼린다.

- **클로저**는 성공 가능성이 충분하다고 여겨지면 마지막 슛을 던진다.
- **클리너**는 자신의 직감을 믿고 그냥 슛을 던진다. 애초에 마지막 슛을 던질지 말지 생각할 필요조차 없다.

- **쿨러**는 동료가 좋은 성과를 냈을 때 가장 먼저 다가와 축하 인사를 건넨다.
- **클로저**는 임무를 완수한 공을 인정받길 원하며 축하받는 것을 좋아한다.
- **클리너**는 맡은 일을 해낸 동료에게 축하를 건네지 않는다. 당연히 할 일이라고 생각할 뿐이다.

- **쿨러**는 스포트라이트를 원하지만 막상 주목받으면 잘 대처하지 못한다.
- **클로저**는 자신이 리더임을 드러내려고 앞으로 나선다.
- **클리너**는 굳이 앞에 설 필요가 없다. 다들 누가 진짜 리더인지 이미 알기 때문이다.

- **쿨러**는 남이 주는 대로 모두 받아먹는다.
- **클로저**는 본인이 먹고 싶은 것을 주문하고 훌륭한 식사에 만족감을 느낀다.
- **클리너**는 무엇을 먹든지 한 시간도 지나지 않아 곧 다시 허기를 느낀다.

클로저는 적절한 기회가 왔을 때 시합을 승리로 이끌 줄 안다. 하지만 클리너는 그런 기회를 만들어내는 사람이다. 클로저는 시합의 주인공이 되기도 한다. 하지만 그를 그런 위치로 끌어올리는 사람은 결국 클리너다. 클리너에게는 어떤 자극도, 동기부여도 필요치 않다. 그런 것은 그 외의 사람들에게만 필요할 뿐이다.

당신은 클리너인가?

나는 지금까지 꽤 많은 클리너를 알고 지내왔으며 그동안 만나본 거의 모든 클리너에게는 몇몇 공통된 특성이 있었다. 우리가 그런 특성을 평소에 모두 인지하고 지낼 필요는 없지만 누구라도 틀림없이 몇 가지 정도는 이미 체감한 적이 있을 것이다. 아마 책을 읽다 보면 어떤 특성에는 흥미가 동하고 또 어떤 특성에는 불쾌감이 느껴질지도 모른다. 하지만 이 모든 과정은 과연 당신에게 악착같은 투지가 있는지, 클리너가 될 만한 자질이 있는지를 분명히 밝혀줄 것이다.

클리너들이 공유하는 특성은 총 열세 가지로, 덧붙여 말하면 그중에 행운 같은 것은 없다. 단지 어떤 상황과 결과가 있을 뿐이며 본인이 원한다면 이 두 가지를 모두 제어할 수도 있다. 하지만 운이라는 요소가 아무래도 신경 쓰인다면 차라리 NBA의 위대한 전설인 윌트 체임벌린Wilt Chamberlain처럼 생각하라. 그는 서구권에서 불길함의 상징처럼 여겨지는 13번을 백넘버로 쓰면서 그 번호가 자신이 아닌 상대편에게 불운을 안겨준다고 믿었다. 클리너의 사고방식은 이런 것이다.

이어지는 목록을 보면 알겠지만 각 특성에는 모두 1번을 매겼다. 보통 어떤 표나 내용에 순서를 매기면 사람들은 1번을 가장 중요하다고 여기고 나머지에는 소홀한 경향을 보인다. 글이 길어지면 3번이나 4번 이후는 보는 둥 마는 둥이다. 그러나 내가 만든 목록에서는 각각의 중요도가 모두 똑같다. 내가 어떤 선수에게 몸을 건강히 유지하기 위해 꼭 따라야 할 운동 및 식단 리스트를 줬다고 치자. 그가 만약 거기서 한 단계라도 건너뛴다면 결국 관리는 말짱 소용없는 짓이 되고 만다. 그런 이유로 나는 어떤 경우에도 1번, 2번, 3번… 이렇게 순번을 매기지 않고 늘 1번만 붙인다.

그 원칙은 이 책에서도 다르지 않다. 글이 배치된 순서에 상관없이 어떤 부분을 읽어도 좋다. 분명히 마지막 장이 첫 장만큼이나 중요하다는 사실을 깨달을 테니까.

클리너의 13가지 특성

#1. 다들 이만하면 충분하다고 여길 때 스스로를 더 채찍질한다.

#1. 몰입 상태로 빠져들어 모든 소음을 차단한다.

#1. 자신이 어떤 사람인지 정확히 안다.

#1. 길들여지기를 거부한다.

#1. 압박을 두려워하지 않고 오히려 즐긴다.

#1. 비상사태가 터졌을 때 모두가 의지하는 사람이다.

#1. 누구와도 경쟁하지 않는다.

#1. 제안이 아니라 결정을 하며 남들이 질문만 던질 때 해답을 안다.

#1. 혹독한 과정 끝에 맞이하는 결과의 짜릿함에 중독되어 있다.

#1. 사랑받기보다 두려운 존재가 되길 원한다.

#1. 누구를 믿어야 할지 안다.

#1. 실패를 실패로 여기지 않는다.

#1. 업적에 취하지 않고 항상 더 많은 것을 이루길 바란다.

이 목록을 보고 고개를 끄덕이며 '나만 그런 게 아니었어' 하는 생각이 든다면 당신은 이미 클리너의 길로 접어든 셈이다. 이제 당신은 앞으로 이어질 각 장에서 성공의 발판이 되어줄 클리너의 특성들을 자세히 살펴보고 그 안에서 자신의 모습을 발견할 것이다.

하지만 그 과정에서 의문이 생길 수도 있다. 어째서 만족할 줄 모른 채 끝없이 의욕을 불태우는 걸까? 성공 중독 성향의 장점은 무엇일까? 왜 외롭고 힘든 길을 가는 데 가치를 부여할까? 대체 왜 더 큰 압박과 더 큰 스트레스, 더 큰 긴장감을 갈망하는 사람이 존재할까?

이유는 간단하다. 그 보상이 정말 말도 안 되게 좋으니까.

당신은 모든 것을 이겨내고 남들은 감히 이해하지도, 이루지도 못할 일을 해낼 사람이다. 굳이 자기 자신이 아닌 다른 무언가가 되려고 애쓰거나 그런 열망을 품을 필요는 없다. 이미 가진 재능으로 지금보다 훨씬 많은 것을 해낼 수 있다는 가능성에 마음을 열기만 하면 된다. 진심으로 자기 자신과 남들이 생각하는 한계보다 스스로를 더 높이, 더 멀리 밀어붙여 지금껏 한 번도 도달하지 못한 영역에 가고 싶은가? 이제는 생각에만 그치지 말고 내면의 목소리를 따라서 직접 행동하고 악착같이 달려들어야 할 때다.

#1.

다들 이만하면 충분하다고 여길 때
스스로를 더 채찍질한다

> **쿨러는 본인의 성공 여부를
> 다른 사람들의 판단에 맡긴다.
> 클로저는 임무를 완수했을 때 성공했다고 느낀다.
> 클리너는 자신이 성공했다고 좀처럼 느끼지 못한다.
> 항상 더 이룰 것이 있기 때문이다.**

크게 성공한 유명인들과 함께 일할 때 그 분야에서 오래 활동하려면 꼭 마음에 새겨야 할 속담이 있다. 바로 '아는 사람은 말하지 않고 말하는 사람은 알지 못한다'는 말이다.

나는 입이 매우 무거운 사람이다. 내게 일을 의뢰하는 고객들은 늘 매스컴에 노출되어 있다. 그래서 개인 훈련 중에 우리가 하는 모든 활동을 철저히 비밀에 부치고 싶어 한다. 만약 그들에게서 완전히 신뢰를 얻지 못한다면 그 일은 애당초 물 건너간 셈이다.

그런 이유로 세간에는 내가 선수들을 어떻게 단련시키고 우리가 체육관 안팎에서 어떤 일을 하는지, 또 최고의 선수들을 한층 더 발전시킨 비결이 무엇인지 아는 사람이 거의 없다.

하지만 당신이 치열한 경쟁과 성공의 세계로 기꺼이 발을 들이고자 한다면, 나는 20년이 넘는 세월 동안 초일류 선수들과 함께하며 무엇을 배웠고 그들과 어떤 식으로 일하는지, 또 지금 알고 있는 것들을 어떻게 깨우쳤으며 선수들과 내가 서로 어떤 가르침을 주고받았는지를 거리낌 없이 밝힐 것이다.

나는 당신이 이 모든 지식을 받아들이고 스스로 바라는 바를 이루기 위한 뼈대로 삼았으면 한다. 혹시 프로 선수처럼 트레이닝을 해야 하는 것은 아닐까 걱정할 필요는 없다. 그렇게 하려면 사실상 온종일 운동에 매달려야 할뿐더러 겨우 책 한 권 읽고 '프로처럼 훈련이 가능하다'고 말하는 건 단지 책을 팔려는 상술에 불과하다.

하지만 엘리트 운동선수의 마음가짐을 받아들이고 성공을 위해 자기 분야에 활용하는 것은 충분히 가능하다. 이 책에 담긴 모든 내용은 스포츠, 비즈니스, 학업을 가리지 않고 당신이 하는 어떤 일에든 똑같이 적용할 수 있다. 당신이 이루려는 것이 무엇이든, 야망을 실현하려는 곳이 체육관이든 회사 사무실이든 상관없이 그 원천이 되는 힘은 바로 몸뚱이가 아닌 머리에서 나오기 때문이다.

일반적으로 운동을 한다 치면 사람들은 상당 시간을 몸에 투자한다. 상상을 뛰어넘는 속력과 힘, 회복력을 갖추기 위해 몸을 단련하고, 단련하고, 또 단련한다. 그러다가 끝에 가서 조금 짬이 난다 싶으면 멘탈을 정비하는 데 관심을 보인다.

완전히 앞뒤가 바뀐 꼴이다. 뛰어난 실력은 체육관에서 땀 흘리는 것만으로 완성되지 않는다. 신체 단련은 운동선수로서 책임져야 하는 가장 작은 부분에 불과하다. 운동 능력만으로는 한계가 있다는 말이다.

엄밀히 말하면 몸을 단련하는 것은 물론이고 무언가에 걸출한 능력을 발휘하는 일도 정신을 연마해야만 가능하다. 마음이 엉뚱한 데 있는 사람이 과연 제 능력을 최고로 발휘할 수 있을까? 결국 육체의 단련은 마음에서 시작한다. 강인한 육체는 탁월한 선수를 만든다. 그러나 강인한 정신은 세상 무엇도 막지 못할 불굴의 승부사를 만든다.

정신을 강하게 단련하면 몸은 절로 따라가기 마련이며 세상에 그보다 더 효과적인 트레이닝 방법은 없다. 우리는 실제로 측정할 수 없는 무형의 요소로 사람의 가치를 평가한다. 체중과 키, 근력, 속도 같은 것은 누구나 쉽게 잴 수 있지만 마음속에 담긴 책임감과 인내심, 본능적인 에너지는 누구도 측정하지 못한다. 우리가 진정한 트레이닝을 시작하는 기점은 바로 그 마음이다. 스스로 무엇을 성취하고 싶은지 깨닫고 목표를 이루기 위해 어떤 희생을 감수할지 아는 데서부터 출발하는 것이다.

바라는 만큼 이룰 수 있다

나는 우리 체육관을 찾아오는 선수들이 나만큼 열심히 노력하길 바란다. 나는 앞으로도 최고가 되기 위한 내 나름의 목표를 향해 악착같이 나아가며 그들 역시 그러길 바랄 것이다. 선수들과 함께하는 훈련에는 내 이름이, 시합에 나선 그들의 유니폼에는 각자의 이름이 걸려 있기 때문이다. 나는 그들이 나만큼이나 그 점을 중요하게 받아들였으면 한다. 때로는 선수들 입에서 융통성을 좀 발휘해달라는 말이 나오기도 한다. 당연히 들어줄 수 없는 요구다.

내 훈련 프로그램에서 따라야 할 것은 딱 세 가지다. 체육관에 와서, 열심히 운동하고, 내 말을 듣는 것. 이 세 가지를 잘 지키는 사람은 얼마든지 도와줄 수 있다. 하지만 그러지 못한다면 우리는 피차 간에 볼 필요가 없다. 나는 나를 믿고 찾아온 선수를 위해 가능한 모든 관심과 노력을 쏟아붓는다. 그리고 동시에 그 스스로 그만한 각오를 다지길 기대한다. 나는 의뢰인이 애쓰는 것 이상으로 더 노력을 기울이지는 않는다. 그가 바라는 만큼만 결과를 안겨줄 뿐이다.

단 모든 것은 내 방식대로 해야 한다. 내 고객이 소속된 프로 구단의 트레이너나 안마사 또는 그 선수의 부모님을 무시할 생각은 없지만, 그가 처한 상황을 그들이 깊이 이해하고 해결할 수 있었다면 혹은 당사자가 스스로 해법을 찾았다면 애초에 나를 만나는 일은 없었을 것이다.

그렇게 시작된 훈련은 몸을 쓰는 운동이 2할, 멘탈 코칭이 나머지

8할의 비중을 차지한다. 프로 선수인 만큼 재능이 부족해서 문제가 되는 경우는 없다. 내 역할은 그 재능으로 무엇을 할 수 있는지 보여주고 그를 억압하는 모종의 틀에서 벗어나게 돕는 것이다. 비록 내 조언이 내키지 않을 수도 있지만 그것을 꾸준히 따랐을 때 얻는 보상은 그야말로 확실하다.

프로라면 자기 관리가 철저해야 한다. 나는 훈련 중에 이 점을 항상 강조한다. 운동선수에게 몸은 늘 소중히 돌보아야 할 재산이고 관리에 소홀하면 그 가치는 자연히 떨어지기 마련이다. 그 사실을 잊고 경거망동하는 선수들에게 나는 분명하게 말한다. 나는 네 명성이나 성공에 기대어 돈이나 뜯어먹을 생각으로 여기 있는 게 아니라고. 너나 나나 모두 전심전력을 다하고 우리가 부디 프로로서 서로 자랑스레 여기는 관계로 끝나길 바란다고.

나는 선수들과 친해지려고 애쓰는 트레이너들을 많이 봐왔다. 거물급 고객들을 놓칠까 두려워서 그들 입맛대로 훈련 강도를 낮춰가며 비위를 맞추는 것이다. 하지만 나는 진심을 담아 이렇게 말한다. "난 너하고 친구가 될 생각이 없어. 네가 얼마나 대단한지 읊고 다니는 친구들은 이미 차고 넘치도록 많아. 우린 지금 프로 대 프로로 같이 일을 하는 거지 사석에서 만난 게 아니야. 친구 관계가 되는 것도 나쁘진 않겠지만, 나한테는 네 몸을 관리하고 앞으로의 선수 생활을 잘 챙기는 게 더 중요해."

나는 상대방의 생각과 질문에 기꺼이 귀를 기울이는 사람이다. 그러나 일단 나와 함께 일하기로 한 이상 당신은 내가 하자는 대로 따라야 한다. 다른 선택지는 없다. 보통 사람들은 너무나 많은 선택지를 마련해두고 힘든 길은 거의 택하지 않는다. 당신이라면 90분짜리 훈련과 30분짜리 훈련 중에 무엇을 하고 싶은가? 사람들 대부분은 30분을 택한다. "자, 이번엔 이런 동작을 하는 거야. 너무 힘들다 싶으면 좀 더 쉬운 걸로 바꿔줄게." 그러면 너나 할 것 없이 묻지도 따지지도 않고 쉬운 쪽을 선택한다.

그래서 나는 선택권을 주지 않는다. 당신은 생각할 필요가 없다. 생각은 내가 한다. 나는 나를 믿고 찾아준 고객을 대신하여 매일같이 모든 숙제를 해결하고 시험의 답안까지 내어준다. 그저 체육관에 나와서 열심히 운동하고 내 말을 듣기만 하라. 그게 바로 당신이 맡은 역할이다. 할 일을 하는 것.

할, 일을, 하라. 당신은 날마다 스스로 원치 않는 무엇인가를 해야만 한다. 하루도 빼놓지 않고! 우리는 일상에 대한 무감각함, 게으름, 두려움을 떨쳐내고 불편함을 향해 몸을 던져야 한다. 그렇지 않으면 내일은 하기 싫은 일이 오늘의 두 배가 될 테고 모레는 세 배, 그다음은 네 배, 다섯 배로 불어날 것이다. 그러다가 눈 깜짝하는 사이에 더는 되돌릴 수 없는 상태가 되고 만다. 그럴 때 당신이 할 수 있는 건 스스로 자아낸 혼돈의 도가니 속에서 자신을 책망하는 것뿐이다. 가뜩이나 처리할 과제가 많아진 상황에서 멘탈까지 흔들리는 것이다.

내 고객들이 피하고 싶어 하는 그 무언가는 바로 나다. 당신에게 는 회사나 가정 혹은 체육관에서 마주치는 무언가가 그 대상일 수 있다. 어쨌든 당신은 그 일을 해야만 한다. 그러지 않고서는 발전을 이룰 수도, 최고가 될 수도 없다. 악착이니 투지니 하는 소리는 아예 꺼내지도 마라.

<blockquote>
클리너는 가장 다루기 어려운 과제들을
가장 먼저 처리한다.
</blockquote>

그러면서 자신이 감당하지 못할 일은 없다는 걸 증명하는 것이다. 하지만 거기서 딱히 행복감을 느끼지도 않고 그런 일을 좋아하지도 않는다. 언제나 목적지만을 생각할 뿐 그 사이에 지나야 하는 험난 한 길은 안중에 두지 않는다. 클리너는 꼭 해야 할 일이라면 무엇이 든 하고 곁에서 굳이 두 번씩 말할 필요가 없는 사람이다. 다들 지쳐 서 나가떨어진 상황에서도 맡은 일을 처음부터 끝까지 다시 하고 오 히려 더 좋은 결과를 내는 사람이기도 하다.

당연한 말이겠지만 한 분야에서 크게 성공한 사람들은 대체로 남 의 지시를 받는 데 익숙하지 않다. 나도 스포츠 구단의 직원들이 잘 나가는 스타플레이어에게 이래라저래라 하지 못하는 모습을 익히 봐서 알지만, 참 문제라는 생각이 든다. 선수가 제때 나타나지 않고 당연히 해야 할 일을 거부하는데도 누구 하나 야단을 치지 못하는 것이다. 나는 그런 선수를 마음껏 꾸짖는다. 필요하다면 온탕에도 넣고 냉탕에도 넣고 이런저런 치료법도 써보고 야간 훈련도 한다. 누구든 나와 함께 일하기로 사인했다면 그 뒤부터 모든 판단과 결정은 내게 달린 것이다. 협조는 선택이 아닌 필수다.

물론 그렇게 고되게 운동하고 몸을 관리하는 게 편치 않다는 것을 잘 안다. 불편한 상황을 어떻게든 좋게 생각하고 즐기라는 소리가 아니다. 내가 하고 싶은 말은 그토록 힘든 과정이 아무렇지도 않게 느껴질 만큼 맹렬하게 결과를 좇으라는 것이다. 이런 충고를 받아들이는 사람 앞에서는 나 역시 편한 상황에 안주하지 않는다. 나는 내로라하는 스타플레이어들의 건강과 체력을 적당히 유지시키면서 모든 이를 적당히 만족시킬 수도 있다. 하지만 나에게 도전이란 이미 위대한 누군가를 더 나은 선수로 만드는 것이다.

마이클과 코비, 드웨인 그리고 찰스 바클리, 하킴 올라주원Hakeem Olajuwon, 스코티 피펜Scottie Pippen 등 명예의 전당에 입성한 전설들을 비롯한 수많은 선수들…. 그들이 나를 찾아온 건 우선 그들 스스로 본인 실력에 만족하지 않았고, 완벽을 추구하는 과정에서 겪을 고통과 불편함을 기꺼이 견디려 했을 뿐 아니라, 내가 의뢰인의 목표를 달성할 때까지 채찍질을 멈추지 않는다는 사실을 알았기 때문이다. 무엇을 하든 간에 기대치에 한계가 있는 평범한 사람을 데리고 훈련을 시작하면 모든 부분이 쉽게 향상된다. 그런 일은 누구나 할 수 있다. 그러나 그 대상이 자기 분야에서 이미 최고의 경지에 오른 사

"

일상에 대한 무감각함, 게으름, 두려움을
떨쳐내고 불편함을 향해 몸을 던져야 한다.

"

람이라면 실력이 더 나아질 가능성은 훨씬 불확실하다. 그래서 나는 우리가 손쓸 만한 부분이 있는지, 다른 경쟁자들보다 아주 조금이라도 우위를 점할 요인이 있는지 확인하려고 모든 세부 사항과 작은 변수들을 들여다본다.

내가 이 일을 막 시작했을 무렵에 트레이닝을 맡았던 선수는 마이클뿐이었다. 시카고 불스의 다른 선수들까지 함께 관리하게 된 것은 조금 더 시간이 지나서였다. 마이클은 이렇게 말하곤 했다.

> "당신한텐 나를 트레이닝하는 대가로
> 월급을 주는 게 아냐.
> 다른 녀석들을 맡지 말라고 주는 거지."

나로서는 더할 나위 없는 칭찬이지만, 진실은 이렇다. 세상 어떤 트레이너, 코치, 전문가도 스스로 하려는 의지가 없는 사람, 누군가가 제 할 일을 대신 해주길 기다리는 사람을 좋은 인재나 탁월한 인재나 불굴의 승부사로 만들지는 못한다는 것. 결국 모든 것은 당신에게 달렸다. 지금 이런 이야기를 하는 이유도 내가 프로 선수들을 위해 어떤 노고를 들이는지 알아주길 바라서가 아니라 '당신'이 자기 자신을 위해서 무엇을 해야 하는지 깨달았으면 하기 때문이다.

불편함에 익숙해져라

어떤 유형의 성공이든 간에 핵심은 모두 같다. 힘들고 불편한 일에 익숙해지는 것. 아무래도 못할 것 같다는 생각이 들어도 어쨌든 당신은 해야만 한다. 남은 마지막 몇 킬로미터를 달리고, 마지막 세트를 끝내고, 마지막 5분을 버텨야 한다. 시즌 첫 시합을 뛸 때와 똑같은 기세로 마지막 시합을 소화해야 한다. 온몸이 비명을 지르고 기운이 바닥나서 "더는 못 해, 이 빌어먹을 새끼야!"라고 외칠 때 오히려 더욱 분발하며 이렇게 되뇌어야 한다.

"그냥 해. 지금 당장."

당신의 몸을 다스리는 주체는 당신 자신이다. 몸은 당신을 제어하지 않는다. 이제 두려움과 감정과 육체적 긴장에서 그만 눈을 떼고 끔찍이도 하기 싫은 일을 해내자. 대충 하는 척만 하면서 끝날 때까지 시계를 들여다보는 짓은 그만두자. 당신은 스스로 시작한 일에 모든 노력을 쏟고 채찍질을 거듭하며 과거의 자신을 뛰어넘어야 한다.

현실은 쿵쾅거리는 음악과 특수 효과로 가득한 할리우드 영화나 신발 광고와 다르다. 극적인 변화도 없고 환상 같은 결말도 없다. 누군가가 트레이너의 도움으로 몰락을 딛고 일어나 스타가 되고 가슴 따뜻한 결말까지 맞이하는 그런 기분 좋은 스토리를 원한다면 영화

〈록키〉나 찾아봐라. 현실은 절대 그렇지 않다. 나는 누가 훈련 도중에 정신을 잃더라도 구태여 다가가서 등을 두드리거나 다시 일어나라고 다독이지 않는다. 그저 숨을 쉬는지만 확인하고 그 자리에 내버려 둔다. 그러다가 그가 의식을 되찾고 스스로 토한 흔적을 치운 뒤 나를 찾아오면 우리는 그때부터 다시 할 일을 한다.

우리는 언제나 그렇게 또다시 할 일을 한다.

나는 선수들을 다그치거나 몸에 충격을 주거나 정신을 흔들 참신한 방법이 있는지 늘 고민한다. 사람은 매번 하던 행동만 반복하면 항상 같은 결과를 얻게 된다. 내 목표는 훈련 중에 선수들에게 숱한 도전거리를 안겨주어 체육관 밖에서 겪는 모든 상황이 한층 수월하게 느껴지도록 만드는 것이다. 그렇게 스스로를 계속 시험하고 온갖 대안을 미리 준비해두면 실전에서 아무것도 생각할 필요가 없다. 앞날에 대비하여 할 일을 해두면 다들 비상 단추를 눌러대고 눈만 굴릴 때 우리 머릿속에는 무엇을 해야 할지가 직감적으로 떠오른다. 프로 선수들이 나와 하는 모든 훈련은 실제 시합에서 경험하는 것보다 훨씬 더 힘들다. 그 과정을 겪고 나면 지금 시합이 어떻게 돌아가는지 애써 생각할 필요가 없다. 그저 직감을 따라서 몸이 움직일 뿐이다.

만약 당신이 내 앞에서 본인의 한계를 주장한다면 나는 당신이 얼마나 더 많은 것을 해낼 수 있는지 확실하게 증명하겠다. 애당초 '한계'란 무엇인가? 2012년도 NBA 올스타전에서 코뼈가 부러지고 뇌진탕까지 겪었던 코비는 쉬지도 않고 바로 며칠 뒤에 벌어진 LA 레이커스의 시합에 출전했다. 대체 왜 그랬을까? 그는 자기 몸이 충격에 어떻게 반응하는지, 자신이 그런 환경에서 얼마나 잘 뛸 수 있는지 알고 싶어 했다. 세상에 자기 자신이 진정 무엇을 이룰 수 있는지 아는 사람은 많지 않고 그것을 직접 확인하려는 사람은 그보다 훨씬 더 적다.

나는 훈련을 진행할 때 늘 의뢰인에게 집중하면서 모든 것을 살핀다. 얼굴 표정부터 심장박동 수와 땀 흘리는 정도, 어느 다리가 떨리는지 등을 포함하여 아주 작은 부분까지 놓치지 않으려 한다. 그런 다음 모든 정보를 토대로 계산을 하고 다음 질문에 답을 내린다. '지금보다 조금 더 강도를 높여도 될까?' 결단을 내렸을 때 훈련 시간은 절반으로 줄고 성과는 두 배로 는다. 하지만 어디까지나 그에게 내 주문을 제대로 따를 의지가 있을 때의 이야기다.

나는 심각한 부상과 수술로 고통을 겪은 선수들의 재활 훈련을 많이 담당해왔다. 그런 선수들을 만날 때마다 내가 하는 말이 있다. 나중에 시합에 복귀할 때는 몸 상태가 다를 것이라고, 이전보다 더 나아질 것이라고. 실제로 그래야만 한다. 부상을 입기 전과 같은 상태로 경기장에 돌아가면 또 다칠 위험이 있기 때문이다. 그래서 나는 그들이 예전보다 더 강하고 더 튼튼한 몸으로 복귀할 수 있게 훨씬 더 혹독하게 몰아붙이고 평소보다 더 많은 운동을 시킨다.

하지만 부상이 안겨주는 공포감은 재활 과정에서 굉장한 장애물로 작용한다. 훈련을 시작할 때 선수들이 흔히 보이는 모습 중 하나는 몸을 움직이길 두려워하는 것이다. 그들은 난생처음으로 몸을 제대로 가누지 못하고 타고난 신체 능력을 못 쓰는 상황에 처하면서 자기 몸을 겁내는 지경에 이른다. 이러한 심리적 장벽은 회복에 심각한 지장을 미치고 결국 그들은 더는 움직일 생각을 하지 않는다. 몸을 쓰려는 의지가 없는 운동선수는 야망과 집중력을 함께 잃어버린다. 소속 팀과 앞날이 보장된 계약이 되어 있을 때는 특히 더 그렇다.

어린 시절에 운동 경기를 할 때 부상은 곧 팀에서 자기 자리가 없어진다는 말과 같았다. 그래서 다들 죽기 살기로 다시 시합에 나가려고 용을 쓰지 않았던가? 그때는 금방 툭툭 털고 일어나 뛰어다니는 것이 일상이었다. 물론 프로 스포츠에서는 이야기가 조금 다르지만, 어쨌든 그 사람이 다시 뛸 준비가 되었는지 어떤지는 본인만이 안다. 엑스레이나 MRI 검사 결과는 아무래도 상관없다. 정신적으로 준비되지 않았다면 그 선수는 준비가 안 된 것이다.

그래서 우리는 다시 기본으로 돌아간다. 천천히 걷고, 어깨를 움직이고, 한 번에 하나씩 모든 과정을 밟는다. 작은 동작부터 시작하여 자신감을 회복하는 것이다. 그리고 그런 작은 움직임은 차츰 쌓이고 쌓여서 큰 변화로 이어진다. 우리는 이틀이나 사흘마다 조금씩 더 어려운 동작을 시도하고 운동량을 늘려가며 진전을 이룬다.

그러나 나는 그런 훈련도 적당히 하지 않는다. 그래야 할 이유가 없다. 적당히 할 만한 훈련은 적당히 좋은 인재를 만들 뿐이다. 우리가 노리는 것은 클리너이고 그렇게 높은 목표를 이루려면 필히 대가를 치러야 한다. 물론 나는 훈련 대상을 준비되지 않은 상황에 무작정 밀어 넣지는 않는다. 다만 대다수의 사람들이 경험하는 것보다 더 빠르게 그 상황을 맞게 한다. 선수들이 알아서 하도록 내버려두면 그 속도로는 영원히 목표에 도달할 수 없기 때문이다.

사람들은 나를 볼 때마다 좋은 성과를 내는 비결이나 요령이 있는지 묻는다. 특별한 답을 기대했다면 정말 미안하지만 어떠한 비결도, 요령도 없다. 더 정확히 말하면 그 해답은 내게 있지 않다. 당신이 프로 선수든 회사를 경영하는 사람이든 혹은 트럭 운전사나 학생이든 상관없이 성과를 내는 방법은 아주 간단하다. 우선 현재 자신이 어떤 위치에 있는지, 앞으로 어디로 향하고 싶은지를 스스로에게 물어보라. 그곳에 도달하기 위해 어떤 노력을 기울일 것인지 자문하라. 그런 다음 그 목표를 향한 계획을 세워라. 그리고 실천하라.

세상 어디에도 성공으로 가는 지름길은 없다. 하루에 5분 혹은 일주일에 겨우 20분 정도 깔짝대면서 자기도 나름대로 운동을 하네 어쩌네 하는 말은 제발 하지 마라. 그건 정말 개소리다. 그딴 운동은 온종일 소파에 누워서 꼼짝도 하지 않는 사람들에게나 먹히는 짓이다. 집에서 '쉽고 편하게' 하는 운동은 아예 말도 꺼내지 마라. 어떤 운동이든 '쉽고 편하다'는 말이 붙은 것은 운동이 아니다. 그건 운동에 대한 모욕이다. 물론 누구든 집에서 운동을 할 수는 있지만, 그게 무엇이든 '편하다'는 느낌이 든다면 무언가가 잘못되어도 한참 잘못된 것이다.

편안함의 늪에 빠지지 말라

지금 이 삶을 사는 주인공은 바로 당신이다. 어떻게 자신에게 투자하지 않고 살 수 있는가? 이건 내가 운동선수들만이 아니라 성공을 중히 여기는 모든 사람에게 하는 말이다. 사람들은 힘들고 불편하다는 이유로 운동을 기피하고 식습관을 조절하길 꺼린다. 하지만 그렇게 해서 잔뜩 늘어난 몸무게와 그로 인한 온갖 병을 달고 살기는 편한가? 요통, 관절통, 호흡곤란, 당뇨병, 각종 심장 질환 등등. 나는 사람이 겪는 건강 문제의 85퍼센트가량이 비만에서 유래한다고 본다. 혹시 이유를 안다면 제발 좀 알려달라. 대체 왜 사람들은 과체중과 질병이 안겨주는 불편함과 일주일에 세 번 체육관에서 땀흘리며 느끼는 불편함 사이에서 완전히 몸을 망가뜨리는 쪽을 선택하는가?

나는 체중 관리가 필요한 선수들에게도 많은 연락을 받는다. 그중에는 저명한 영양학자나 관련 전문가들과 수없이 상담을 나누고도 매일같이 패스트푸드를 달고 사는 녀석들이 많다. 그러나 누구라도 내 방식을 따르기만 하면 단 몇 주 만에 목표한 체중까지 살을 뺄 수 있다. 실제로 키 213센티미터에 체중이 거의 180킬로그램에 달했던 에디 커리Eddy Curry는 나와 함께 훈련하며 몸무게를 50킬로그램가량 줄였고 그 덕분에 2012년 마이애미 히트와 선수 계약까지 할 수 있었다. 만약 지금이라도 누가 찾아와서 트레이닝캠프가 열리기 전까지 당장 15킬로그램을 빼야 한다고 한다면 나는 충분히 도와줄 수 있다.

단 어디까지나 당사자에게 그 일을 해내려는 의지가 있어야 한다. 작년에 한 프로야구 에이전트로부터 스프링캠프가 열리기 전까지 어떤 투수의 체중을 18킬로그램 정도 줄여달라는 의뢰가 들어온 적이 있다. 나는 그 선수에게 맞춰 계획을 다 세웠지만 트레이닝을 시작하기 전날에 그가 별안간 혼자서 살을 빼보겠다고 선언했다. 그래서 물어봤다. "정말 가능하겠어? 18킬로그램을 감량하는 건 그렇게 쉬운 일이 아니야. 나쁜 식습관과 운동 부족으로 몇 년에 걸쳐서 찐 살을 빼는 건 특히 더 그렇지." 그는 자신의 결정에 확신을 보였다. 나는 그를 담당한 에이전트에게 행운을 빈다고, 저 친구는 8개월 뒤면 시합에서 볼 수 없을 거라고 말했다. 내 생각이 틀렸다. 그 선수는 겨우 네 달 만에 야구장에서 모습을 감추고 말았다.

혹시라도 살을 빼려고 우리 체육관을 찾아올 생각이라면 트레이닝을 시작하기 전에 부디 최후의 만찬을 즐기고 오길 바란다. 나는 고객의 몸을 만드는 기간을 보통 5주로 잡는다. 트레이닝은 체육관

"

만약 당신이 내 앞에서 본인의 한계를 주장한다면
나는 당신이 얼마나 더 많은 것을
해낼 수 있는지 확실하게 증명하겠다.

"

문을 들어서는 순간부터 시작되며 정해진 식단대로 먹지 않고 친구 접시에 놓인 감자튀김을 슬쩍하거나 친척 결혼식에서 몰래 맥주를 마시지 않는 한 당신의 몸무게는 처음 3주 동안 약 9킬로그램이 빠지게 되어 있다. 나는 당신에게 직접 식사를 제공하고, 먹어도 되는 음식과 먹어서는 안 될 음식을 알려주고, 또 필요하다면 음식을 만들 사람까지 집으로 보낼 것이다. 그러나 여기서 무엇보다 중요한 건 내가 세운 규칙을 당신이 잘 따르는 것이다.

과연 인체는 어떤 물질들로 구성되었을까? 이 의문은 설탕 해독 과정을 거치는 사람을 보면 어느 정도 해소된다. 이 방식은 '저탄수화물' 식이요법이나 앳킨스 다이어트*와 다르게 설탕을 완전히 끊는 데 초점을 맞춘다. 보통은 우리가 흔히 먹는 음식 속에 얼마나 많은 설탕이 숨어 있는지 모르기 때문에 나는 섭취 가능한 음식과 불가능한 음식을 정리해둔 식이 지침 자료에 이런 경고문을 덧붙인다. '편두통이 느껴지고 토할 것 같은 기분이 든다면 이 체중 감량 프로그램이 효과를 발휘하는 것입니다.' 처음 이틀간은 경련, 식은 땀, 지독한 방귀, 심각한 갈증과 더불어 마치 금단현상에 시달리는 마약중독자처럼 오한을 겪는다. 그런 다음 총 열흘에 걸쳐 온몸에서 설탕이란 설탕은 모두 빠져나간다. 몸 상태는 지옥과도 같은 그

◆   탄수화물을 줄이고 단백질 섭취를 늘리는 식이요법으로 국내에서는 황제 다이어트라는 이름으로 알려져 있다.

이틀만 넘기면 차츰 호전된다. 이런 이유로 도중에 엉뚱한 음식을 먹는 사람은 대번에 티가 난다. 우리 체육관에서 같이 일하는 트레이너들 역시 이 식이요법을 경험해봐서 다들 그 느낌이 어떤지 잘 안다.

나는 누가 설탕 해독 다이어트를 하는 도중에 체육관을 찾아오면 일단 컨디션이 어떠냐고 물어본다. 그러면 괜찮다는 답이 돌아온다. 괜찮다라…. 으흠.

다음 날 나는 또 물어본다. 컨디션은 좀 어때? 그러자 그 친구가 하는 말이, 아주 좋단다. 전혀 문제없다고.

그러면 나는 하루만 더 지켜보기로 한다. 몸 상태가 괜찮은지, 식단을 잘 따르고 있는지 물으면 같은 답이 돌아온다. 그럼요, 다 괜찮아요.

이제 더 확인할 필요도 없다. 뻔뻔하게 거짓말만 늘어놓는 꼴이라니. 그렇게 다이어트를 망치고 싶다면 제발 내가 모르는 어딘가로 가서 그래주면 좋겠다. 이 방식이 쉽지 않은 건 나도 알지만 그렇게 편한 대로 다 하면서 좋은 결과를 얻을 수는 없다. 결실을 원한다면 스스로 한계에 도전해야 한다. 힘들고 불편해지길 겁내서는 안 된다. 세상 누구도 실패를 향해 전력으로 달려가는 사람을 구제하지는 못한다.

나는 어떻게든 원하는 결과를 내고 싶어서 내가 정한 훈련량보다 더 하겠다고 기를 쓰며 대드는 그런 선수들이 좋다. 그만큼 몸을 쓸 준비가 되어 있지 않다면 당연히 말리겠지만, 그래도 잡지 표지를 촬영한다거나 새로 출시된 신발을 홍보한다는 핑계로 운동을 빼먹기보다는 트레이너들 몰래 웨이트실에 들어가 뭐라도 더 하려는 쪽이 더 예쁜 것은 사실이다. 그렇게 성실하게 하면 모든 결과는 따라오기 마련이다. 그 반대는 성립하지 않는다.

드웨인은 2007년에 무릎 수술을 받은 뒤 웨이트실에서 내가 지시한 훈련을 반복했다. 1.2미터짜리 원통 위에서 바닥으로 뛰어내렸다가 다음 원통으로 뛰어오르는 동작으로, 발목이나 무릎, 엉덩이 수술을 받고 재활 치료를 거친 선수가 시합에 출전하기 전에 꼭 시키는 훈련이었다. 육체적으로나 정신적으로나 만만치 않은 이 훈련에서는 우선 선수의 몸이 물리적 충격에 견딜 수 있는지가 드러난다. 그 과정에서 스스로 자기 몸을 신뢰하는 단계에 들어섰는지 아니면 여전히 몸을 쓰는 데 두려움이 있는지를 확인하는 것 역시 중요하다. 사실 이 훈련의 주안점은 위로 얼마나 잘 뛰어오르느냐가 아니라 아래로 뛰어내릴 때의 두려움을 극복하는 데 있다.

드웨인이 그렇게 원통 오르내리기를 할 때 근처에서는 다른 선수들도 운동을 하고 있었다. 며칠 뒤 다른 트레이너들에게서 이런 말이 들려왔다. 그 선수들이 웨이트실에 아무도 없을 때 몰래 들어가서는 자기네도 드웨인처럼 할 수 있는지 뛰어본다는 것이었다. 대부분 점프 훈련이라면 학을 뗐지만 또 누구한테 지고는 못사는 그런 녀석들이었다. 클리너의 경쟁심은 언제나 활활 타오른다. 그 스

위치는 절대로 꺼지는 법이 없다.

재활 훈련을 진행할 때 내가 가장 애먹는 부분은 아직 코트에 서면 안 되는 선수들에게서 공을 뺏는 것이다. 나는 부상이나 수술에서 회복 중인 선수들로부터 의뢰가 들어오면 재활 훈련과 복귀 계획을 빈틈없이 세우는데, 그들이 코트에서 뛰는 것은 그중에서도 가장 '마지막 단계'에 해당한다. 하지만 일평생 공을 놓지 않고 살아온 위대한 선수들에게 그런 말을 하기란 정말 쉽지 않다.

찰스 바클리가 딱 그런 식이었다. 그는 내가 여태 본 것 중에 운동선수로서 가장 출중한 재능을 타고난 인물이었고 어느 모로 보나 클리너였다. 찰스는 무릎 수술을 받은 이후로 나와 함께 훈련하기 시작했는데 다리에 보조기를 차고 있는 동안은 절대 농구를 하면 안 된다는 말을 영 내키지 않아 했다. 그는 나를 죽일 듯이 노려보면서 공을 달라고 했다. 그리고 골대 앞에 서서는 건강한 한쪽 다리로만 뛰어올라 덩크를 했다. 그것도, 무려, 열 번이나! 반대편 발은 코트 바닥에 아예 닿지도 않았다.

나는 그런 선수들, 어떻게든 기회를 잡고 자신을 한계까지 밀어붙이는 강한 사람들을 원한다. 내 기준에서는 딱 사흘이면 의뢰인이 어떤 사람인지 모두 알 수 있다. 체육관에 나오는 첫날, 나는 그 사람이 몸을 생전 처음 써보는 것처럼 느껴지도록 운동을 시킨다. 그러면 누구라도 다음 날 아침에는 내 몸에 여태 이런 곳이 있었나 싶을 정도로 안 아픈 데가 없고 슬쩍 운동을 빼먹고 싶은 마음도 든다.

"

불편함에 익숙해져라.
아니면 딴 데 가서 그냥 실패나 하든가.

"

하지만 이제 겨우 이틀째고 전날에 상체 운동만 해서 상반신만 쑤시기 때문에 보통은 그냥 체육관에 나온다. 그러나 사흘째에 들어서면 상체와 하체 운동까지 다 마친 의뢰인의 근육은 젖산 때문에 비명을 지르기 시작한다.

그렇게 앞선 이틀간의 훈련으로 지칠 대로 지친 상황이 오면 내가 알아야 할 부분은 모두 파악이 끝난다. 관건은 48시간을 버티느냐 마느냐. 그가 온몸의 통증과 피로에도 불구하고 나를 찾아온다면 우리의 훈련은 앞으로도 계속될 것이다. 하지만 오늘은 좀 쉬고 싶다는 말이 나온다면, 아무래도 번지수를 잘못 찾았다. 세상에는 그런 투정을 들어주는 트레이너가 널리고 널렸다. 나는 그렇지 않다. 불편함에 익숙해져라. 아니면 딴 데 가서 그냥 실패나 하든가.

#1.

몰입 상태로 빠져들어
모든 소음을 차단한다

> **쿨러는 시합을 앞두고 주변 사람의 사기를 끌어올린다. 클로저는 시합을 앞두고 자기 자신의 사기를 끌어올린다. 클리너는 사기를 끌어올리는 법이 없다. 침착하고 냉정한 태도로 실전에 대비할 뿐이다.**

고요하고, 어둡고, 외롭다. 수많은 군중 사이에서도, 심지어 거대한 경기장 안에서 자신의 이름을 연호하는 팬들에게 둘러싸여도 그는 언제나 혼자다. 자신의 머릿속에 홀로 존재하며 오직 그만이 느낄 수 있는 미묘한 열기에 홀로 휩싸여 있다. 외부의 잡음도, 어떤 방해도 느껴지지 않는다. 지금 이 순간은 오직 자기 자신뿐이다.

깊은 내면의 어둠은 그를 몰아붙이고 서서히 타오르며 계속해서 외친다. 해내라고, 해내야 한다고. 그는 자신의 심장 소리를 들으며 모든 박자를 조절한다. 모든 것은 그의 지배 아래 있다. 옆에서 누군가가 뭐라고 말을 하지만 들리지도 않고 굳이 듣고 싶지도 않다. 시합이 끝나면 기자들이나 팀 동료 혹은 가족 누군가의 입에서 그 자식은 제멋대로이고 무례하며 도통 속을 알 수 없다는 그런 소리가 나올 것이다. 하지만 상관없다. 그들은 절대 이해하지 못한다. 이제는 '혼자만의 작은 세상'에 갇혀 있다는 말까지 나왔다. 그래, 맞는 말이다. 이제 좀 꺼져달라. 혼자 있고 싶으니까. 혼자.

지금 그는 몰입 상태에 빠져든 것이다.

그의 눈에는 주변 사람들의 감정이 들썩이는 것이 보인다. 두려움, 질투심, 흥분 혹은 현재 상황을 이해하지 못하는 데서 발생하는 혼란이 그들을 휩쓸지만 그는 이미 모든 준비를 마쳤다. 몰입 상태에서 느껴지는 것은 마음 속 어딘가에서 조용히 타오르는 차가운 분노뿐, 그 외의 어떠한 감정도 존재하지 않고 자제력을 잃는 일도 미친 듯이 날뛰는 일도 없다. 마치 직접 마주하기 전까지는 보이지 않고 다 지나가기 전까지는 미처 파악할 수 없는 파괴력을 품은 채 어둠 속에서 천천히 다가오는 폭풍처럼 고요하다.

이것이 바로 몰입 상태에 들어선 클리너의 이미지다.

그가 느끼는 모든 것, 모든 에너지는 보이지 않는 곳에 감춰져 있다. 작은 파문도, 파도도 일지 않고 누구도 앞으로 어떤 일이 벌어질지 알 수 없다. 사람들의 감정을 흔들고 혼란을 자아내는 행동은 그에게 어울리지 않는다. 그저 곧 다가올 전투를 위해서 모든 힘을 아낄 뿐이다.

그가 몰입의 세계에 발을 들였다는 사실만으로 모든 것은 끝났다. 이제 시간은 그의 것이다.

몰입을 부르는 버튼은 따로 있다

재능과 커리어를 키우는 데 궁극적으로 성공과 실패를 좌우하는 것은 주변 환경을 통제하고 타인의 생각과 감정을 차단하는 능력, 즉 정신을 한곳에 모으는 집중력이다. 학교에서 공부를 하든 회사에서 일을 하든 체육관에서 몸을 단련하든 마찬가지다.

몰입 상태를 경험하고 그 위력을 느껴본 사람들은 하나같이 그 상태가 지극히 고요하다고 말한다. 요가를 할 때처럼 마음이 편안하다든가 평화롭다는 뜻이 아니라 집중력이 극도로 높아진다는 말이다. 그런 상태에 이르면 두려움도, 근심도, 감정도 모두 사라진다. 목표한 일을 거뜬히 해낼 뿐 아니라 어떠한 방해에도 끄떡하지 않는다.

어떻게 해야 두려움 없이 엄청난 힘을 발휘하고 모든 것을 잊은 채 자신을 철저히 믿는 이 미지의 공간으로 들어갈 수 있을까? 대체 어떻게 하면 다들 있다고는 말하지만 정확히 설명하지 못하는 완벽한 정적의 세계를 찾을 수 있을까?

한 가지 확실한 것은 누구에게나 몰입을 이끄는 방아쇠가 있다는 사실이다. 다시 말해서 싸우고 승리하려는 끝없는 열망과 강렬한 경쟁심, 날카로운 집중력에 불을 붙이는 무엇인가가 누구에게나 있다. 조건은 다 달라서 누구에게 어떤 방법이 맞는다고 꼬집어 말하기 어렵다. 분명한 것은 몰입을 유발하는 무언가가 차차 소개할 우리 마음의 한 부분, 이른바 내면의 어둠과 맞닿아 있다는 점이다. 세상 어떤 것에도 구애받지 않는 진짜 나 자신이 되는 상황, 몰입을 부르는 요소는 바로 그런 상황을 만드는 그 무엇이다. 그리고 우리가 모든 두려움과 억압을 다스릴 수 있는 시간은 오직 그때뿐이다. 그처럼 깊은 본능적 인자가 없다면 기름 없는 라이터에 불을 붙이는 것과 다를 바 없다. 불꽃이 파삭거리며 계속 튀지만 끝내 불은 붙지 않는다.

운동선수들이 그렇게 불붙일 연료를 찾도록 돕는 것이 내가 하는 일 중 하나다. 나는 그들 마음속에 그런 연료가 있음을 알고 또 어떤 버튼을 눌러야 폭발이 일어나는지 잘 안다. 하지만 그 버튼을 누르는 사람이 되고 싶지는 않다. 나는 그들이 스스로 버튼을 누르고 어떤 조건에서 폭발이 일어나는지를 알았으면 한다. 그래서 이런 방법을 택한다. 각 버튼을 모두 끌어내고 마음의 준비가 됐을 때 당사자가 직접 누를 수 있도록 그 위치를 알려주는 것이다. 누구라도 자기 자신의 통제권을 남에게 넘겨주어서는 안 된다. 그런 중요한 버튼을 다른 사람에게 누르게 하는 순간 승부는 이미 끝난 것이다.

몰입 상태는 혼자만의 세상이다.
언제 어떻게 그 불을 붙일지는
오직 스스로 결정해야 한다.

나는 어떻게 해서든지 그 조건을 찾아준다. 눈앞에 있는 선수에게 라이벌이 무얼 해냈는지 이야기하면서 버튼을 하나 끌어내고, 소속 팀 감독에게서 전해 들은 말을 반복하면서 또 다른 버튼을 끌어낸다. 만약 그 선수가 어제 시합에서 대단한 활약을 펼쳤다면 나는 그 전에 무엇을 했는지 물어본다. 다음 시합에 들어가기 전에도 같은 행동을 하도록 말이다. 버튼은 이것 말고도 많다. 나는 연습 경기 때 다른 사람을 시켜서 우리 선수의 신경을 긁기도 하는데, 그럴 때 갑자기 폭발이 일어나곤 한다. 마침내 버튼을 누른 것이다. 그러면 적어도 한 시간 동안은 아무도 그 친구를 막지 못한다.

하지만 그렇게 몰입 상태에 빠져들어도 어떻게 그 지점에 도달했는지, 또 무슨 일이 일어났는지 전혀 기억 못 하는 수가 있다. 누군가에게는 그 버튼이 남자다움이나 실력을 의심하는 말일 수 있고, 또 다른 누군가에게는 자신의 피를 보는 상황이나 물리적인 충돌일 수도 있다. 나는 그들이 적절한 연료를 찾아낼 때까지 온갖 버튼을 계속 끌어내고 무엇을 누르는지 지켜본다. 그리고 제 나름의 불을 밝혀 초공간에 진입한 선수들이 그 불길을 유지하도록 돕는다.

내가 아는 한도 내에서 마이클은 시합 때마다 완전히 몰입 상태로 빠져드는 유일한 선수였고 언제나 클리너였다. 그가 조금 쉬엄쉬엄 뛰는 듯 보이는 날에도 끝에 가서는 어김없이 그런 기질이 튀어나왔다. 시카고 불스가 72승을 거뒀던 시즌에 실제로 밴쿠버에서 그런 일이 있었다. 당시 불스 선수들은 연례행사와도 같았던 11월의 기나긴 원정길에 지친 상태였고 그날 경기는 불스답지 않게 고전하는 모습이었다. 3쿼터가 끝날 때까지 마이클이 겨우 10득점을 기록한 상황에서 상대편인 그리즐리스의 데릭 마틴^{Darrick Martin}이 그를 도발하기 시작했다.

하지만 마이클 조던을 상대할 때는 절대 시비를 걸어서도, 섣불리 결과를 예단해서도 안 된다. 그때 마이클은 코트 위에 딱 멈춰 섰다. 그리고 녀석을 노려보고 고개를 저으며 말했다. "잠자는 개는 건드리는 게 아니랬지." 그의 마음속에 도사린 어둠은 이렇게 외친 것이었다. "저 새끼 죽여버려." 그 말과 동시에 그는 공격 태세로 전환하며 몰입 상태에 빠져들었다. 그 결과, 아무도 그를 막지 못했다. 마이클은 4쿼터에 19점을 몰아넣는 맹활약으로 불스의 승리를 이끌었고, 데릭 마틴은 시합이 끝날 때까지 벤치에 머물러야 했다.

마이클은 단 한 번도 나약한 모습을 보이거나 감정을 드러낸 적이 없었다. 가끔 긍정의 제스처를 보이기는 했다. 1992년 포틀랜드 트레일블레이저스와의 결승 1차전에서 전반에만 3점슛 여섯 개를 꽂아 넣고 '나도 영문을 모르겠다'면서 어깨를 으쓱거리던 장면이나 유타 재즈와의 최종 결전에서 공중에 손을 뻗은 채 서 있던 장면이

"

몰입 상태에서 벗어난 것은
생각을 하기 때문이다.
생각을 멈춰라.

"

그러했다. 언제나 긍정적이고 낙관적이었던 그의 태도는 소속 팀과 팬들을 비롯한 모두를 일으켜 세웠을 뿐 아니라 모든 것이 그의 지배하에 놓였음을 보여주었다. 그는 설령 부정적인 감정을 느끼더라도 절대 겉으로 드러내지 않았다. 클리너란 바로 그런 것이다.

만약 군대에서 지휘관이 흐트러진 꼴을 보이고 회사에서 상사가 불안감에 신경질을 마구 부린다면 다들 그 상황을 어떻게 받아들일까? 클리너가 감정을 표출하는 경우는 그것이 사람들을 목적지로 이끌 유일한 방법이라고 판단될 때뿐이다. 그러나 제 감정을 다스리지 못해서 그러는 일은 결코 없다.

나는 시합 전에 선수들이 춤을 추거나 몸을 흔들면서 미친 듯이 소리 지르는 모습을 좋아하지 않는다. 팬들과 방송국 입장에서는 보기 좋을지 모르지만 그렇게 감정이 뒤범벅된 상황은 선수들의 초점을 제 임무가 아니라 시합 전의 시끌벅적한 분위기로 집중시킨다. 그러면 광기에 찬 그 순간이 지나간 직후는 어떨까? 일단 오프닝 행사가 끝난다. 다들 선수대기석으로 돌아가 앉고 그사이에 광고 방송이 흐른다. 분위기는 완전히 가라앉는다. 몰입 역시 깨진다.

그럴 때 진정한 리더들이 어떻게 하는지 보라. 코비는 마치 주주 총회장에 들어서는 한 기업의 최고 경영자처럼 코트 위로 걸어 나온다. 그런 다음 몇몇 사람과 악수를 하고 함께 뛸 선수들, 심판들과 인사를 나누면서 본인의 업무를 시작한다. 마이클은 경기 전에 남들과의 신체 접촉을 피하는 편이다. 그래서 누군가와 껴안거나 악수하는 일이 없다. 그 대신 그는 동료 선수들과 가볍게 주먹을 맞대거나 하이파이브를 한다. 그것도 절대 팔을 높이 들지 않고 늘 낮게 힘을 뺀 채로 부딪힌다. 그리고 누구와도 눈을 마주치지 않는다. 선수 소개가 끝날 때 그는 마치 아버지가 어린 자녀들을 감싸듯 동료들을 한데 모으고 마음을 가라앉히게 한다. 그러면서 그 짧은 순간에 다시금 일깨워준다. 걱정하지 말라고, 내가 뒤에 있다고.

클리너는 결코 선수대기석 앞에 나와서 수건을 흔들어대지 않는다. 그저 끝자리에 홀로 앉아 침착하게 목표에 집중할 뿐이다. 클리너는 다들 흥분을 감추지 못하고 과열되는 위기일발의 순간에 냉정을 되찾도록 타이르는 사람이다.

몰입의 영역에서 벌어지는 일

마이클은 시합 중에 어떤 일이 벌어지더라도 그 안에서의 시간을 한껏 즐기는 듯했다. 사각의 라인 안에 발을 들이는 순간부터 그는 무엇에도 구애되지 않고 모든 근심을 잊었다. 그에게 농구장은 몰입의 공간이었던 것이다. 반면에 대다수 선수들은 경기장에서 오만 가지에 신경을 쓰고 간섭을 받는다. 일이 잘 풀리지 않는다 싶으면 코트 위에서 죽상을 하기도 한다. 마이클은 시합을 위해 숙소를 떠나는 순간부터 일을 끝내고 밤늦게 귀가하는 순간까지 시종일관 몰입 상태를 유지했다. 그러나 그가 진짜 자신을 드러내는 때는 오직 코트 위에서의 시간뿐이었다. 그는 경기가 끝나면 인터뷰를 하기 전에 트레이너실로 향했다. 그리고 기자들의 출입이 제한된 그곳에서 옷을 갈아입으며 방금 전까지 코트 위에 존재했던 진짜 마이클 조던에서 세상 사람들이 생각하는 마이클 조던으로 변신했다.

하지만 그처럼 할 수 있는 사람은 세상에 거의 없을뿐더러 대개는 그토록 긴 몰입을 원하지도 않는다. 보통 사람은 일정 시간이 지나면 그렇게 혼자만의 세상에 머무르며 강렬한 에너지로 가득한 상태를 유지하는 데 지쳐버린다. 그래서 끝내는 맥이 풀리고 단단했던 집중력이 흩어지면서 몰입 상태에서 빠져나오게 된다. 하지만 이 상태를 벗어난 뒤에 다시 돌아가기란 그리 쉽지 않다.

몰입으로 향하는 통로를 잃어버린 사람은 그 모습이 마치 불 나간 전구 같다. 한순간에 거대한 고릴라가 새끼 고양이로 변해버린 듯한 느낌마저 드는데, 자신감을 잃고 본인의 참모습을 잊어버린 탓이다. 실제로 길버트 아레나스^{Gilbert Arenas}가 그랬다. 그는 몇 년 전 무릎 수술을 받고서 나와 함께 일한 적이 있는데, 참으로 대단한 선수였다. 최전성기에는 그야말로 전천후 킬러라는 말이 어울렸다. 감독이 시합 중에 25점을 넣어달라고 주문하고 내버려 두면 알아서 결과를 내는 선수였다. 모든 건 그 친구의 본능에 맡기면 끝나는 일이었다. 그러나 결국 길버트는 리그에서 사라지고 말았다. 언제부터인가 상대의 숨통을 끊는 방법을 아예 잊은 것처럼 코트 위에서 보여주는 모습이 달라졌기 때문이다. 그의 측근들은 그런 문제를 어떻

게 다뤄야 할지 몰랐고, 그렇게 해서 길버트의 선수 생활은 내리막
길을 걸었다.

리그에서 내로라하는 선수들이 킬러 본능을 되살리거나 활용하
는 능력을 잃는 경우는 생각보다 많다. 그런데 보통 그 이유는 그들
이 일평생 안고 살던 마음속의 어두운 부분을 무언가가 뒤흔드는
데 있다. 게다가 스캔들에 얽히기라도 해서 그런 내밀한 사항이 세
상에 알려질 경우, 그들이 왜 그렇게 초점을 잃었는지 이유는 너무
나도 명확하다. 그럴 때 원래 상태로 돌아가는 방법은 하나, 대재난
과도 같은 엄청난 사건으로 큰 충격을 받거나, 둘, 체면이나 남들 시
선을 신경 쓰지 않고 당당하게 구는 것뿐이다. 어차피 죽은 목숨이
고 더는 잃을 것도 없다는 그런 태도는 그들을 세상에서 가장 위험
한 포식자로 변모시킨다.

"마음을 편히 가지고 집중하라." 이런 소리는 누구라도 온종일 할
수 있다. 하지만 그게 다 무슨 의미가 있을까? 그런 말은 진짜 조언
을 구하는 사람에게 아무 도움도 되지 않는다. 아마 당사자는 본인
이 최대한 힘을 빼고 마음을 가라앉혔다고 생각하겠지만, 사실은
그렇지가 않다. 그럴 때 필요한 건 무엇을 잘못하고 있는지 말해줄
사람이다. 우리 인간의 심리 문제는 행동이나 외적인 반응에서 곧
잘 드러난다. 나는 그 점을 잘 파악하고 바로 지적한다. 몸동작에서
초조함이 느껴지고, 눈을 마주칠 때 스트레스가 느껴지고, 시합 상
대를 똑바로 보지 않고서 시선을 회피하고, 바지를 꽉 움켜잡거나

눈을 이리저리 굴리고…. 그 말은 감정에 휘둘리고 있다는 뜻이다. 그러다가 스스로를 의심하는 지경까지 간다면 상대편으로서는 더할 나위 없는 성공인 셈이다. 적의 머릿속을 헤집고 제 실력을 발휘하지 못하게 했으니까. 즉 그는 몰입 상태에서 벗어난 것이다.

그건 생각을 하기 때문이다. 생각을 멈춰라.

몰입의 영역에 진입한 클리너가 임무를 수행할 때는 망설임도, 불필요한 동작도, 어떠한 경고도 없다. 그는 앞으로 어떤 일이 벌어질지 아무에게도 알리지 않고 그냥 해낸다. 심지어는 본인도 어떻게 했는지 기억하지 못할 때가 있다. 하지만 그 일이 실현되었다는 것만은 안다. 또 코비도 언젠가 말했듯이, 자신이 몰입 상태에 있다는 걸 알아도 그 상황을 헤아리려 해서는 안 된다. 생각을 하면 주의가 흩어지기 때문이다. 몰입 상태에서는 모든 행동에 목적이 존재하고 행동하는 당사자는 그 목적이 무엇인지 정확히 안다. 그래서 시간을 낭비하거나 무언가를 마지못해 하는 법이 없다. 그런 사람은 어떤 상황에서든 주위를 돌아보고 목표를 이해한 사람과 그렇지 못한 사람을 알아본다. 스포츠 팀이나 회사, 어떤 집단이든 상관없이 세상 모든 곳에는 그저 봉급 때문에 일하는 사람과 제 임무를 확실히 알고 움직이는 사람이 존재한다. 군인들이 작전을 수행할 때 하는 모든 행동에는 일정한 이유와 결과가 있다. 클리너는 자신이 일을 해내지 못하면 실패한다는 것을 알고 그들처럼 결과를 내려는 순수한 욕망으로 움직인다. 그 외에 다른 길은 생각지도 않는다.

우리가 저마다의 초공간을 제어하고 본능의 영역으로 재진입하여 내면의 에너지에 집중하는 방법에는 여러 가지가 있다. 때때로 나는 몰입이 필요한 선수들에게 어릴 적 추억과 분위기가 떠오르는 옛날 노래, 지난 10년간은 한 번도 들어본 적이 없지만 금세 지난날의 감성을 되살려줄 그런 음악을 들려준다. 절대로 마음을 동요시키는 최신곡은 사용하지 않는다. 나는 선수들이 긴장을 풀고 마음을 가라앉히면서 세상 사람들이 또 다른 모습을 강요하기 이전의 자아, 즉 진짜 자신의 모습을 되찾길 바란다. 그러면 놀라운 신체 반응이 나타나곤 하는데, 이는 음악의 리듬과는 별개로 본능이 자아내는 반응이다. 몰입 상태에서는 차분하고 차가운 기운이 돌면서 동시에 심장 박동 수가 안정 시의 수치보다 1분에 2, 3회가량 더 감소한다. 나는 그들이 미소를 지을 때 바로 이 노래구나 하고 알아차린다. 그 지점에 도달했을 때 언제나 얼굴에는 미소가 번진다.

　나는 선수들이 몰입 단계에 들어설 때까지 이런저런 방법을 계속 써본다. 때로는 선수가 스트레칭이나 준비 운동을 할 때, 예전에 마이애미에서 드웨인에게 그랬던 것처럼 마음을 가라앉히게 쪽지를 전하기도 한다. 어떤 선수들은 하프타임이나 시합이 끝난 뒤에 일부러 자녀들을 만나기도 한다. 잠시 아이들을 안고 볼에 입을 맞추거나 장난을 치면서 부담감을 더는 것이다. 아이들은 아빠가 2점을 넣든 100점을 넣든 상관하지 않는다. 그저 많이 안아주고 뽀뽀해주길 바랄 뿐이다. 그렇게 아버지로서 아이들과 함께하는 시간은 시합이 일으키는 감정들을 한층 가라앉히는 데 도움이 된다.

하지만 클리너는 일단 몰입 상태에 들어서면 그러한 외부 세계와 철저히 분리된다. 그쪽에서 다시 돌아올 준비가 될 때까지 그는 사업, 사생활, 어떤 부문에서 무슨 일이 벌어지든 간에 영향을 받지 않는다. 몰입이란 바로 그런 것이다. 두려움도 없고 어떠한 방해도 느끼지 않으며 완벽하게 집중하는 상태. 이 영역에 들어선 사람은 생각하지 않는다. 생각을 한다는 말은 외부의 모든 것을 의식한다는 뜻이다. 몰입은 이와 정반대로 눈앞의 과제를 제외한 모든 것으로부터 생각을 돌린다는 뜻이다. 생각은 우리 자신을 어딘가로 떠나보내지만 몰입은 우리를 지금 있어야 할 곳에 머물게 한다. 몰입의 세계는 자아를 안전하게 보호하는 은신처와 같다. 그곳으로 들어가면 세상 무엇도 자신을 건드리지 못하고 상처 줄 수 없으며 누구의 전화도, 문자메시지도, 시비도, 괴롭힘도 닿지 못한다. 물론 그곳에서 돌아오면 바깥에는 여전히 골치 아픈 일들이 남아 있겠지만, 그럼에도 당신은 스스로 시간과 공간을 다스리며 세상 어떤 것의 지배도 받지 않는 그곳에 도달해야만 한다.

다른 선수들과 마이클이 확실히 달랐던 점 한 가지는 시합 이외의 모든 것을 떨쳐내는 능력이었다. 그는 어떤 것에도 영향을 받지 않았고 그야말로 얼음처럼 차갑다는 말이 어울렸다. 세상 어떤 일도, 수많은 인파와 기자들 또 아버지의 죽음마저도 농구장에 들어서는 순간 모두 잊고 상대를 공격하고 이기는 데만 몰두했다. 나는 본인이 들이고자 하는 것 외에는 무엇도 허용하지 않고 그처럼 완벽하게 선을 긋는 선수를 한 번도 본 적이 없다. 반면에 평범한 대다수 사람들은 물론이고 때로는 초일류 선수들조차도 외부의 걱정거리를 어느 정도 그 경계선 안으로 끌고 들어간다. 모든 걸 잊고 차단해버리는 사람은 극소수에 불과하다.

마이클의 통산 슛 성공률은 약 50퍼센트에 달한다. 그 말은 곧 슛을 두 번 던지면 한 번은 들어간다는 뜻인데, 그는 수시로 세 명의 수비수를 달고 2만여 개의 카메라 플래시가 터지는 앞에서 그런 슛을 성공시켰다. 그걸 생각해보면 마이클이 매 경기, 매 쿼터, 공을 잡는 매 순간 얼마나 깊이 몰입했는지 조금은 감이 올 것이다. 그가 펼치는 활약은 연습 시합에서나 실전에서나 다르지 않았고 어떤 환경에서든 그의 태도에는 변함이 없었다. 한데 간혹 이딴 소리를 하는 선수들이 있다. "조명 아래에 서면 나는 본격적으로 시동이 걸려." 아니, 그렇지가 않다. 몰입 상태에 빠져든 사람은 조명이 있는지 없는지 알아채지도 못할 뿐더러 애초에 그런 게 필요하지도 않다.

그러나 그처럼 극단적인 수준의 집중력을 모든 환경에서 똑같이 낼 수 있는 사람은 거의 없다. 보통은 각자 편안하고 익숙하게 여기는 곳에서 최상의 능력을 발휘하게 된다. 그래서 스포츠 팀들은 원정 경기에서보다 홈에서 더 좋은 성적을 올리고, 어떤 선수들은 특정 경기장에서 더 좋은 기록을 올린다. 뒤집어 말하면 이는 몰입을 부르는 환경 조건을 매번 재현하지 못하기 때문이다. 자신이 평소

"

몰입으로 향하는 길을 찾는 것은
본능을 믿고 따르는 데서 시작된다.
우리의 다음 목적지는 바로 그 본능이다.

"

와 다른 환경에 있다는 생각만 하고 본능적인 수준에서 적응할 방법을 깨치지 못하는 것이다. 그럴 때 선수들은 시합의 승패를 직접 좌우하려 하지 않고 운에 맡겨버린다. 또 마음을 굳게 먹지 못하고 걱정과 불안감을 느끼기 시작한다. 그러면 차분함도 자신감도 잃고 가슴 한구석에는 감정이 들어서게 되며, 결국 그 끝에는 어김없이 하나의 진리만이 남는다. 감정은 사람을 약하게 만든다는 것.

다시 말하지만, 감정은 사람을 약하게 만든다. 감정에 휘둘리는 것은 몰입 상태에서 가장 빠르게 이탈하는 방법이다.

사람은 두려움을 느낄 때 뒷걸음을 치며 자신을 보호하기 위한 벽을 쌓는다. 하지만 그 자리에 정말 벽이 있는가? 그렇지 않다. 그런데도 때때로 우리는 진짜 벽이 있는 것처럼 행동한다. 또 그것 때문에 앞으로 나아가지도 못한다. 막상 앞으로 손을 뻗어보면 아무것도 만져지지 않고 그대로 쭉 걸어 나갈 수도 있지만, 그럼에도 그 상상의 벽 뒤에 계속 머문다면 이는 곧 실패를 뜻한다.

사람은 격렬한 분노를 느낄 때 상대를 마구 나무라고 다그친다. 그렇게 누군가를 몰아세울 때는 대부분 분별을 잃기 십상이다. 그런 행동은 이성이 아니라 충동에서 비롯하기 때문이다. 그럴 때 우리는 자제력을 잃고 무엇을 해야 하는지도 죄다 잊고 만다. 굳은 각오와 냉정함을 갖추지 못하고 완전히 집중력을 잃는 것이다. 집중력 상실, 이것은 곧 실패를 뜻한다.

무언가에 질투심을 느낄 때 우리의 관심과 에너지는 모두 질투를 유발하는 대상으로 향한다. 그 대상은 함께 일하는 동료의 성공일 수도, 헤어진 여자 친구의 새로운 애인일 수도 있다. 그게 무엇이든 간에 요는 우리가 당면한 과제 이외의 것들을 생각한다는 사실이다. 이는 결국 실패를 뜻한다.

감정의 배제를 부르짖는 이 원칙에서 유일한 예외는 바로 화다. 잘 통제된 화는 제대로 쓰이기만 한다면 실로 치명적인 무기와 같다. 여기서 내가 말하는 건 걷잡을 수 없이 터져 나오는 화산 같은 분노가 아니라 우리가 제힘으로 가라앉혀 좋은 에너지로 전환할 수 있는 그런 분노다. 모든 클리너의 마음속에는 아주 낮은 온도로 천천히 타오르는 화가 존재하며 이 감정은 제대로 제어하고 유지할 경우 큰 효과를 발휘한다. 이때 화는 어떤 상황에서도 맹목적인 분노로 번지지 않고 파괴적인 결과로 이어지지도 않는다. 마이클이 밴쿠버에서 고개를 설레설레 저은 뒤 상대편을 완파한 것도 그런 화를 적절한 방향으로 돌린 덕분이다. 그는 그렇게 누구도 해치지 않고 흔들림 없이 냉철하게 자신의 소리 없는 화를 승리로 승화시켰다.

하지만 그 선을 지키기란 마치 아슬아슬한 줄타기 같다. 만약 선수 스스로 화를 통제하지 못한다면 그는 필시 시합 상대를 쏘아보거나 심판과 언쟁을 벌이고 난폭한 행동을 일삼으면서 감정에 휘둘릴 것이다. 몰입 상태에서 벗어나는 것은 두말할 필요도 없다.

감정은 집중력을 흩트리고 자신이 절제력을 잃었다는 사실을 만방에 드러낼 뿐 아니라 궁극적으로는 임무 성과에도 악영향을 미친다. 사람은 뇌리에 감정이 스며들면 그때부터 자기 기분이 어떤지 생각하게 된다. 몰입의 세계로 깊이 들어가 훌륭히 목적을 수행하려면 만반의 준비를 갖추고 생각을 해서는 안 되지만, 마음이 다른 데 쏠려서는 어림도 없는 일이다.

당연한 말이지만 클리너도 사람인지라 큰일을 앞두고는 남들처럼 흥분과 불안, 긴장을 느낀다. 그러나 클리너와 다른 사람들의 차이는 거기에 휘둘리지 않고 감정을 다잡는 능력에 있다. 한때는 마이클도 큰 경기를 치르기 전에 속이 울렁거린다고 말하곤 했다. 그럴 때면 나는 이렇게 말했다. "그런 감정의 물줄기를 한 방향으로 틀어잡는 게 중요해." 지금 마음속에 들어찬 감정은 어차피 사라지지 않는다. 중요한 건 초조함이 생겨나도록 내버려 두지 않고 스스로 그 느낌을 통제하는 것이다. 감정을 그냥 소모하느냐 아니면 에너지를 집중시키느냐, 그 둘 사이에는 커다란 차이가 있다. 클리너는 이렇게 생각하기도 한다. '내가 불안감을 느낄 정도면 지금 저쪽은 어떻겠어? 그놈들은 나를 상대해야 할 텐데 말이야.'

무슨 생각을 해, 그냥 하는 거지

나는 선수들에게 일정한 루틴을 유지하라고 권한다. 그리고 그날 예정된 경기가 시즌 개막 전의 별 의미 없는 시범 경기든 NBA 결승 시리즈의 최종전이든 상관없이 루틴을 그대로 따르라고 말한다. 주변 환경이나 주어진 조건이 신경 쓰이지 않을 만큼 꾸준히 할 일을 하는 것이다. 매일 똑같이. 만약 지금이 시합 전날 밤이라면 당신은 이렇게 말할 수 있어야 한다. "좋아, 이제 내가 할 일은 다 마쳤어. 준비 완료." 그런 다음에는 자신이 좋아하는 활동을 하며 가족이나 친구들 또는 함께 있으면 즐거운 누군가와 그 시간을 즐길 줄 알아야 한다. 나는 선수들이 자기 사정을 잘 이해해주고 어떤 도움이 필요한지 잘 아는 조력자들을 곁에 두었으면 한다. 중요한 시합 전날의 만찬에 온 가족과 친한 이들을 모두 초대하거나 일일이 챙길 수 없음을 이해하고 괜한 일로 속 썩이지 않는 사람들 말이다. 감정이 일지 않으면 중압감이 커질 일도 없다. "중요한 시합이 내일이야. 날 좀 내버려 둬." 감정은 우리가 이런 소리를 내뱉는 순간 곧장 고개를 든다. 중요한 일을 앞두고 가장 해서는 안 되는 짓이다.

롤러코스터가 철로 꼭대기에 멈춰 서서 아래로 떨어지기 직전, 심장이 터질 듯한 그 순간을 한번 상상해보자. 우리는 그 뒤에 무슨 일이 벌어질지 알고 그 상황이 무서울 것이라는 사실도 안다. 그럴 때 당신은 비명을 지르는가? 겁에 질려 벌벌 떠는가? 아니면 어떤 일이 일어나도 나는 잘 대처할 수 있다고 믿고 두려움 없이 평정심을 유지하는가? 두려움에 굴복하고 감정을 다스리지 못하는 사람들과 당신을 다르게 만드는 것은 바로 그러한 태도의 차이다.

남들이 흥분하며 잔뜩 열을 올릴 때 당신은 침착하게 냉정을 유지해야 한다. 무엇이든 간에 너무 뜨거워진 것은 결국 식게 되어 있다. 음식을 신선하게 보존하고 싶을 때 우리는 어떻게 하는가? 냉장고에 보관한다. 낮은 온도를 유지하며 그 수명을 더 오래 지속시키는 것이다. 조명이 더 밝아지고 주변이 더 뜨거워질수록 당신은 더 어둡고 더 차가워져야 한다. 더 깊은 내면으로 손을 뻗어야 한다. 그곳은 몰입의 영역, 본능만으로 가득한 세상이다.

당신은 그 본능의 힘으로
어둠 속에서도 어디로 가야 할지 느낄 수 있다.

남들이 눈과 귀로 누가 무엇을 하는지 파악할 때 당신은 직감을 따라서 움직이는 것이다. 이제부터 당신이 상대해야 할 적수는 그런 공간을 드나들 줄 아는 사람들이다.

몰입으로 향하는 길을 찾는 것은 본능을 믿고 따르는 데서 시작된다. 우리의 다음 목적지는 바로 그 본능이다.

#1.

자신이 어떤 사람인지
정확히 안다

> **쿨러는 무엇을 생각해야 할지 생각한다.**
> **클로저는 생각과 분석을 모두 마친 뒤에야 행동한다.**
> **클리너는 생각하지 않는다.**
> **단지 직감할 뿐이다.**

우리 인간은 모두 악하게 태어났다. 불편하게 들릴지 모르지만 그게 진실이다. 악하게 태어나서 착하게 살도록 교육받는 것이다.

당신이 벌써부터 내 말이 틀렸다며 고개를 흔들고 눈살을 찌푸린다면 더 먼 곳으로 나아가기란 불가능하다. 새로운 영역으로 발을 뻗고 싶다면 당장 낡고 고리타분한 옛 지도를 버려야 하고, 매번 같은 길을 걸으며 매번 같은 막다른 곳으로 향하기를 멈춰야 한다. 약속하건대, 지금 우리가 향하는 곳은 당신이 한 번도 경험해보지 못한 세상일 것이다.

다시 말하지만 인간은 악하게 태어나서 착하게 살도록 교육받는다. 아니면 이런 표현이 더 나을까? 악착같은 투쟁심을 가지고 태어나 포기하는 법을 배운다고.

한번 생각해보자. 우리는 이미 태어날 때부터 생존에 필요한 기본적인 본능을 갖추고 있다. 갓난아이는 자신의 생리적 욕구를 일부러 생각할 필요가 없으며 제 기분을 분석하지도 않고 원하는 걸 어떻게 입수할지 계획을 세우거나 방법을 정하지도 않는다. 아기는 배고픔, 피곤함, 기저귀의 축축함, 춥고 덥고를 그저 본능적으로 알고 만족을 얻을 때까지 울어댈 뿐이다. 언어 이전의 순수하고 선천적인 의사소통 수단으로 즉각적인 결과를 요구하는 것이다. 갓난아이에게는 어떤 반박도 설득도 통하지 않는다. 어른들의 가치관을 이해시킬 수도 없고 왜 당장 젖을 먹지 못하는지 설명할 수도 없다. 아기는 모든 사람에게 무엇이 어떻게 되어야 하는지를 외칠 뿐이며 이는 지극히 자연스러운 현상이다. 본능을 따르며 성장하고 원하는 것을 손에 넣는 것이다.

아기는 그야말로 철저히, 타고난 모습 그대로, 만족할 줄 모른 채 악착같이 욕구를 좇는다.

태어난 지 2년쯤 되면 아이는 미친 듯이 소리를 지르고 이곳저곳을 뛰어다니며 난장판을 만든다. 입안에 밀어 넣는 음식보다 머리에 묻히는 게 더 많다. 대체 왜 그럴까? 아이가 겨우 두 살이고 그 시기에는 본능이 그렇게 하라고 시키기 때문이다.

그때부터 어른들은 그 악마 같은 두 살배기 아이에 관한 책을 읽으면서 모든 것을 무너뜨린다.

조용히 해, 가만히 앉아 있어, 뛰어다니면 안 돼, 울음 뚝 그쳐, 네 차례를 기다려야지, 그러다 다친다, 얌전히 좀 있어, 왜 넌 네 형처럼 굴질 못 하니? 착한 아이가 되어야지!

우리는 아이가 타고난 강렬한 본능을, 직감에 따른 그 모든 반응을 싸잡아서 나쁜 행동이라고 여기며 무슨 수를 써서든 막으려 한다. 이 무슨 낭비인가. 그렇게 해서 아이가 타고난 모든 기운과 투지, 직관력, 행동력 등은 저 구석에 몰린 채 타임아웃을 맞이한다. 걸음마를 배우던 시절부터 성인이 될 때까지 우리는 줄곧 '착한 사람'이 되도록 교육받는다. 대체 어디에 무슨 문제가 있어서?

우리는 그렇게 악착같은 투쟁심을
가지고 태어났지만 그걸 포기하는 법을 배웠다.

당신은 해서는 안 되는 것들과 수많은 규칙을 배우기 전, 이런저런 선택지를 고려하기 이전의 자신, 또 남들이 어떻게 행동하는지 신경 쓰지 않고 남들이 하는 말을 걱정하지 않던 시절을 기억하는가? 언제부터인가 당신은 타고난 능력을 활용하길 그만두고 주변에서 하라는 행동만 하게 되었다. 온갖 미친 생각과 충동과 욕구는 남들이 보지 못하는 저 깊은 곳에 묻어둔 채로.

하지만 지금 이 순간 당신은 그 미친 생각과 충동과 욕구가 여전히 존재함을 안다. 세상 누구에게도 보여주지 않는 마음 한구석, 타인의 말과 행동에 순응하길 거부하고 순순히 교화되기를 거부하는 그곳에 무언가가 있다는 것을. 본능은 바로 그 깊은 내면의 어둠 속에서 꿈틀대고 있다. 그 힘 없이 당신은 절대 큰 인물이 될 수 없다.

무엇이 당신을 멈추게 하는가

눈앞에 야생의 사자가 한 마리 있다고 상상해보자. 이 사자는 제 의지로 사냥감을 쫓고 공격하여 목숨을 빼앗은 뒤 또 다른 정복 대상을 찾아 나선다. 이는 순전히 본능에 따른 행동으로, 사자는 그 외에 다른 어떤 것도 알지 못한다. 거기에는 어떤 잘못도 악의도 없다. 그저 사자답게 행동하는 것뿐이다. 이번에는 이 사자가 동물원 철창 안에 갇혔다고 생각해보자. 그럴 때 사자는 온종일 바닥에 드러누워 잠만 자면서 사육사가 주는 음식만 받아먹는다. 그렇다면 야생의 환경에서 드러냈던 강렬한 본능은 어찌 되었을까? 그 힘은 여전히 사라지지 않고 저 깊은 곳에서 자유롭게 해방되기만을 기다리고 있다. 사자는 동물원을 벗어나면 이내 제 모습을 되찾고 사냥을 시작한다. 그러나 철창 안으로 돌아가면 누워서 잠만 잘 뿐이다.

사람들 대부분은 우리 안에 갇힌 사자와 같다. 패기를 잃고 명령에 순종하며 늘 같은 행동만 하면서 무언가 일이 벌어지길 기다릴 뿐이다. 그러나 우리 인간을 가둔 벽은 철근이나 유리로 되어 있지 않다. 이 벽은 잘못된 조언과 낮은 자존감, 말 같지도 않은 규칙들, 우리 자신의 의무와 한계를 규정짓는 비틀린 사고 등으로 이루어져 있다. 지금까지 당신은 평생에 걸쳐 혹시 무언가가 잘못되지는 않았을지 지나치게 걱정하고 분석하고 생각하며 높게 벽을 쌓아왔다. 그리고 그토록 오랫동안 우리 안에 머물면서 원초적인 본능을 잊고 말았다.

하지만 본능은 지금도 여전히 존재한다. 본능은 당신이 철창의 열쇠를 찾아내기를, 또 그곳을 벗어나 무엇을 할지 생각만 하는 나날이 끝나기를 기다리고 있다. 마음 어딘가에 도사린 킬러 본능은 공격할 순간만을 기다리고 있다.

대체 무엇이 당신을 멈추게 하는가?

과연 남의 지시를 따르고 안전한 선 안에만 머무르면서 큰 성공을 거둘 수 있을까? 물론 그럴 수도 있다. 사람들 대부분은 그렇게 성공한다. 하지만 최고의 인재로 거듭나는 길을 알고 싶다면, 불굴의 승부사가 되고 싶다면 지금까지 배운 모든 것, 온갖 제약과 한계, 부정적인 생각과 의심을 떨쳐내는 법을 익혀야 한다.

이 이야기가 복잡하고 아리송하게 들린다면 쉽게 말하겠다.

생각을 멈춰라.

이것은 기본 중의 기본이다. 당신은 현재 하는 일에 능숙한가? 혹시 지금보다 더 잘할 수도 있을까? 최고가 될 수도 있을까? 정말 그럴까?

만약 당신이 이 질문에 '아니오'를 내밀었다면 답을 바꿀 시간을 주겠다.

자, 다시 답해보라. 과연 당신은 최고가 될 수 있을까?

당연히 될 수 있다.

그렇다면 당신은 왜 지금도 계속해서 그 능력에 의문을 갖는가? 이유인즉슨 당신이 언젠가부터 단순한 일을 복잡하게 생각하면서 더는 자기 자신을 믿지 않기 때문이다.

타고난 본능이란 인위적으로 바꾸려 들면 반드시 탈이 난다. 그 위에 무언가를 쌓고 더하며 발전하기는 가능하지만 본능 자체를 길들이기란 불가능하다. 길들이는 것은 훈련과 다르다. 전문적인 훈련은 우리가 혼자 무엇인가를 익히고 연습할 때보다 더 능숙하게 더 멀리 더 높은 곳에 도달하게 해준다. 반면에 길들이기는 어떤 대상을 지금보다 더 유순해지도록 바꾸는 것을 뜻한다. 과거에 권투 선수 레온 스핑크스Leon Spinks는 당신은 무슨 일을 하느냐는 질문에 "망할 놈들을 쓰러뜨린다"라고 답했다. 본능이란 그런 것이다. 더없이 단순하다. 쓸데없이 간섭하고 바꾸려 하거나 다른 무언가가 되라고 가르쳐서는 안 된다. 그것은 타고난 본능이기에 본 모습 그대로 두어야 한다.

당신에게 필요한 것은 이미 그 몸 안에 모두 갖춰져 있다. 인간의 신체는 삶에서의 생존과 성공을 가능케 하는 본능과 반사 신경으로 가득 차 있다. 이런 기능을 어떻게 쓰는지는 생각할 필요도 없다. 언제나 작동하고 있기 때문이다.

일단 반사 신경은 이해하기가 참 쉽다. 지금 공 하나가 얼굴 쪽으로 날아온다고 가정해보자. 그때 당신은 멈춰 서서 어떻게 할지 생각을 하는가? 그런 일은 결코 없다. 대개는 공을 잡거나 몸을 피하거나 둘 중 하나다. 그렇지 않다면 얼굴에 공을 맞을 테니까. 아무리 못해도 움찔거리는 반응 정도는 보일 것이다. 우리는 눈앞에 뭔가가 튈 때 눈을 깜박인다. 또 뜨거운 물체를 만지면 거기서 곧장 손을 뗀다. 인간은 모두 그런 기본적인 생존 기술을 타고 났다. 누가 가르치거나 잊게 할 수 있는 것이 아니라 처음부터 내재된 능력이다. 반사 신경이 제 기능을 잘하는지 어떤지를 생각할 필요는 없다. 언제나 작동하고 있기 때문이다.

본능도 같은 관점에서 접근하면 된다. 즉 생각과는 무관한 것이다. 오직 굳은 각오와 만반의 준비, 충만한 자신감에서 나오는 직감적인 반응만이 존재할 뿐 생각할 건 아무것도 없다. 당신은 운전 중에 바로 앞차가 급브레이크를 걸면 그 순간 이런저런 선택지를 떠올리거나 누군가에게 조언을 구할 생각을 하는가? 그렇지 않다. 곧바로 브레이크를 밟을 뿐이다. 그럴 때는 아무 생각도 없고 망설임도 없다. 경험과 준비성에서 우러나오는 즉각적인 반응이 있을 뿐이다. 그 자리에서 생각은 죽음으로 이어진다. 반대로 직감은 당신을 행동하게 한다.

이런 이치는 스포츠 현장에서나 회사에서나 별반 다르지 않다. 이미 직감적으로 해답을 아는 사람은 어떤 결정을 구하려고 회의 일정을 잡을 필요가 없다. 그대로 결정을 내리면 그만이다. 본능은 아주 정밀한 조율 과정을 거쳐 사람을 아무 생각 없이 반사적으로 상황에 대처하고 공격을 개시할 수 있는 상태로 만든다.

이 말은 곧 몰입 상태에 들어선다는 뜻이다.

야생의 사자가 사냥감을 쫓는 광경을 다시 떠올려보자. 사자는 소리를 죽이고 결연한 눈빛으로 주의를 집중하면서 눈앞의 저 먹잇감은 무슨 짓을 해도 자신에게서 벗어날 수 없다고 본능적으로 느낀다. 그리고 기다리고, 기다리고, 또 기다리다가 상대가 약점을 드러내는 순간 공격을 퍼붓고 끝을 낸 뒤 다음으로 넘어간다. 무엇을 해야 하고 어떤 생각을 해야 할지 누가 알려줄 필요도 없다. 사자는 그냥 알 따름이다. 당신 역시 다르지 않다.

킬러 본능이 발휘되는 순간

나는 언젠가 코비가 은퇴하면 그를 주제로 한 모든 글이 특유의 킬러 본능을 다룰 것이라고 예상한다.* 아니, 마땅히 그래야만 한다. 그는 누구도 따라갈 수 없는 스포츠계의 최상위 포식자니까. 경쟁

126

이라는 테두리에서 코비가 목표를 설정하면 그때부터는 아무도 말릴 수가 없다. 그는 무엇을 보지도 듣지도 느끼지도 않고 정복욕으로 불타오른다. 그 순간만은 세상에 오직 자기 자신과 사냥감만 존재하는 것이다. 그는 그런 대상을 간절히 바라고 필요로 하며 마치 피도 눈물도 없는 살인마처럼 언제든 공격할 준비를 갖춘다.

하지만 사람들은 킬러 본능을 티셔츠에 적힌 흔한 문구처럼 치열한 경쟁자를 묘사할 때 으레 쓰는 말인 양 쉽게 생각한다. 방송 해설자들은 카메라 앞에 둘러앉아서 이 본능을 마치 각본상 정해져 있는 요소처럼 떠들곤 한다. "그럼 우리는 언제쯤 저 선수의 킬러 본능을 볼 수 있을까요?" "아, 그건 보통 4쿼터쯤 되면 나오기 시작하죠!" 아니, 그건 정말 아무것도 모르고 하는 소리다.

그 원초적인 힘을 실감해본 사람은 그런 경험을 겨우 단어 몇 개로 설명하기가 불가능하다는 사실을 잘 안다. 그리고 본인에게 킬러 본능이 있다고 주장하는 이들은 대부분 그러지 못한 경우가 많다. 정말 그런 힘이 있는 사람은 애초에 말을 꺼내지 않는다. 제 능력에 관해서 생각도 하지 않는다. 그저 그 힘을 이용할 따름이다.

남들이 무언가를 생각하라고 외칠 때 그 무언가를 떠올리지 않기란 무척 어렵다. 당신과 함께하는 스포츠 팀의 감독, 코치, 직장

◆ 실제로 코비 브라이언트의 은퇴 후 그의 '맘바 멘탈리티'를 집중적으로 다룬 기사와 잡지, 서적이 다수 발행되었다. 그가 사고로 사망한 2020년 1월 이후 미국에서 그의 삶과 강인한 정신력을 주제로 출간된 간행물은 거의 100여 종에 이른다.

상사, 가족, 팀원들, 회사 동료들은 당신이 하는 일을 잘 알고 대개는 조언하거나 충고하기를 주저하지 않는다. 사실 스포츠계에서 최고로 손꼽히는 선수들 중에서도 일부는 멈추지 않고 생각에 생각을 거듭하곤 한다. 그런 선수들은 모든 시합 영상을 연구하는 자세로 몇 번씩 되돌려 보고 각 동작을 세밀하게 분석하면서 상황별로 적절한 대응책을 마련한다. 그처럼 상대의 행동에 어떻게 반응해야 할지 학습하고 응수할 기회를 기다리는 이들은 클로저다. 하지만 그런 기회가 오지 않는다면 어떻게 될까? 상대방이 예상치 못한 행동을 하고 다른 방향으로 가버린다면 어쩌라는 말인가?

그럴 때 클로저는 경기 감각을 잃고 만다. 특정 상황이 벌어지길 기다리고 올바른 해법을 떠올리려 애쓰면서 영상으로 본 것들을 두 눈으로 확인하는 데 얽매이는 것이다. 이는 자기 역량을 온전히 펼치지 않고 상대편에게 장단을 맞추는 꼴이다. 스스로 행동하기보다 남의 행동에 맞춰 반응하고, 지나치게 생각하고, 지나치게 분석하는 것. 운동을 처음 시작할 때 두각을 보였던 선수들이 타고난 재능을 잃는 이유는 바로 거기에 있다.

이런 문제는 스포츠 지도자들에게 비일비재하게 일어난다. 감독들 중에는 자기 분야의 모든 지식을 섭렵하고도 영상 분석에 하도 매달린 나머지 실전에서 벌어지는 일들을 제 주관대로 판단하지 못하는 사람이 간혹 있다. 그런 사람은 영상으로 보고 연구한 내용을 아주 작은 부분 하나도 빠짐없이 설명할 줄 안다. 하지만 진짜 시합이 예기치 못한 방향으로 진행되면 그때는 컨트롤러 없는 게임기마냥 전혀 손을 쓰지 못한다. 보고 의지할 분석 영상도 없고 본능도 없고 성공의 기회도 없는 것이다.

사람은 주변 상황에 지나치게 집중하면 자기 내면 깊은 곳에서 일어나는 변화를 감지하지 못한다. 앞서 이야기한 선수들, 감독들은 연습 때는 완벽하지만 정작 중요한 순간에는 기회를 날리고 실패하는 사람들이다. 그런 이들은 몰입의 세계를 발견하지 못하고 머릿속에 들어찬 생각 때문에 주의력을 잃을 뿐 아니라 자기 자신을 믿지도 못한다. '나는 해낼 수 있다'는 확신 대신 어딘가 잘못될지도 모를 일들에 관한 생각, 남들이 하는 말과 행동에 관한 생각에 빠지는 것이다.

마이클은 실로 무념무상의 경지에 이른 선수였다. 시카고 불스의 코치진은 늘 시합이 벌어지기 전에 팀 회의를 열어 전술을 점검하고 상대편의 특징과 예상되는 대응 전략 등을 이야기했다. 그리고 선수들이 살펴볼 세트플레이와 기본적인 정보가 기록된 종이를 나눠주곤 했다. 그때마다 마이클은 자리에서 일어나 종이를 받아들고는 다른 방으로 향했다. 한 번도 그러지 않은 적이 없었다. 그에게 시합에서 누가 무엇을 하고 어떤 역할을 맡는다는 설명은 불필요한 것이었다. 그 전에 이미 다 아는 내용이었으니까. 그렇게 실전을 코앞에 둔 상황에서 과연 마이클 조던에게 가르칠 것이 있을까? 그런 일은 있을 수가 없다. 혹여 꼭 알아야 할 무언가가 있다손 쳐도 그는 남들보다 훨씬 먼저 그것을 깨우쳤다. 그는 자신이 무엇을 배워야 하고 어떻게 단점을 보강해야 하는지를 아주 일찍부터 알아챘다. 실전에 닥쳐서 부족한 부분을 부랴부랴 확인하고픈 마음은 결코 없었다. 그 결과 완전무결하다는 말이 어울릴 만큼 기술을 연마한 마이클에게는 어떤 장애물도 문제가 되지 않았다. 언제나 준비가 되어 있었기 때문이다.

모든 클리너가 그렇듯이 마이클은 경쟁 상대를 연구하지 않고 반대로 경쟁 상대가 그를 연구하게 만들었다. 상대편은 불스의 전략을 분석하고 예상하느라 애를 먹었지만 그는 그럴 필요가 없었다. 그는 빈틈없이 다듬어진 자신의 농구 기술과 지식으로 어떤 상황이든 지배할 수 있다고 확신했다. 오랜 연습과 고된 노력 덕분에 그의 정신과 육체는 언제 무엇을 해야 할지를 무의식적으로 알고 있었다. 코트 위에서 마이클이 펼치는 동작은 모두 반사적으로 나오는 것이었다. 어떤 생각도 할 필요 없이 본능만으로 움직일 수 있도록 같은 동작을 반복하고 또 반복해서 연습했기 때문이다.

배움을 멈추는 순간 도태된다

진정 위대한 선수들은 배우기를 멈추지 않는다. 기술을 겸비하지 않은 본능과 재능은 멋모르고 고급 승용차를 모는 10대 청소년처럼 무모할 따름이다. 본능은 찰흙과도 같아서 잘만 빚는다면 걸작이 될 수도 있다. 단 그러려면 자기 재능에 걸맞게 기술을 발전시키는 것이 필수다. 이는 자신이 관심을 두거나 몸담은 분야를 속속들이 아는 데서 시작한다.

하지만 진정한 배움이란 특별한 가르침이나 수업으로만 얻는 것이 아니다. 생각을 거치지 않고 자기 지식과 기술을 곧바로 활용하려면 가능한 한 많은 것을 받아들이면서 자신을 믿어야 한다. 본능적이되 충동적이어서는 안 되고 빠르되 서둘러서는 안 된다. 오랜 노력으로 그 내면에 언제든 끌어낼 수 있는 무한한 힘이 생겼음을 분명히 알아야 하고, 또 자기 자신을 알고 최정상에 도달하는 과정을 이해하기 위한 성숙함과 경험이 필요하며, 그 위치에 계속 머무르려는 강한 정신력도 필요하다.

2012년에 미국 국가 대표 농구팀의 최고령 선수로 런던 올림픽 대회에 출전했던 코비가 딱 그랬다. 당시 만 33세로 그보다 훨씬 어린 슈퍼스타들과 함께하던 코비에게 기자들은 이렇게 물었다. 젊은 선수들에게서 어딘가 배울 점이 있느냐고.

대답은 '없다'였다.

그러자 한 기자가 그에게 세상만사에 통달한 것이냐고 물었다.

"제가 모든 걸 다 안다고 말할 수는 없겠죠. 하지만 그 친구들보다는 많이 압니다."

코비처럼 매일 세 번씩 체육관에 들러 슛을 던지고 경기력 향상을 위해 노력하기를 마다하지 않는 사람은 무슨 일이든 해낼 준비가 된 것이다. 코비는 무수히 많은 시합 영상을 보고 모든 숏을 하나하나 분석했다. 그러나 동시에 그는 영상으로 확인한 부분을 개선하고 몸으로 익히기 위해 악착같이 연습했다. 클리너란 바로 그런 것이다. 클리너는 단순히 무엇을 배우는 데 그치지 않고 배운 것을 바탕으로 지금보다 더 나아질 방법을 찾는다. 오랜 시간 기꺼이 땀 흘려 노력하여 몸과 마음이 무의식적으로 반응하도록 만들면 모든 행동은 곧 본능이 된다. 이 점은 특히 베테랑 선수들에게서 두드러지는데, 이들은 자신의 노련함과 경험 충만한 본능이 무릎은 쌩쌩하지만 머리는 빈약한 젊은 선수들의 치기 어린 본능보다 헤아릴 수 없이 귀중한 것임을 잘 안다.

혹시 클리너의 원초적인 본능이 어떤 것인지 궁금한가? 그렇다면 래리 버드가 1988년도 NBA 올스타 3점슛 대회에서 데일 엘리스Dale Ellis와 대결하는 영상을 찾아보길 바란다. 이미 2년 연속으로 3점슛 챔피언을 차지하고 타이틀 방어를 위해 그해 대회에 출전한 버드는 처음부터 자신이 승리할 것을 의심하지 않았다. "2등은 누가 할 거야?" 그는 선수 탈의실에서 다른 선수들에게 그렇게 대놓고 물었다. 2등은 결코 그의 몫이 아니었다. 버드는 숏을 던질 때마다, 공이 손끝을 떠나는 즉시 몸을 돌려 다음 공을 집어 들었다. 공이 손을 떠난 뒤에는 숏이 들어가는지도 확인하지 않았다. 어떤 공은 림을 통과하고 어떤 공은 팅겨 나왔지만 그는 한 번도 그 모습을 보지 않았다. 승리를 결정짓는 마지막 공이 들어갈 때는 이미 코트에서 선수 대

"

**오랜 시간 기꺼이 땀 흘려 노력하여
몸과 마음이 무의식적으로 반응하도록 만들면
모든 행동은 곧 본능이 된다.**

"

기석 쪽으로 반쯤은 걸어 나오고 있었다. 게다가 대회 내내 유니폼 위에 입는 웜업 셔츠조차 벗지 않은 채였다. 모든 것이 본능 그 자체였다. 그는 어떤 결과가 나올지 기다릴 필요도 없었다. 이미 다 알고 있었기 때문이다.

제발 이미 다 아는 것을 배우려고 기다리지 말자. 해마다 서점에서 팔리는 다이어트 서적과 운동 서적이 얼마나 많은지 아는가? 내 장담하건대 그런 책을 집어 드는 사람은 단 한 명도 빠짐없이 이미 정답을 알고 있다. 더 건강하게 먹고 몸을 움직이는 것이다. 이것저것 좋은 음식을 찾아 먹고 이렇게 저렇게 몸을 움직이면 되는데, 매번 변하는 건 없고 본인 역시 그 사실을 이미 알고 있다. 자기가 무얼 해야 하는지 다 알면서도 또다시 그런 책을 사고 또다시 남들의 충고와 조언을 기다릴 뿐이다. 그러고는 더 건강하게 먹고 더 많이 움직일 생각은 조금도 하지 않고 유행하는 다이어트법이 무엇이든 간에 일평생 책만 끼고 앉아서 상황을 분석하기만 한다. 여기서 내가 확실히 말할 수 있는 것은 소파에 앉아 책만 보면서 살을 뺀 사람은 인류 역사상 단 한 명도 없다는 사실이다.

물론 해답을 찾는 노력을 그만두라는 말은 아니다. 그보다는 우선 스스로 어떤 사람인지를 알고 제 머릿속에 든 것을 신뢰하면 자신이 이미 가진 능력을 차츰 키워나갈 수 있다는 뜻이다. 당연히 과학적인 분석은 아니다. 본능은 과학과 정반대의 위치에 있다. 과학은 남들이 탐구한 것을 논하지만 본능은 우리 자신이 깨달은 것을 논

한다. 과학은 타인을 연구 대상으로 다룬다. 반대로 본능은 오로지 나 자신만을 다룬다. 당신은 얼굴도 모르는 누군가가 또 다른 누군가를 대상으로 삼은 연구 결과를 토대로 자기 일을 결정하고 행동하고 싶은가? 기껏해야 당신은 변화해야 한다는 조언이 최선인 그런 사람들의 말을 따라서?

세상에서 당신 자신을 가장 잘 아는 사람은 누구인가?

오프라 윈프리는 언젠가 이런 말을 했다. "저는 제 직감을 따를 때 항상 옳은 결정을 내릴 수 있었어요. 하지만 그러지 않을 때는 늘 잘못된 결정을 내렸죠." 100퍼센트 맞는 말이다. 물론 그녀는 25년간 직감 대신 그녀의 말에 귀 기울이기를 좋아하는 사람들을 위해 토크 쇼를 진행하며 그들에게 누구를 믿고 무엇을 해야 하며 어떻게 바뀌어야 할지를 논하기도 했다. 그리고 수백만에 달하는 시청자들은 매일같이 텔레비전 앞에 앉아서 그들이 무엇을 잘못하고 사는지 지적하는 아무개의 말을 듣고 올바른 삶에 관한 다른 누군가의 기준과 가르침을 받아들이곤 했다.

나는 그들 중에 과연 이 진리를 이해한 사람이 있을지 궁금하다.

바로 사람은 변하지 않는다는 것. 당신이 수백만 달러를 벌거나 잃거나, 회사에서 진급을 하거나 잘리거나, 체중이 몇십 킬로그램

늘거나 줄거나에 상관없이 당신은 여전히 이전과 같은 사람이다. 완전히 똑같은 사람. 주변 환경을 바꾸고 배우자를 바꾸고 직업을 바꿀 수는 있어도 사람 자체는 결코 바뀌지 않는다. 누가 어떤 시도를 하더라도 변화는 일시적일 뿐이다. 결국은 얼마 지나지 않아서 타고난 본성대로 돌아가기 때문이다.

내가 드웨인에게 전하지 않았던 그 쪽지를 기억하는가? 거기에는 이런 말이 적혀 있었다.

'진짜 원하는 걸 가지려면 무엇보다도 진짜 네 모습을 찾아야 해.'

클리너란 바로 그런 것이다. 안을 들여다보면 진짜가 보인다. 밖으로 눈을 돌리면 다른 사람들이 당신에게 보여주고 싶은 것, 진실을 왜곡한 이미지만이 보일 뿐이다. 스스로에게 물어보라. 과연 그모든 외적인 압박과 기대를 떨쳐냈을 때의 느낌은 어떠할까?

아마 지금 당신은 이렇게 생각할 것이다. '그게 말처럼 쉽지 않다고.' 당연히 쉬운 일은 아니다. 쉬웠으면 누구나 다 그렇게 했겠지. 원래 뭔가를 시작하는 사람은 많아도 끝까지 마치는 사람은 적은 법이다. 대체 왜 그럴까? 그건 자기가 끝까지 해낼 것이라고 믿지 않기 때문이다. 어느 순간부터 일어날 수 있는 온갖 문젯거리를 떠올리고, 본인의 선택을 자책하고, 나 자신이 아닌 남들의 말에 귀를 기울이는 것이다. 애초에 무얼 어떻게 잘 해보자고 생각하는 건 누구라도 할 수 있다. 더 중요한 건 그다음에 어떻게 하느냐다. 쿨러는 생각이 머리에서 입으로 향한다. 다른 사람의 반응을 살피고 동의를 얻기 위해 자기 생각을 말하고 공유하고 논의하는 것이다. 클로저의 생각은 그보다 더 깊은 곳으로 내려간다. 하지만 중간에 마음 어느 한구석으로 방향을 틀면서 감정과 더 많은 생각 때문에 그 속도가 느려지고 만다. 반면에 클리너의 경우, 생각은 본능이 지배하는 저 깊숙한 곳으로 곧장 날아가 즉시 행동으로 전환된다.

결국 이는 클로저와 클리너의 궁극적인 차이라고 볼 수 있다. 클로저는 자신이 무엇을 바라는지 생각하지만, 클리너는 그것을 곧바로 감지한다. 클로저는 자신이 어떤 결과를 바라는지 판단하고 제 마음에 말을 걸지만, 클리너의 마음은 스스로 결정을 내리며 어떤 생각도 필요로 하지 않는다. 직감을 철저히 믿는 것이다. 이 차이는 '이건 내가 할 수 있겠어.' 하고 생각을 하느냐 아니면 아예 아무것도 생각할 필요가 없느냐, 바로 그 영점 몇 초의 머뭇거림에서 나온다.

클로저는 본능을 믿고 의지한다. 하지만 클리너는 본능이 그를 믿고 의지한다.

당신의 본능은 눈앞에 펼쳐진 승부를 어떻게 끝내야 하는지 안다. 주변에서 날아드는 잡다한 설명과 지시와 조언 따위에 귀를 기울이면 결국은 어떤 방법도 확실히 믿지 못한 채 이것저것 깔짝대기만 하다가 끝나고 만다. 그러나 자기 자신을 믿으면 문제의 핵심을 정확히 꿰뚫는 집중력과 능률을 갖추게 된다. 만반의 준비를 갖춘 채 사각의 링 안을 빙글빙글 돌면서 줄곧 기다려온 한순간을 놓치지 않고 맹공을 퍼붓는 권투 선수를 떠올려보라. 그 순간에는 어떤 불필요한 동작도, 공포심도, 실수도 없다. 훈련하며 수십, 수백 번씩 머릿속으로 그려왔던 그 장면을 위해 그는 철저히 준비했고 더는 생각할 필요조차 없다. 때가 되면 정확히 무엇을 해야 할지 알기 때문이다. 본능이란 바로 그런 것이다.

당신을 가장 잘 아는 사람은 당신 자신임을 잊지 마라. 내가 운동 과학 학위를 따겠다고 결심했을 때 주변 사람들은 하나같이 이렇게 말했다. "아, 체육 교사가 되려고 그러는구나?" 아니, 난 프로 선수 전문 트레이너가 될 거야. "나중에 헬스장을 운영하면 되겠네!" 아니, 난 프로 선수 전문 트레이너가 될 거야. 나는 이래서 뭘 할 수 없고 저래서 뭘 할 수 없다고 나약한 변명과 잡다한 이유를 끝없이 늘어놓으며 스스로를 무능한 인간 취급해서는 어떤 일도 제대로 해낼 수 없다. 험한 길을 뚫고 목표에 도달하고 싶다면 직감을 믿어라. 본능의 인도를 따라서 제힘으로 끝내 목표를 이뤘을 때 느끼는 성취감과 만족감은 정말 세상 어떤 것과도 견줄 수 없다.

생각을 멈춰라. 그만 기다려라. 무엇을 해야 하는지 당신은 이미 안다.

하지만 본능만으로는 반쪽짜리가 될 뿐이다. 우리 인간의 내면에 도사린 어둠을 살펴보지 않는다면 포기를 모르는 승부사가 되기란 불가능하다. 이제 우리는 그 어둠을 향해 간다.

"

우리가 인생에서 맞는 최대의 격전은
다름 아닌 자기 자신과의 싸움이다.
당신에게 가장 강력한 적수는 언제나
다른 누구도 아닌 당신 자신이어야 한다.

"

#1.

길들여지기를 거부한다

> **쿨러는 자기 내면에 존재하는 어둠을
> 이기려고 애쓰다 결국 패배한다.
> 클로저는 자기 내면에 존재하는 어둠을
> 인정하지만 제어하지 못한다.
> 클리너는 자기 내면에 존재하는 어둠을
> 원초적이면서도 잘 통제된 힘으로 뒤바꾼다.**

《지킬 박사와 하이드 씨》를 아는가? 이 소설에서 만인에게 존경받는 선량한 의사 지킬은 어느 날 인간을 흉악한 포식자로 변모시키는 약물을 발견한다. 그리고 이 약물로 인해 타인의 시선과 현실의 제약을 신경 쓰지 않고 온갖 걱정과 윤리와 감정에서 벗어나게 된다. 줄곧 남에게서 배운 대로만 살아왔던 그는 그리하여 난생처음으로 자신이 느끼는 대로 행동하기 시작한다.

지킬은 조용히 규칙을 따르며 사는 사람이다. 반면에 그의 또 다른 자아인 하이드는 충동과 본능을 따라서 움직인다. 다시 말해 하이드는 지킬의 몰입 영역에서만 존재하는 셈이다. 하이드는 모든 것을 제 마음대로 하면서 어떤 결과가 나오고 그 과정에서 누가 어떻게 되든지 상관하지 않는다.

동일한 사람이라면 타고난 욕구도 같을 수밖에 없다. 하지만 이 욕구는 오로지 지킬이 하이드로 변했을 때만 해방된다. 지킬이 빛의 세계에 산다면 하이드는 어둠의 세계에 존재하며 우리 인간의 본능은 오직 그 어둠이 수면 위로 떠오를 때만 표출될 수 있다.

이번 장에서 이야기할 주제는 바로 이것이다. 우리 내면의 어둠, 또 다른 자아로 변신하여 본능이 이끄는 대로 움직이는 진짜 나 자신이 되는 것. 물론 하이드는 사이코패스라는 문제가 있고 나 역시 그 정도로 선을 넘어서는 안 된다는 걸 잘 안다. 그러나 판에 박힌 삶에서 헤어 나와 한 단계 더 위로 올라가고 싶다면 어쨌든 방해가 되는 짐을 두고 떠나야만 한다. 슈퍼맨이 '사람 좋은' 클라크 켄트의 정장과 안경을 벗어던지고, 헐크가 초록색 괴물로 변하고, 배트맨이 검은 망토를 걸치고, 늑대 인간이 달을 향해 울부짖는 것처럼. 의식적으로든 무의식적으로든 자신을 괴롭히는 온갖 허튼소리와 제약에서 벗어나 하고자 하는 일을 자기 방식대로 해내고 싶다면, 본능에 몸을 맡겨 최고의 기량을 펼치고 싶다면 이 능력이 반드시 필요하다. 그때는 어떤 두려움도, 한계도 느껴지지 않는다. 오직 행동과 결과만이 있을 뿐이다.

지난번에 본능을 다루면서 내가 처음 꺼냈던 말을 기억하는가?

144

인간이 악하게 태어나서 착하게 살도록 교육받는다는 그 말? 지금부터 들여다볼 것이 바로 그 악한 부분이다.

당신에게는 어둠이 필요하다

인간의 마음 깊은 곳에는 어떤 행동을 이끄는 거부할 수 없는 힘, 평범해지기를 거부하고 원초적인 야성을 그대로 유지하려는 부분이 존재한다. 이 영역은 단순한 본능이 아닌 킬러 본능에 해당하며 남들에게 말하지 않는 열망을 감춰두는 비밀의 장소 같은 것이다. 다른 사람들이 그 열망을 어떻게 생각하는지는 애당초 중요하지 않다. 당사자는 그것이 진짜 자기 자신이며 혹여 기회가 오더라도 바뀌지 않을 것임을 이미 잘 알고 있다.

사실 바뀌지 못한다는 말이 더 맞다. 사람이 정말로 변하는 일은 없으니까.

변화를 시도해보고 스스로 다짐도 하고 도움을 구하거나 책을 읽으면서 본성을 억누르는 방법을 배울 수는 있다. 하지만 그 안에 존재하는 진짜 당신은 언제나 그대로 남아 있다. 그럴 수밖에 없다. 그게 당신의 참모습이니까. 거기에는 선도 악도 존재하지 않는다. 단지 길들여지지 않은 타고난 본능이 당신에게 무엇을 원하는지 말하고 그것을 이루기 위해 당신을 움직일 뿐이다. 섹스, 돈, 명성, 권력, 성공… 당신이 무엇을 갈구하든 간에.

당신은 마음속에 어두운 부분이 없다고 말하고 싶겠지만, 분명히 말하는데 이 어둠은 세상 모든 사람의 내면에 존재한다. 지금 당장 누구에게도 알리고 싶지 않은 당신만의 비밀을 머릿속에 떠올려보라. 괜찮다. 아무도 모를 테니까. 여태 마음속 깊이 품어온 비밀, 그동안 이러저러한 도움이 되었던 술수, 당신의 욕망, 탐욕, 야욕…. 가져서는 안 될 무언가를 향한 갈망.

이것이 바로 우리 인간의 내면에 뿌리내린 어둠이다. 당신에게는 이 어둠이 필요하다. 아마 지금까지는 알지 못했겠지만 내면의 어둠은 당신이 몰입 상태로 빠져들어 원하는 목표를 성취하는 데 결코 없어서는 안 될 연결 고리와 같다.

나는 지금까지 엄청난 노력과 투지로 대성한 인물들을 많이 만나보았는데 그중에 이 어두운 면이 없는 사람은 정말 단 한 명도 없었다. 평범한 수준을 훌쩍 뛰어넘은 그들의 압도적인 능력은 모두 깊고 강렬한 어떤 힘에 의해 발휘된 것이다. 그들에게 연료를 공급하고 지지대가 되어주는 무언가에 의해서. 자신의 위대함을 증명하려는 뜨거운 의지, 성적인 에너지, 불안감…. 그게 무엇인지는 사람마다 다르지만 어쨌든 핵심은 자신 이외에 누구도 들여다보지 못하는 어둠의 영역으로 향하는 것이다. 이 세상 대다수 사람들을 구속하는 안전망과 비판의 시선을 떨쳐내고 자유를 되찾는 것이다.

내 질문에 솔직히 답해보라. 스포츠계, 기업계, 영화계, 정치계 등 각 분야를 이끄는 최고의 리더들 가운데 앞으로 스캔들에 단 한 번도 연루되지 않을 것이라고 100퍼센트 믿어도 좋은 사람이 얼마나 될까? 꼭 유명 인사일 필요는 없고 온 세상이 다 아는 스캔들일 필요도 없다. 과연 이 사회에 강한 영향력을 발휘하는 사람들 중에 도덕, 윤리, 법, 결혼 생활, 돈, 사생활에 관한 문제로부터 완전히 자유롭다고 믿어도 될 만한 사람은 얼마나 되겠는가?

나는 그다지 많지 않으리라고 본다.

따지고 보면 그들은 그런 위험을 감수해왔기에 그만큼 높은 위치에 올라간 것이다. 그들을 악하다고 볼 수는 없다. 단지 안일한 태도로 마냥 선량하게 사는 지킬이 되고 싶지 않았던 것뿐이다. 물론 사회적인 통념상 우리가 이런저런 문제를 피하고, 유혹을 물리치고, 깨끗하고 도덕적인 삶을 살아야 하는 이유는 수없이 많다. 그러나 그런 관념은 평범하게 살길 바라는 이들에게나 어울리는 것이며 궁극적으로 평범함은 당신을 최고의 자리에 올려놓지 못한다.

우리는 유명한 정치인, 기업인, 운동선수, 연예인 등이 얽힌 추문이 떠돌면 고개를 저으며 이렇게 생각하곤 한다. '이런 멍청이가 다 있나.' 사실 그럴 때마다 우리는 그들의 내면에 자리 잡은 어둠을 맨눈으로 보는 셈이다. 그들은 자기가 무슨 짓을 하는지 알고 그 결과가 어떻게 될지도 다 알지만 그럼에도 일을 저지른다.

원한다면 본인의 행동을 멈출 수도 있지만 그들은 그러지 않는다. 이유가 뭘까? 승리에 익숙해진 사람은 '모든 면'에서 계속 이기고 싶기 때문이다. 제어할 수 없는 요소를 지배하고 가는 길에 놓인 모든 것을 정복하려는 끝없는 욕구…. 이러한 내면의 어둠은 인간을 진짜 자신으로 돌아가게 한다. 그럴 때는 어떠한 도전도 크게 어렵거나 위험하게 느껴지지 않는다. 실패에 대한 두려움이 싹 사라지기 때문이다. 그야말로 제로 수준으로. 만족감은 이처럼 위험 요소를 완벽하게 장악하는 데서 온다. '이곳의 지배자는 나'임을 의식하는 데서.

그렇게 해내면 해낼수록 감각은 더욱 강렬해진다. 한 분야의 일인자는 넘치는 자신감과 꺾이지 않는 강한 멘탈 없이 완성되지 않는다. 물론 그 위치로 올라서려면 위험의 크기를 본능적으로 꿰뚫어 보고 남들이 원치 않는 모험도 감수해야만 한다. 그러다가 마침내 몰입의 경계에 섰을 때 유혹의 손길로 얼른 들어가라고 속삭이는 것은 우리 마음의 어둠이다.

이 어둠은 당신을 움직이는 연료이자 에너지다. 당신을 자극하고 계속해서 몰입의 경계에 머물게 하며 에너지를 재충전하고 연료 탱크를 채워주는 것이다. 혹은 신경을 잠시 다른 곳으로 돌리고 스트레스를 해소하게 해주는 일종의 비상구라고도 할 수 있다. 누군가에게는 그것이 격한 운동이나 술 아니면 골프일 수도 있다. 혹은 미친 듯이 일에 몰두하거나 도박에 매달리거나 많은 돈을 쓰는 행위일 수도 있다. 그 나름의 도전을 안겨주고 자신이 지배당하기 전에 대상을 지배할 수 있는지 시험할 만한 것이라면 무엇이든 상관없다. 그 중독성은 성공 중독만큼이나 강력하다.

당신의 본성은 승리를 원한다

내면의 어둠을 무슨 질병이나 해악, 범죄처럼 생각할 필요는 없다. 아무리 착하고 좋은 사람이라도 마음 어딘가에는 그렇게 길들여지지 않은 부분이 남아 있기 마련이다. 어둠이란 단지 빛이 닿지 않는 곳에 존재하는 우리의 한 부분일 뿐이며 직접 어떤 행동을 하기 전까지는 줄곧 마음속에만 머문다. 실제로 내면의 어둠에 의해 무언가를 하더라도 그 행동은 남몰래 혹은 내 비밀을 꼭 지켜주리라 믿는 사람과 함께할 때만 나온다. 다시 말하자면 원초적인 본능과 행동은 너무나도 사적인 영역에 해당하기에 그곳에 무엇이 있는지는 오직 자기 자신만 안다는 뜻이다.

우리는 어릴 때부터 무엇이 나쁜지, 무엇을 보고 말하고 만져서는 안 되는지 배운다. 그리고 그 대상을 원해서도 가져서도 안 된다고 배우고는 어딘가로 밀어내버린다. 하지만 그럴수록 인간은 오히려 더 그 욕망을 좇으면서 결국 본성을 감추길 포기하고 자신의 진실을 받아들인 뒤 끝내는 늘 바라왔던 행동을 하고 만다.

안전한 위치에 머무르는 것은 한계선을 넘지 않는다는 뜻이다. 그러나 악착같이 싸워나가려는 사람에게 한계란 존재하지 않는다.

지금까지 당신이 정말 원하는 것과 '옳다'고 아는 것 사이에서 갈등할 때마다 줄곧 씨름했던 상대는 바로 당신 내면의 어둠이다. 당신은 이 싸움을 얼마간 버텨낼 수 있지만 결코 이기지는 못한다. 마음속에 뿌리내린 어둠을 완전히 쓰러뜨리기란 불가능한 탓이다. 어느 정도 억누를 수는 있지만 절대로 굴복시키지는 못한다. 어둠은 언제나 다시 고개를 쳐들고 당신을 지배하고자 싸움을 계속할 것이다. 가련한 지킬 박사는 이런 싸움에서 어찌 되었던가? 그는 내면에 도사린 어둠, 즉 하이드가 스스로 눈을 뜨고 나서 더는 그 힘을 통제할 수 없음을 깨닫고 결국 제 손으로 목숨을 끊고 말았다.

클리너는 자신의 욕구를 다스린다. 반대로 그가 욕구의 지배를 받는 일은 일어나지 않는다. 사실 내면의 어둠 자체가 약점이 될 만한 무언가, 다시 말해 얼토당토않은 위험을 감수한다든가 곤란을 야기하는 문제로 늘 이어지는 것은 아니다. 인간은 어떤 욕구를 느끼고서 그대로 행동하기도 하고 거기서 멈추기도 한다.

당신과 다른 경쟁자들을 차별화하는 것은 바로 자제심이 있느냐 없느냐다. 그 자리에서 발걸음을 떼든지 아니면 그대로 멈추든지 모든 것은 당신의 선택에 달렸다. 그 선택에 따라 왠지 술이 필요한 듯 느껴져도 정말 마시고 싶지 않을 때는 참을 수 있고, 세상에서 가장 매력적인 상대를 만나면서도 너무 빠져들지 않고 자기 생활에 충실할 수 있다. 또 친구들과의 카드 게임을 한 시간 정도 더 즐기다가 적당한 선에서 그 자리를 벗어날 수도 있다. 물론 당신은 퇴근하지 않고 더 늦게까지 일하기를 택할 수도 있다. 사람들은 그런 당신을 따라잡으려고 안간힘을 쓰다가 제풀에 넘어질 따름이다.

그러면서 당신은 승리를 맛볼 수 있는 도전거리를 끝없이 찾게 된다. 악착같은 투쟁심을 안고 사는 것은 결코 채워지지 않는 굶주림

과도 같기 때문이다. 클리너는 성공을 이룸과 동시에 짜릿한 흥분이 가라앉는 순간 더 큰 희열을 찾아 나선다. 그렇게 원하는 결과를 만들어내면서 느끼는 황홀감이란 너무도 강력해서 현실 세계로 돌아오기가 쉽지 않다. 그래서 클리너는 그토록 완벽한 만족감을 계속해서 갈구하며 걸신들린 듯 쉬지 않고 성공을 맛보려 한다.

한데 그런 만족감을 느낄 기회가 드물다면 어떻게 될까? 스포츠 리그에서 우승은 1년에 단 한 번만 달성할 수 있다. 선수들은 한 해 내내 수없이 경쟁하고 고된 노력을 쏟고 온갖 희생을 치르며 그 한 번의 성공을 향해 달린다. 그들에게는 그게 전부다. 단 한 번의 우승. 만약 최종 승자가 되지 못한다면 다음 해를 기약해야 한다. 어쩌면 몇 년이 더 걸릴 수도 있다.

당신이 목표를 이루기 위해 치열하게 싸우고 승리하는 데 누구보다 진심이라면, 언제나 그런 열망으로 가득 차 있다면 그게 곧 당신의 본성이자 본질이다. 결코 수그러들지 않고 결코 만족하지 않는 태도. 날마다 해마다 가장 높은 곳에 올라 그 자리를 지키려는 자세. 최고가 되어서도 계속해서 발전하기를 바라는 마음가짐. 성공을 생각하는 데서 그치지 않고 직접 자신을 증명하고 또 증명하고 또다시 증명하기 위한 분투. 쉼 없는 노력. 과연 그런 사람이 마음속에 들어찬 열망을 충족시키지 못하게 되면 어떤 행동을 할까?

그럴 때 클리너는 목표 이외의 다른 대상을 정복하려 한다. 마냥 기다리기에는 너무나도 굶주렸기 때문이다. 그에게는 자신이 지배

"

안전한 위치에 머무르는 것은
한계선을 넘지 않는다는 뜻이다.
그러나 악착같이 싸우는 사람에게
한계란 존재하지 않는다.

"

하고 통제할 수 있는 무언가, 계속해서 다음 정복 대상을 향해 나아갈 수 있도록 예리한 감각과 경쟁심을 유지시켜줄 무언가가 필요하다. 그래서 클리너는 그런 공허감을 해소하고 달리 채울 길 없는 무한한 경쟁 욕구를 만족시키기 위해 혼자 할 만한 다른 일, 킬러 본능을 끊임없이 부리는 지휘자이자 포식자로서 몰입을 유지할 수 있는 다른 일에 열중한다.

매일같이 체육관에서 아무도 내켜하지 않는 운동을 하는 일은 내면의 어둠에서 비롯한 것이다. 리그 최정상에 올라 해마다 그곳을 차지하려는 투지는 또 어떤가? 짙은 어둠을 간직한 클리너는 자신이 선택한 어떤 분야에서든 성공할 수 있으며 그 진로는 대개 아주 어린 나이에 가족이나 주변 환경, 문화 등에 의해 결정된다. 어쨌든 그는 무언가에 가장 뛰어난 사람이 된다. 성장 과정에 긍정적인 영향이 미친다면 아마 그의 관심은 사업이나 스포츠 분야로 향할 것이다. 반대로 부정적인 영향이 미친다면 범죄의 길로 빠져들 수도 있다. 본능적인 면에서 힘 있는 사업가와 막강한 범죄 집단의 두목과 강인한 운동선수 사이에 큰 차이가 있을까? 그들은 모두 자기 분야의 '킬러'로서 늘 최고가 되려는 투지로 가득하다. 또 경쟁자를 쓰러뜨리기 위해 실로 악랄한 전략을 펼치며 기어코 승리하겠다는 욕망으로 끝없이 불타오른다. 상대방은 그들이 언제 어떻게 다가오는지도 모른 채 희생당할 뿐이다. 그런 일을 하는 데 꼭 총이 필요하지는 않다. 출중한 기량과 숙련된 기술, 멘탈이라는 무기가 있으니까.

그들은 본인의 업무에서 늘 발군의 실력을 발휘한다. 그리고 목표는 모두 같다.

공격, 지배, 승리. 어떻게 해서든
최종 결과를 보겠다는 것.

그런 다음 그들은 이 일련의 행위를 처음부터 끝까지 반복하고 또 반복한다.

하지만 클리너도 가정에서만큼은 내면의 어둠과 분리된다. 가족과 함께하는 시간은 그간 쌓인 긴장을 푸는 일종의 배출구인 셈이다. 많은 남자들이 결코 해서는 안 될 짓을 저지르고 발각된 뒤에도 어떻게든 결혼 생활을 유지하려 애쓰는 것도 다 그런 이유에서다. 가정은 유일하게 안전한 영역이기 때문이다. 가족의 생활공간은 안정감과 아늑함으로 가득한 장소다. 우리 마음속에 들어찬 어두운 힘은 그곳을 벗어났을 때 고개를 든다. 우리가 집으로 돌아가는 이유는 안도감과 사랑을 느끼기 위해서, 밖으로 향하는 이유는 자극을 느끼기 위해서다. 집은 평온함과 따뜻함, 그 외의 장소는 곧 흥분으로 통한다. 인정하기 싫은 사람도 있겠지만 부인할 수 없는 사실이다. 인간의 마음속 어딘가에서 타오르는 불길은 깊디깊은 곳에 뿌리내린 어둠에서 비롯한 것이며 이 내면의 어둠은 온 가족이 함께하는 저녁 식사 자리 어디에도 발붙일 곳이 없다.

클리너에 해당하는 사람들은 이 점을 확실히 알고 있다. 그들이 클리너일 수 있는 이유가 바로 거기에 있으니까.

내면의 어둠은 가정 내에서 일어나는 어떤 사건과도 무관하다. 사람들은 가정불화의 원인을 그쪽으로 돌리기도 하지만 그들도 그 말이 변명에 불과함을 잘 안다. 이 어둠은 마음 깊은 곳에서 느껴지는 감각과 맞닿아 있으며 가정이든 다른 어디서든 결코 변화하지 않는다. 그것이 진짜 자기 자신이기 때문에.

그래서 클리너는 가면을 쓰고 평범함을 가장한다. 사적인 이익을 위해서가 아니라 본인이 아끼는 사람들을 보호하기 위해서다. 물론 그는 가면 위의 얼굴 역시 남들이 바라는 인물상에 맞게 꾸며낸다. 그 모습이 진짜 자신과 다르다는 사실은 당연히 안다. 클리너가 순도 100퍼센트 자기 모습을 되찾는 경우는 마음속의 어두운 부분과 이어질 때뿐이다. 어쨌든 그는 그런 상황에서 충실하게 할 일을 한다. 그래야만 궁극적으로 자신이 원하는 것을 할 수 있기 때문이다.

그러다가 마침내 그 순간이 왔을 때 클리너는 본연의 자아로 되돌아간다. 클리너의 삶은 언제나 한결같다. 일하는 방식이 곧 사는 방식이다. 늘 치열하고 경쟁적이며 의욕에 차 있다. 그렇게 투쟁심이 끝없이 샘솟는 와중에 다른 방향을 택하기란 불가능하다. 당신이라면 그 강렬한 기운을 자기 의지대로 제어할 수 있을까? 물론 그럴 가능성도 있다. 하지만 웬만해서는 당신 스스로 그러길 원치 않을 것이다. 머릿속이 온통 승리에 관한 생각으로 가득할 때 사람은 자신과 자신의 생각만이 존재하는 어둡고 차가운 몰입의 세계에 그저 머물고 싶어 할 뿐이다. 그리고 필요하다면 기꺼이 가면을 쓴다.

그런 사례로 타이거 우즈보다 더 적합한 인물이 있을까? 이미 잘 알려진 대로 그는 깊은 내면의 어둠에 이끌려 아내 이외의 여성 수십 명과 관계를 맺었다. 타이거는 그동안 가면을 쓰고 어두운 부분을 너무나도 잘 감춰왔다. 그 덕분에 사람들은 그가 지킬의 모습으로 카메라를 향해 미소 짓고 광고를 찍는 사이 하이드가 뒤에서 모든 것을 통제했음을 깨닫고서 경악할 수밖에 없었다.

스캔들이 터지기 이전의 타이거는 몰입의 대명사 같았다. 모든 곳이 마치 자신의 전용 골프장인 양 활약했고 그를 이기려면 실로 하늘의 도움이 따라야만 했다. 온갖 전문가들이 나서서 그의 강인한 정신력을 논했고, 그가 백스윙할 때마다 아버지가 곁에서 일부러 골프채를 떨어뜨리거나 카트를 몰며 집중력 훈련을 시켰다느니, 대회에 나갈 때마다 그의 어머니가 자객처럼 '상대를 처치하고 심장을 가져오라'고 가르쳤다느니 하는 이야기를 했다. 그들은 부모의 교육이 타이거의 몰입 능력을 키웠다고 분석했다.

그러나 스캔들이 밝혀지면서 무엇이 그를 깊은 몰입 상태로 이끌었는지가 불현듯 명확해졌다.

타이거의 선수 생활은 불륜설이 터지고 씁쓸하고도 추잡한 이야기들이 하나씩 드러나면서 나락으로 빠져들었다. 온 세상이 사생활을 낱낱이 들여다보고 평가하고 분석하자 그동안 그를 움직였던 어둠은 물거품처럼 사라지고 말았다. 그런 부류의 에너지는 빛이 닿는 곳에서 존재할 수 없는 탓이다. 그럴 때 내면의 어둠은 완전히 힘을 잃지만, 당사자가 오히려 '그래서 어쩌라고?' 하는 식으로 당당하게 고개를 들고 자기 일을 꿋꿋이 해나간다면 이야기는 달라진다. 그것이 자신만의 어두운 에너지를 마음 깊이 붙들어둘 수 있는 방법이다.

하지만 타이거는 대중 앞에서 공개 사과를 해야 한다는 압박감을 느꼈고 그로 인해 상황은 더 악화되었다. 솔직히 말해 나는 타이거의 오랜 지인이자 팬으로서 그가 사과하지 않길 원했다. 나는 그가 대중 앞에서 한마디도 하지 않고 아무렇지 않은 표정으로 시합에 나서길 원했다.

바로 내 친구이자 고객인 찰스 바클리처럼 말이다. 예전에 찰스는 올랜도의 한 나이트클럽에서 자신에게 얼음을 던진 어떤 멍청이를 창문 밖으로 냅다 던져버렸다. 다른 사람도 아닌 찰스 바클리에게 뭔가를 던지고 무사하길 바란다는 건 말도 안 되는 소리다. 나중에 판사가 소송을 기각한 뒤 찰스에게 그 경험으로 뭔가 깨달은 것이 있는지 물었다. 그의 대답은 이랬다. "그럼요. 그때 그 자식을 1층에서 던지지 말았어야 했어요. 3층까지 끌고 올라가서 아예 끝장내버려야 했는데 말이죠."

애초에 사과 따위는 생각하지도 않은 것이다.

나는 타이거가 그런 자신감으로 그 상황에 대처하길 바랐다. 그동안 그는 골프장의 킬러로서 무시무시한 명성을 쌓아왔다. 나는 그가 고개 숙이는 모습을 보고 싶지 않았다. 비록 아내를 배신하긴 했지만 가족끼리 해결할 일이었다. 혹시 광고 계약과 기업들의 후원을 잃을까 두려워서 그랬을까? 그런 문제는 대회에서 우승하면 그만이다. 다들 그를 다시 잡으려고 돌아올 테니까. 나는 타이거가 그린 위에 서서 자신은 전혀 흔들리지 않으며 특유의 킬러 본능 역시 변함없다는 것을 보여주고 더욱 뛰어난 경기력으로 골프 황제는 여전히 자신임을 증명하길 원했다. 경쟁자들에게 가장 큰 위협이 되는 것은 바로 그런 마음가짐이다. '나는 이 시련을 모두 이겨냈고 내 실력은 더 올라갔지. 네놈들한테는 기회가 없어.'

이 일은 사람들의 경쟁 욕구가 얼마나 강한지를 다시금 확인하는 계기이기도 했다. 당시에 다른 운동선수들과 유명 인사들 사이에서는 남들에게 '들키지 않고' 타이거를 능가하려는 무언의 경쟁이 벌어졌던 모양이다. 그들은 의아함을 느끼면서 재차 다짐했다. "그 녀석이 대체 어쩌다가 걸린 거지? 난 절대 들키지 않겠어!" 만약 그런 와중에 또 다른 스캔들이 터졌더라면 아마 그들 사이에서는 심각한 경기력 하락을 겪었던 타이거와 다르게 당황하지 않고 여전히 똑같은 실력을 낼 수 있음을 증명하려는 경쟁이 벌어졌을 것이다. 승자가 되기 위한 또 다른 도전이자 새로운 지배 대상의 등장인 셈이다.

'두고 봐. 내가 전부 컨트롤하겠어.
어떤 것도 나를 지배하지는 못해.
이곳의 지배자는 나야.'

내가 아는 어떤 선수는 몇 년 전 시합 때마다 맥주 두 캔을 마시고 자기 실력을 시험하곤 했다. 어떤 날은 하프타임에 맥주 세 캔을 마신 뒤 코트로 돌아가 상대편 선수에게 외쳤다. "내가 맥주 세 캔을 막 때리고 왔거든. 그래도 넌 내 상대가 안 돼." 실제로 그랬고 그래서 그 도전은 금세 식상해졌다. 당시 시즌이 진행되는 동안 그는 같은 팀 동료 선수 두 명을 꾀어서 누가 가장 많이 맥주를 마시고 경기를 잘 치르는지 시험해보기로 했다. 첫날은 맥주 두 캔, 다음 날은 세 캔, 그 다음 날은 네 캔···. 그렇게 계속 마시는 양을 늘리다가 그중 두 선수가 시합 중에 엉뚱한 벤치를 찾아가는 지경에 이르렀고 남은 유일한 생존자(맥주 마시기 경쟁을 시작한 그 선수)는 그 꼴을 보며 이렇게 소리쳤다. "야! 너넨 내 상대가 안 된다니까!"

정말 터무니없을 뿐 아니라 나라면 절대 용납하지 않을 대결이다. 하지만 그렇게 가능한 모든 상황과 조건하에서 제 능력을 시험하지 않고서 자신이 진짜 무엇을 할 수 있는지 달리 확인할 방법이 있을까?

내면의 어둠은 바로 그런 일을 한다. 옳고 그름의 법칙에서 벗어나 자신이 어떤 성분으로 이루어져 있고 그 안에 어떤 능력이 있는지를 발견케 한다.

예전에 내 고객 중에 술을 지나치다 싶을 만큼 많이 마시는 선수가 하나 있었다. 나는 그 친구한테 혼자서는 도저히 음주량을 제어할 수 없느냐고 물었다. 우리 입장에서는 새로운 도전 과제인 셈이었다. "당연히 할 수 있지." 녀석은 나를 보며 으르렁거렸다. "두고 보라고, 앞으로 한 달간 술은 입에도 대지 않을 테니까." 그 뒤 그는 정말로 한 달 동안 술을 마시지 않았다. 도전에 성공한 것이다.

사실 나는 술 마시는 걸로 무어라 할 생각은 없다. 마시고 싶다면 마셔라. 본인이 긴장을 풀고 마음을 진정시킬 방법을 찾겠다는데 왜 굳이 말리겠는가. 운동선수도 결국은 다른 직업을 가진 사람들과 크게 다르지 않다. 스트레스를 풀고 싶은가? 그래, 나도 그 마음을 이해한다. 어떤 선수들은 경기 전에 마음을 가라앉히려고 독한 술을 한 모금씩 마시기도 한다. 만약 내가 그러지 못하게 막는다면 나중에 그들은 자신에게 도움이 되는 의식을 방해했다며 분명히 내 탓을 할 것이다. 그러니 꼭 필요하다고 느낀다면, 그렇게 독주를 마시는 것이 마음속의 어둠을 일깨우고 몰입을 불러온다면 그냥 마셔라. 단 스스로 통제가 가능한 선에서.

클리너는 절대 다른 무언가의 영향을 받는 상태로 일하지 않는다. 멘탈을 너무나도 중요하게 여기기 때문에 자신의 생각, 본능, 반사신경에 어떠한 것도 간섭하지 못하게 한다. 과연 당신을 움직이는 것은 당신 자신인가 아니면 그 안의 어둠인가?

클리너의 법칙

마음속의 어둠을 통제하고 절대 그 어둠이 자신을 지배하도록 내버려 두지 말라.

인간 내면의 깊은 어둠이 일으킨 사건들이 세상에 알려질 때마다 사람들은 흔히 옳으니 그르니 하면서 이런 생각을 한다. '그렇게 자제력이 부족해서야 원. 약해빠졌어.' 하지만 클리너는 그런 식으로 생각하지 않는다. 일단 이 점을 이해해야 한다. 클리너에게는 남들이 아무리 비난해도 '포기하고 싶지 않은 것'이 있다는 사실을. 그에게 집착은 나약함이 아니라 오히려 자신의 강점이자 스스로 내린 선택을 의미한다. 클리너의 관점에서 나약함이란 남에게 들킬까 봐 겁먹고 갈망하는 대상을 포기하는 것을 뜻한다.

클리너는 하이드, 즉 자신의 또 다른 자아를 자기 것으로 만든다. 은연중에 어둠의 지배를 받는 것이 아니라 제힘으로 어둠을 휘어잡는 것이다. 클리너는 인생의 어느 시점에서 도전 의식을 일으키고 시련을 이겨내게 하는 무언가를 발견한다. 그리고 그 결과 자신은 어떤 상황에서도 본능의 힘 덕분에 괜찮을 것이라고 전적으로 확신한다. 실제로도 그는 어떻게든 당면한 상황을 극복하고 해결해낸다. 어떤 것이든 지배하고 제어하겠다는 강력한 욕구, 본능에 대한 강력한 믿음 아래 클리너는 자신이 결국 승리한다는 것을 안다.

솔직하게 생각해보자. 당신이라면 아무 기회도 잡지 못한 채 모든 규칙을 따르고 늘 바르게 행동하면서 성공을 거둘 수 있을까? 아니, 그래서는 당신 역시 수많은 사람들과 마찬가지로 실패를 겁내면서 남들에게 미움받지는 않을까 전전긍긍하며 살게 될 뿐이다.

대다수 사람들은 한 분야의 최고로 일컬어지는 인물들의 심리 구조가 어떻고 그들이 어떤 과정을 거쳐 그 자리에 올랐는지를 이해하기는커녕 아예 감도 잡지 못한다. 우리 자신이 중요하게 여기는 가치, 행동 방식, 견해를 그들의 가치관, 행동 방식, 견해와 비교하는 것도 불가능하기는 매한가지다. 그냥 그럴 수가 없다. 그 마음가짐과 태도가 누구보다 나은지 못한지를 따지기에는 너무나도 독특한 탓이다.

결과적으로 여기서 기억해야 할 것은 그들이 타인의 시선에 아랑곳하지 않는다는 사실이다. 세상이 그들에 관해서, 그들 내면의 어둠에 관해서 무슨 생각을 하든 전혀 신경 쓰지 않는다는 것. 그들은 오직 스스로 내건 목표에 대해서만 압박감을 느낀다. 그리고 곧 알게 되겠지만 그들은 그 감각을 정말 끝도 없이 원하고 또 원한다.

"

모든 규칙을 따르고 늘 바르게 행동하면서
성공을 거둘 수 있을까?
아니, 실패를 겁내면서 남들에게 미움받지는
않을까 전전긍긍하며 살게 될 뿐이다.

"

#1.

압박을 두려워하지 않고
오히려 즐긴다

> **클러는 결코 직접 위기를 해결해야 하는
> 상황에 놓이지 않는다.
> 클로저는 큰 압박감을 느끼는 상황에서
> 위기를 극복할 힘이 생긴다.
> 클리너는 언제나 위기에 강하다.**

이번 장을 시작하면서 한 가지 짚고 넘어갈 것이 있다. 이 세상에 '클러치 유전자♦' 같은 것은 없다는 사실이다. 혹시 있다손 쳐도 누구나 바라마지않는 그런 유전자는 아닐 것이다.

우리 일상에서 클러치 유전자라는 표현이 쓰일 때는 언제일까? 바로 스포츠 경기의 마지막 순간에 선수가 압박감을 이겨내고 놀라

♦ 스포츠에서 승부를 결정짓는 중요한 순간에 공격이나 수비를 성공시키는 능력 또는 그런 행위를 클러치라고 한다. 클러치 유전자는 그러한 능력을 타고났다고 말할 때 쓰는 비유적인 표현이다.

운 일을 해냈을 때다. 그러면 사람들은 그 선수가 얼마나 위기에 강한가를 두고 온갖 난리 법석을 떤다. 그리고 며칠간은 소위 클러치 유전자라는 것에 관한 대토론이 벌어진다. 나는 지금도 대체 그게 무엇을 지칭하는지 모르겠지만, 아무튼 세상 사람들은 그런 유전자가 누구에게는 있고 누구에게는 없는지 또 그런 인자의 존재 유무는 어떻게 식별하는지를 이야기하면서 계속해서 논의를 이어간다. 처음부터 전제 자체가 잘못되었는데 말이다.

클러치 유전자란 애초에 존재하지 않는다. 경기 막바지 위기의 순간에 관여하는 것은 적을 공격하고 승부를 짓도록 명령하는 포식자의 본능과 언제 어떻게 승부수를 던져야 할지를 꿰뚫는 준비된 자세다.

철저히 준비하고 기회를 잡는 것,
단지 그뿐이다.

내면의 압박감을 만끽하라

진정한 승부사는 무언가를 공격하고 정복해야 한다는 압박감을 항상 느끼며 그 감각을 즐긴다. 일부러 압박감이 더 커질 만한 상황을 만들어내고 자기 역량이 어느 정도인지 증명하기 위해 스스로에게 도전한다. 상상 속의 '어떤 유전자'가 마침내 눈을 떠 놀라운 능력을 발휘하게 되는 위기일발의 상황을 마냥 기다리는 법은 없다. 진정한 승부사는 기회가 닿는 모든 순간, 자신이 하는 모든 일에서 그 위대한 힘을 발휘한다.

클로저는 클로저라고 불리는 이유가 있다. 막바지에 이르러서 존재감을 드러내기 때문이다. 클로저는 무언가가 위험한 고비에 놓였을 때 한 단계 위로 올라선다. 그렇기에 큰 압박감이 가해지는 상황이 와야 좋은 결과를 낼 수 있다. 하지만 클리너는 모든 순간이 압박감으로 가득 차 있다. 그리고 언제나 모든 것이 위태롭다.

솔직히 나라면 클러치 유전자가 있다는 말을 모욕으로 받아들일 것이다. 누가 중요한 시합, 큰 경기에 유독 강하다는 말은 칭찬이 아니다. 대체 다른 시합 때는 어디에 있었다는 말인가? 왜 시종일관 그렇게 믿음직하고 공격적이고 유능한 모습을 보이지 못했는가?

물론 나도 시합 종료 직전에 마지막 슛을 넣거나 끝내기 홈런을 때리고 넓디넓은 경기장을 가로질러 승리의 터치다운에 성공한 선수들이 우리 뇌리에 얼마나 강렬한 인상을 남기는지 안다. 그 순간 펼쳐지는 드라마, 온몸에 퍼지는 전율, 성공이 안겨주는 진한 감동과 그날의 영웅이 되는 기분이 어떤지도 이해한다. 그러나 악착같이 싸워나간다는 것은 그런 결과를 내고자 끊임없이 노력한다는 뜻이지 위기의 순간에만 반짝 애쓴다는 말이 아니다.

클러치는 마지막 한순간만을 의미한다.
그러나 악착같은 투지는 모든 순간과 이어져 있다.

일촉즉발의 마지막 순간이 다가올 때까지 기다린다는 건 뒤집어 생각하면 나머지 시간을 아무 위험도 감수하지 않고 적당히 편안한 상태로 쉬엄쉬엄 보낸다는 말이다. 사실 승패를 결정짓는 마지막 슛을 직접 던지려는 선수는 그리 많지 않다. 슛을 놓칠까 봐 두려워서가 아니다. 일단 성공하게 되면 그 뒤로도 '계속' 그런 슛을 넣어야 한다는 부담감이 생기기 때문이다. 그 기대치가 클수록 떨어지는 높이 역시 더 커지고 바닥에 부딪힐 때의 충격도 더 큰 법이다. 실제로 많은 선수들이 바닥에 가까운 곳, 안전지대에 머무르는 것을 더 편하게 여긴다. 기대치도 낮고 압박감도 적기 때문이다. 물론 그만큼 보상도 적지만, 어쨌든 안전하다.

반면에 클리너는 높디높은 곳에 오르기를 갈망하면서 그 위치에 계속 머물고 더 높이 더 위로 올라가야 한다는 압박감까지 절실하게 원한다. 그리고 아주 잠깐 휴식을 취할 때도 그 즉시 자신이 나태해진 것 같다고 느낀다. 클리너에게는 '이게 바로 쉬는 거지' 하는 생각으로 하루를 보내는 일이 절대 없다. 클리너의 관점에서 휴식이란 압박감을 감당하지 못하는 나약한 자들의 것이다. 그런 사람을 억지로 쉬게 하면, 가령 원치도 않는 휴가를 주거나 하루 동안 운동을 못 하게 한다면 그는 평소 그 시간에 할 일들을 떠올리며 더 스

트레스를 받을 것이다. 클리너는 긴장을 풀려고 애쓰기보다 무언가
에 도전하기를 택한다. 긴장감에 휩싸이기를 선호하는 것이다.

클리너는 스스로 가한 압박에서 잠시 벗어나고 싶을 때 내면의 어
둠으로 달아난다. 자신이 제어할 수 있는 또 다른 무언가, 압박감을
유지해주면서도 그 초점을 하나의 중독 대상에서 다른 대상으로 일
시적으로 돌릴 수단을 찾는 것이다. 그래서 클리너는 일 대신 섹스
에 탐닉하기도 한다. 혹은 경쟁 대신 술을 택하고, 돈을 버는 데 집
착하는 대신에 체육관에서 몸을 만드는 데 집착한다. 대상은 바뀌
지만 여전히 압박감과 성과에 집중하고 안전지대의 경계선을 멀리
더 멀리 밀어내는 데 매달리는 것이다. 오로지 자기 한계를 시험하
기 위해. 사실 한계 따위는 있다고 생각지도 않으면서 말이다.

클리너는 본인이 느끼는 압박감을 직접 제어하고 또 그 과정에서
누구의 도움도 바라지 않는다. 나는 바로 이 점에서 르브론 제임스
가 클리너가 아닌 클로저라고 보았다.

농구계에서 잘 알려지지 않은 무명 고등학교, 작은 대학을 나온
드웨인처럼 처음부터 아무것도 주어지지 않은 선수는 날마다 거듭
자기 능력을 증명하려 한다. 자신이 최고임을 입증하려는 압박감이
내면에서 끊임없이 솟아나는 탓이다. 그러나 입구에 들어서는 순간
부터 세상 모든 사람이 네가 최고라고 외쳐대면 그 말은 훨씬 더 쉽
게 확신으로 굳어진다. 르브론은 고교 시절 이래로 줄곧 만인의 추
앙을 받아왔고, 딱히 무얼 이루기도 전에 고액의 신발을 비롯한 여

러 광고 계약을 맺었으며, 이적 과정에서 방송을 통해 거취를 밝히겠노라 예고하여 리그 전체를 뒤흔들어놓았다. 당시에는 평생 농구 경기를 보지 않던 사람들조차도 르브론이 어느 팀으로 가는지 물을 정도였다. 분명히 그 결정에는 엄청난 압박감이 뒤따랐으리라. 하지만 르브론이 드웨인 웨이드, 크리스 보시라는 리그 최고의 슈퍼스타들과 함께 뛰기로 했으며 그 외에도 우수한 선수들이 꽤 있었다는 점을 고려해보면 그런 압박감을 분산시킬 여지는 충분했다.

그렇다면 다른 선수들은 어땠을까? LA를 지배해온 코비, 불스에서의 마이클, 빅 쓰리 결성 이전의 드웨인, 심지어는 불스를 다시 부흥시킨 데릭 로즈Derrick Rose까지, 어느 시점엔가 리그의 다른 선수들을 돌아보던 그들의 머릿속은 이런 생각으로 가득 차 있었다. '난 너희랑 한 팀이 되고 싶지 않아. 너희를 이기고 싶을 뿐이지.' 그러다가 우수한 유망주가 등장하면 그들은 하나같이 이렇게 생각했다. '나한테 붙고 싶으면 붙어. 하지만 내가 너한테 붙는 일은 없어.' '이곳의 지배자는 바로 나니까.'

물론 위대한 선수들이 또 다른 위대한 선수들과 함께하고 싶어 하는 마음도 어느 정도는 이해가 간다. 그러나 그런 기회는 압박을 더는 것이 아니라 더 키우는 데 활용해야 한다. 중압감을 나누고 책임을 덜어내려 하지 말고 강인한 동료를 통해서 훨씬 더 치열하게 경쟁심을 키우는 것이다.

르브론이 마침내 첫 우승 반지를 거머쥐었을 때 세상 사람들은 말했다. "이제야 저 친구가 부담을 덜었군." 정말 웃기는 소리가 아닐 수 없다. 오히려 압박감은 몇 배로 더 커졌는데 말이다. 다음 해에도 우승을 하려면 시즌이 끝나는 순간부터 또 다른 우승을 위한 준비에 들어가야 한다. 만약 우승 반지 하나만으로 만족하고 다음 우승에 대한 압박감을 느끼지 못한다면 그런 선수는 그 자리에서 당장 은퇴해야 한다.

나는 마이클이 어마어마한 트래시 토크＊를 다른 선수들에게 내뱉을 때마다 그 말이 향하는 진짜 대상은 따로 있다고 느꼈다. 그건 그 스스로 압박감을 더욱 높이기 위한 또 하나의 수단이었다. 일단 상대를 완전히 박살 내겠다고 선언한 이상 어떻게든 약속대로 결과를 내야 하는 것이다.

스트레스 없이는 성장도 없다

나는 선수들에게 이렇게 말한다. 자기 자신을 압박하고, 압박하고, 또 압박해야 한다고. 사람들은 대부분 스트레스를 피해 달아난다. 하지만 나는 스트레스를 향해 달려간다. 스트레스는 우리를 예민하게 만들고 상상치 못한 방식으로 도전을 안겨줄 뿐 아니라 나약한

＊ 흔히 스포츠 시합에서 상대방을 견제하거나 방해하려고 던지는 위협, 잡담, 조롱 등의 언어적 표현.

이들이라면 금세 회피할 법한 난제를 어떻게든 극복하고 상황을 해결하도록 강요한다. 이러한 중압감, 긴장감 없이는 누구도 성공할 수 없다. 당신이 얼마나 성공하느냐는 결국 스트레스를 얼마나 잘 받아들이고 잘 다루느냐에 달렸다.

만약 압박감에 제대로 대처하지 못한다면 당신의 약점이 드러나기만을 노리는 적수들이 기회를 포착한 순간 곧장 당신을 공격할 것이다. 상대가 약점을 보였을 때 당신이 그러듯이 말이다.

2012년도 NBA 결승 시리즈 당시에 오클라호마시티 선더의 서지 이바카Serge Ibaka는 르브론이 히트를 우승시켜야 한다는 압박감에 얼마나 잘 대처하는지 시험해보려 했다. 그동안 르브론의 정신력에는 줄곧 의문 부호가 뒤따랐다. 그에게는 스트레스가 심할 때면 손톱을 물어뜯고 손가락을 빠는 버릇이 있었다. 한번은 그가 홈경기 중에 자유투 라인에 서서는 관중석을 향해서 소리를 낮춰달라고 손짓하는 모습을 본 적 있다. 마치 홈 팬들이 너무 시끄러워서 집중을 못하겠다는 투였다. 그건 곧 감정에 휘말렸다는 신호였다.

결승 4차전을 앞두고 이바카는 바로 그 감정을 건드릴 셈으로 기자들 앞에서 르브론은 선더의 주득점원인 케빈 듀란트Kevin Durant를 혼자서 못 막는다고 말했다. 당연히 언론은 르브론의 반응을 확인하려고 난리가 났다. 처음 그에게서 나온 대답은 아무 말도 하지 않겠다는 것이었다. 하지만 이내 그는 길게 답변을 늘어놓았다.

클로저란 그런 것이다. 클로저는 어떤 사안을 생각해보고 그 문제에 잠시 정신을 빼앗겼다가 무언가를 증명해야 한다는 압박감을 느낀다. 반면에 클리너는 외적인 압박에 반응하지 않고 제 머릿속을 헤집어놓으려는 상대의 생각을 거부하며 거꾸로 압박감을 돌려준다. 기억하라, 클리너는 누구와도 경쟁하지 않는다. 클리너는 남들을 자신과 경쟁하도록 만든다. 우리가 제어할 수 있는 것은 우리 스스로 짊어지는 짐뿐이다. 남들이 당신을 향해 무어라고 하는 것은 애초에 어떻게 할 수가 없다. 그러니 당신 자신을 몰아붙이는 내적인 압박감에만 집중하라. 스트레스를 향해 달려들고 스트레스를 끌어안고 스트레스를 느껴라. 스스로 가하는 압박감 외에는 아무것도 느껴지지 않도록.

바로 코비처럼 말이다. 2009~2010 시즌에 LA 레이커스가 올랜도 매직과 맞붙을 당시 매직에는 맷 반스Matt Barnes라는 선수가 있었다. 그날 시합 내내 반스는 코비의 감정을 들끓게 하려고 별의별 짓을 다 했다. 심지어는 패스하는 척하면서 코비의 눈앞에 위협적으로 공을 들이대기도 했다. 그러나 코비는 어떤 반응도 보이지 않았고 움찔하지도 않았다. 단 한순간도. 시합이 끝나고 기자들이 반스의 도발에 어떻게 아무 반응도 하지 않을 수 있느냐고 물었다. 그의 대답은 이러했다. "제가 왜 그래야 하죠?"

강한 압력은 도관을 터뜨리기도 하지만 석탄을 다이아몬드로 만들기도 한다. 부정적인 눈으로 세상을 보는 사람은 그 사고방식 때문에 무너지게 된다. '나는 해낼 수 없다'는 사고의 틀에 갇힌 탓이

"

스트레스를 향해 달려들고
스트레스를 끌어안고
스트레스를 느껴라.

"

다. 그러나 긍정적인 시각으로 봤을 때 압박감은 우리 자신의 한계를 확인하는 도전이 된다. 그 상황을 얼마나 감당할 수 있는지, 얼마나 더 노력할 수 있는지 확인할 기회인 것이다. 사람들은 스트레스 때문에 죽겠다고 말하면서 스트레스를 줄이고 싶어 한다. 내 관점에서 그 말은 완전히 헛소리다. 스트레스는 우리에게 생명력을 불어넣는다. 사람들을 자극하고 더욱 열심히 일하게 만드는 힘이다. 제발 달아나지 말고 그 힘을 활용하라. 스트레스 때문에 어딘가가 거북하다 한들 그게 그리 대수인가? 성공의 결실은 그만한 가치가 있다. 불편함을 이겨내며 노력한 자는 결국 살아남는다. 그리고 더 많은 스트레스를 향해 발길을 돌린다.

물론 그러려면 좋은 결과를 불러오는 스트레스와 혼란을 자초하는 스트레스의 차이점을 잘 알아야만 한다. 무방비 상태로 시합에 나가거나 연습을 하지 않고 자기 책임과 의무를 내팽개치는 짓은 무의미한 스트레스를 만들어낼 뿐이다. 그만큼 부정적인 상황으로 치닫기 전에 당신에게는 분명히 스스로 마음을 다잡을 기회가 있지 않았던가? 반대로 위대한 도전으로 인한 스트레스, 이를테면 새로운 팀을 짜고, 실력을 키우려고 땀을 흘리고, 맡은 일을 잘 마무리하고, 우승을 향해 가며 느끼는 그 모든 압박감에는 더할 나위 없이 멋진 선물이 뒤따른다. 당연한 말이지만 엄청난 결과를 이룰 가능성 때문에 스트레스를 받을 기회가 누구에게나 오지는 않는다.

단 최고를 꿈꾸는 사람이라면 실력을 한층 더 끌어올려야 하는 위급한 순간만이 아니라 언제나 높은 수준의 압박감을 유지해야 한다. NBA 선수들의 트레이너로 일하다 보면 3월 전후로 훈련을 빼먹는 선수들이 슬슬 나타나기 시작한다. 다들 플레이오프를 은근히 떠올리는 그 무렵이 되면 시즌 초부터 계속된 압박감이 점점 더 큰 부담으로 다가온다. 정신적·육체적 피로가 선수들에게 영향을 미치기 시작하는 것이다.

더 부아가 치미는 부분은 가장 먼저 자기 관리를 관두는 선수들이 각 팀에서 온갖 부담이란 부담은 다 짊어진 리더급이 아니라는 사실이다. 개인 훈련에서 제일 일찍 빠져나가는 건 구단과의 계약 기간이 한 시즌도 채 되지 않는 선수들이다. 리더들은 그렇게 제멋대로 휴식을 취하는 호사를 누리지 못한다. 개인 스포츠에서 이 문제가 초래하는 결과는 하나뿐이다. 훈련 중단은 곧 자기 자신을 포기하는 것이다. 단체 스포츠에서는 리더에게 의존하는 선수들이 많다. 리더는 매일같이 그중 누군가가 의욕을 잃고 멘탈이 흔들린다는 사실을 이해하고 자신이 그 자리를 메워야 한다고 느낀다. 하지만 그게 누구일지, 누가 경기장에 나오고 누가 모습을 감춰버릴지는 실제 상황에 직면할 때까지 알 길이 없다. 리더 입장에서는 그럴 때 무엇을 해야 할지 파악하는 데 훨씬 큰 압박감이 느껴진다.

그러면서 끝내 리더들도 흔들리기 시작한다. 그 시점이 오면 나는 선수들을 앉혀놓고 이렇게 말한다. "자 생각해봐, 너희 팀은 아직 플레이오프 진출이 확정되지도 않았어. 이제 진짜 정신 차려야 해.

너희가 플레이오프에 나가서 계속 이기면 우승 반지와 온갖 영광이 뒤따르겠지. 플레이오프에 못 나가면 어떻게 될까? 그냥 집에 돌아가는 거야. 올 시즌을 꽤 잘 보냈다고? 그래서? 다른 녀석들은 그런 대단한 시즌을 몇 번이나 보내고 지금도 계속 애쓰고 있어. 너는 그렇지 않은데 말이야. 정상에 도달하는 것만으로는 부족해. 그곳에 계속 머물러야 하는 거지. 너는 그런 압박감을 느끼면서 그 자리를 사수하려고 싸워야 해. 그걸 위해서 노력해야 하고. 최고의 자리는 그냥 주어지는 게 아니니까."

거꾸로 이 말은 초일류 선수들이 언제 그곳에서 내려오는지를 판가름하는 기준이기도 하다. 바로 그런 싸움을 이어갈 마음이 사라졌을 때다. 그들은 자신이 그동안 무엇을 이루었는지 분명히 이해하고 압박감을 그만 높이기로 한다. 이 결과는 언제나 그들 자신의 완벽한 통제 아래 자발적인 선택으로 일어난다.

나는 워싱턴 위저즈에서 뛰기로 한 마이클에게서 그런 선택을 보았다. 농구 황제 마이클 조던으로 남아야 한다는 중압감, 전 세계 수많은 팬들에게 그가 갖는 상징성, 해마다 매일같이 그처럼 엄청난 압박감을 갈구하면서 그 힘을 빛나는 결실로 바꾸려 애쓰고 이미 최고임에도 최고 이상의 존재가 되려는 끊임없는 노력…. 선택은 그 끝에서 별다를 것 없다는 듯이 내려진다. "그만하면 됐어. 지금부터는 이게 내가 보여줄 모습이야." 가슴속에 타오르는 불길은 여전했지만 그 열기를 뜨겁게 더 뜨겁게 만들려는 욕망은 사라진 상태였다. 그렇다 하더라도 그는 만 40세를 넘어 한 경기에 40득점 이상을 올린 유일한 선수로 기록될 만큼 대단했다. 마이클은 그때도 계속해서 관중을 열광시킬 방법을 찾았고 "내가 하지 않는 것이 할 수 없다는 뜻은 아니다"라는 말로 본인이 여전히 만만한 상대가 아님을 리그의 적수들에게 각인시켰다. 그리고 변함없이 시합이 안겨주는 압박감을 갈망하며 상대편을 공략할 방법을 찾는 데서 즐거움을 느꼈다. 비록 워싱턴에서 최종 은퇴를 선언했지만 나는 그가 그 뒤로도 계속 선수로 뛸 수 있었으리라 믿어 의심치 않는다.

스트레스를 늘 상대하면 그것도 습관이 된다. 적응하기가 쉽다거나 수고롭지 않은 건 아니지만, 도전을 통해 여러 가지 난관을 겪다 보면 일이 닥쳤을 때 당황하지 않고 눈앞의 상황을 다루게 된다. 일상적인 루틴 이상으로 어려운 일을 접하지 않거나 본인의 안전감과 통제감이 흔들리는 상황을 피하기만 하는 사람은 압박감이 엄습하는 순간 곧장 무너지기 쉽다.

클리너는 외부에서 가해지는 압박을 느끼지 못한다. 오직 내면에서 느껴지는 감각만을 믿을 뿐이다. 남들이 아무리 비판하고 그 심리를 파헤치고 악독한 인물처럼 묘사해도 클리너가 느끼는 것은 안에서 솟아나는 압박감뿐이다. 자신의 잘잘못은 이미 알고 있다. 하지만 거기에 남들이 무슨 생각을 하든 상관하지 않는다. 클리너는 안전지대를 벗어나 다음 단계로 올라서기 위해 자기 자신에게 도전한다.

결국 모든 것은
자신감으로 귀결된다.

당신은 도전에 직면하면 압박을 가하는 쪽인가 아니면 궁지에 몰리는 쪽인가? 덫에 걸린 쥐처럼 옴짝달싹 못 하는가 아니면 오히려 먼저 공격하는가? 싸우기가 두려워서 뒤로 물러서는가 아니면 상대를 진흙탕으로 끌어들이는가? 상처는 낫지만 흉터는 사라지지 않는다. 그 흉터는 당당히 맞서 싸운 당신의 훈장이다. 마이클과 함께하던 시절에 우리는 이런 농담을 하곤 했다. "이 친구 아직 한참 더 굴러야겠는걸."

자, 기꺼이 진흙탕에 몸을 던져라.

#1.

비상사태가 터졌을 때
모두가 의지하는 사람이다

**쿨러는 누군가가 계획을 말해주길 기다린다.
클로저는 계획을 세우고 연구하고 암기하여
자신이 할 일을 정확히 파악한다.
클리너는 한 가지 특정한 계획을 원하지 않는다.
자신이 언제든 활용할 수 있는 모든 대안을 원한다.**

"

해마다 어김없이 10월의 트레이닝캠프 첫날만 되면 내 휴대폰은 여름 내내 신나게 놀다가 갑자기 "젠장, 몸 만드는 걸 잊고 있었네" 하며 허둥대는 NBA 선수들의 전화와 문자메시지로 거의 폭발할 지경에 이른다. 선수 에이전트들과 구단 단장들도 어쩔 줄 몰라하며 내게 연락한다. 자기네 주력 선수가 여름 동안 운동을 전혀 하지 않았다는 사실을 확인하고서 어떻게든 방법을 찾겠다는 것이다. 그런 전화가 걸려올 즈음 나는 많은 선수들이 자기 관리를 해보려고 애쓰다가 실패하고 웬만한 해결책과 대안은 전부 바닥난 상태일 것임을 예상하고 있다.

지금 이 책을 보는 당신이 클리너라면 내 말이 무슨 뜻인지 이해할 것이다. 아마 주변 사람들이 어떤 상황을 스스로 해결해보려 하다가 결국 그럴 수 없음을 깨달았을 때, 그들은 온통 당신만 찾을 것이다. 그리고 대개의 경우 당신은 그런 일이 벌어질 줄 알고 예의 주시하며 기다렸을 것이다. 그럴 때 사람들은 도무지 수습이 불가능해 보이는 상황을 어떻게 처리할지 지켜보며 당신에게 온 시선을 집중시킨다. 물론 방법은 빨리 찾을수록 좋다.

2012년 NBA 결승 시리즈 당시 드웨인을 도우려고 마이애미에 갔을 때 내가 깨달은 건 두 가지였다. 하나는 내가 이미 탈이 날대로 난 상황으로 걸어 들어가고 있다는 것, 또 다른 하나는 지금까지 아무도 해낸 적 없는 일을 해야 한다는 것이었다. 드웨인은 내가 과연 그 짧은 시간에 그의 다친 무릎을 쓸 만하게 만들 수 있을지 또 남은 시합들을 위해 뭔가를 하기에는 너무 늦지 않았는지 걱정했다. 이미 히트 대 선더의 결승 시리즈는 3차전으로 접어들던 때였다. 나는 솔직하게 말했다. "여기서 내가 할 수 있는 일이 있고 할 수 없는 일이 있어. 너는 시즌이 끝나고 무릎 수술을 받아야 해. 나더러 수술을 피할 방법을 찾아달라고 한다면 그건 불가능할 거야. 하지만 이번 시리즈를 어떻게든 버티게만 해달라면, 그건 가능해. 컨디션도 좋아지냐고? 그래, 분명히 더 좋아질 거야."

나는 선수들이 어떤 상황을 눈앞에 가져오더라도 내가 그들에게 좋은 영향을 미칠 것이라고 100퍼센트 확신한다. 나는 나를 찾는 선수들 앞에 아무런 준비도 대책도 없이 나타나지 않는다. 내 질문에 귀 기울이고, 내게 필요한 정보를 알려주고, 내 말을 잘 따를 의지만 있다면 그 선수는 분명 다소간의 향상을 경험할 것이다.

저 말이 오만하게 허세 떠는 소리로 들린다 해도 상관없다. 내가 하는 일에 자신이 있기 때문이다. 나는 어떤 상황에든 적응하여 계속 나아갈 테니까. 어차피 모든 대응책이 처음부터 다 먹히는 건 아니다. 때로는 전혀 효과가 없는 경우도 있다. 하지만 바로 그 지점에서 자신감과 자만심의 차이가 나타난다. 자신감은 어떤 방법이 듣지 않는다는 사실을 인정하고 그 상황에 적응하기 위해 융통성과 판단력을 발휘하는 것이다. 자만심은 어떤 방법이 듣지 않는다는 사실을 인정하지 않고 자기 잘못을 끝까지 받아들이지 않은 채 같은 실수를 계속 반복하는 것이다.

내가 내 고객의 소속 팀 트레이너들을 찾아가 우리가 그간 어떤 식으로 몸 관리를 해왔고 앞으로 구단에서 선수 건강을 어떻게 관리해야 하는지 이야기하다 보면 그쪽에서 늘 나오는 말이 있다. "그렇군요. 좋은 계획 같긴 한데 여기서는 그렇게 하지 않아요." 그래 뭐, 처음부터 '그렇게' 했더라면 내가 그 자리에 갈 필요도 없었겠지. 그러나 내가 나선 이상 그들은 내 방식을 따라야 하고 거기에 적응해야만 한다.

내가 하는 일은 기업 경영의 문제점을 분석하고 자문하는 컨설턴

트나 스포츠 구단 재정비를 위해 고용된 단장들이 하는 일과 다르지 않다. 지금 하는 일이 잘 돌아가지 않는다면 그걸 제대로 처리할 만한 사람을 찾아야 한다. 그리고 맡겨야 한다.

그것이 곧 클리너가 하는 일이다.

물론 그런 자리를 모든 사람이 원하지는 않는다. 일을 맡는 순간부터 세간의 시선과 온갖 비판에 노출되기 때문이다. 하지만 나는 드웨인의 무릎 상태가 더 나빠지거나 이후 경기력이 떨어져서 내게 불똥이 튀고 사람들이 "그로버도 별수 없네" 하며 비난할까 봐 걱정한 적이 단 한 번도 없다. 애당초 나는 그런 식으로 생각하지 않는다. 어쩌면 원래 계획대로 로스앤젤레스에서 코비의 올림픽 대회 출전 준비를 돕는 편이 훨씬 더 편했을지도 모른다. 아니면 드웨인에게 조언만 몇 가지 던져주고 다가오는 여름에 같이 훈련을 하자고 말할 수도 있었다. 내가 그의 몸을 곁에서 관리하던 것도 2년 전일이었다. 차후의 계획을 생각하기에 앞서서 남은 닷새를 잘 견디게 하려면 우선 지난 두 시즌 동안 그가 어떠했는지를 살펴야 했다. 그것도 비행기를 타고 가는 단 세 시간 만에. 그러나 남들이 극복하지 못한 도전거리를 보면 나는 기꺼이 그것을 넘어서려 한다.

결국 그해 최종 결승전이 끝났을 때 드웨인은 우승 트로피를 높이 치켜들었고 그 모습은 무어라 형언할 수 없는 보상으로 다가왔다. 클리너는 그처럼 위대한 결실을 맛보기 위해 위험을 무릅쓴다.

188

클리너의 법칙

쿨러는 위험을 감수하지 않는다. 클로저는 미리 준비를 갖출 수 있고 실패해도 타격이 크지 않다는 것을 알 경우 위험을 감수한다. 클리너에게는 어떤 것도 위협이 되지 못한다. 어떤 상황에서든 무엇을 해야 할지 알기 때문이다.

명확한 계획대로 진행되는 군사 작전을 한번 상상해보자. 지금 당신은 눈앞에 보이는 건물로 돌입하여 내부가 비었는지 확인하고 건물이 폭발하기 전에 붉은색 문으로 빠져나와 뒤편에서 대기 중인 트럭에 올라타야 한다. 당신은 정확히 명령을 따랐고 모든 것이 계획대로 진행되었다. 문제는 붉은색 문이다. 도착해보니 문은 잠겼고 다른 출구는 보이지 않는다. 이제 어떻게 해야 할까? 겁에 질려 벌벌 떨 것인가? 어쩌면 그렇게 공황에 빠진 채 흘려보낸 10초가 당신의 마지막이 될 수도 있다. 그럴 때 클로저는 두려움을 먼저 느끼고 그 뒤에 대안을 찾아 헤맬 것이다. 반면에 클리너는 위기를 마주한 즉시 생존 본능에 발동이 걸리는 것을 느끼고 다양한 대안을 떠올린다. 그중에서 어떤 방법이 효과적일지는 진작에 알고 있다. 건물에 들어서기 전부터 몇십 가지의 변수를 미리 생각해두는 것이 클리너이기 때문이다. (쿨러에게는 애초에 이런 임무가 배정되지 않으므로 여기서는 쿨러를 언급할 필요가 없다.)

당신이 클리너라면 그 느낌을 잘 알 테고 다들 겁을 집어먹은 상태에서 혼자만 해야 할 일을 아는 상황도 이미 겪어보았을 것이다. 그런 걸 '어떻게' 아는지는 당신 자신도 모른다. 그저 알고 있을 뿐이다. 무언가를 즉흥적으로 해내거나 임시변통으로 때우는 것과는 다르다. 내가 말하는 건 철저한 준비성으로 수많은 경험과 대안을 갖추고 어떤 상황에든 진지하게 대비하는 자세다.

세상에는 무슨 일이 일어나도 자신은 문제없다는 것을 분명하게 아는 사람들이 간혹 있다. 보통 사람들은 대부분 일이 틀어지는 순간 어쩔 줄 몰라 한다. 우리는 스포츠에서 늘 그런 모습을 접한다. 피겨스케이팅 선수는 빙판에 넘어지고, 쿼터백은 공을 빼앗기고, 투수는 만루 홈런을 맞는다. 그다음 순간 일어나는 일은 언제나 둘 중 하나다. 선수가 곧장 털고 일어나 미친 듯이 활약하거나 아니면 주눅이 들어 갈수록 못한 모습을 보이거나.

대체 왜 그럴까? 같은 재능으로 같은 루틴을 수천 번 반복했는데도 왜 누군가는 예상치 못한 상황에 잘 적응하고 누군가는 완전히 무너지고 말까?

단지 스포츠에서만 그런 것이 아니다. 우리의 주변 일상만 둘러봐도 어떤 상황에든 잘 대처하는 사람이 있는가 하면 전혀 그렇지 못한 사람이 있다. 과연 그 차이는 어디서 나는 것인가?

주어진 상황에 곧바로 적응하고 재빨리 대책을 마련할 줄 아는 사람은 매우 드물다. 그런 사람은 앞으로 벌어질 가능성이 있는 열 가지 가상 시나리오에 대비해 계획을 짜고, 예상되는 모든 변수에 대

"

악착같이 싸워나간다는 건
곧 이렇게 말할 용기가 있다는 뜻이다.

"나는 이 목표를 향해 간다. 만약 내 방식이
틀렸다면 나는 얼마든지 변화를 주겠다.
그래도 나는 여전히 괜찮을 것이다."

"

하여 만반의 준비를 갖추고, 여태 경험해보지 못한 열한 번째 시나리오가 현실로 나타날 가능성을 생각한다. 사람들 대부분은 한 가지 시나리오에 맞는 대책을 마련할 뿐 애초에 열 가지나 되는 상황을 떠올리지도 못한다. 보통은 실제 발생할 수 있는 온갖 변수 때문에 마비 상태가 되기 일쑤고 일이 하나만 잘못되어도 대응하지 못하는 경우가 많다.

농구를 하면서 같은 슛을 끝없이 반복 연습하다보면 나중에는 눈을 가리고도 슛을 넣는 경지에 이르기도 한다. 물론 그 정도면 정말 훌륭한 실력이다. 하지만 슛을 던지는 순간 내가 샌드백으로 몸을 밀어도 그렇게 할 수 있을까? 눈앞에서 내가 고함을 지르거나 듣기 싫은 음악을 귀가 터질 만큼 크게 틀어도 집중력을 유지할 수 있을까? 늘 정해진 계획을 따르기만 하면 기계적으로 행동하게 될 뿐 아니라 갑자기 계획이 바뀌거나 예상을 벗어난 상황에서 해야 할 일을 파악하는 타고난 능력까지 잃기 십상이다. 그러나 클리너는 같은 계획을 따르더라도 일이 틀어지는 순간 본능에 몸을 맡기고 그 상황에 적응한다. 생각할 필요도, 누군가의 말을 들을 필요도 없이 그냥 아는 것이다.

이는 곧 무시무시한 승부사들의 특징이기도 하다. 그들은 앞으로 무슨 일이 벌어질지 신경 쓸 필요가 없다. 어떤 상황에서든 준비가 되어 있기 때문이다. 실패의 두려움은 눈곱만큼도 없다.

'긍정적인 사고' 같은 허황된 개념을 말하는 게 아니다. 요점은 본인이 알아야 할 모든 것을 파악하고, 두려움과 불안감을 떨쳐내고, 자기 능력을 신뢰하며 어떤 상황이든 감당해내고자 하는 노력과 준비성이다.

즉 내가 여기서 지적하고 싶은 바는 당신이 위급한 상황에서 곧장 대책을 떠올릴 줄 아는 사람이냐 아니냐가 아니다. 미리 생각하고 계획을 세우고 반사 능력을 키워야 한다는 것, 그러면 궁지에 몰려도 살아날 길이 있음을 자각할 수 있다는 것이다. 물론 집착과 근심으로 온갖 감정에 시달리고 제대로 잠들지도 못하거나 어디에도 집중할 수 없는 상태여서는 그런 결과를 얻을 수 없다. 스스로 만반의 준비를 갖추고 다음에 쏠 총알이 확실히 장전되어 있는지를 알아야 한다. 딱히 방아쇠를 당길 일이 생기지 않더라도 필요할 때 언제든 총을 쏠 수 있는 상태인지는 분명히 알아야 한다.

당신은 잘못된 선택을 내렸을 때 얼마나 빠르게 그 일을 바로잡는가? 그런 실수를 스스로 인정하고 잘못을 신속하게 만회할 수 있는가? 자기 자신을 믿고 직감을 따라서 행동하려 한다면 기꺼이 실패를 겪으며 주어진 상황에 적응하겠다는 각오가 필요하다. 그런 자신감이 있는 사람은 어떤 일이 벌어져도 자신이 해낸다는 것을 알고 위험 속으로 발을 내디딜 수 있다. 적응하고, 적응하고, 또 적응하면서.

시도하지 않은 슛은 100퍼센트 빗나간 슛이다

아직 인생 최악의 사태에 직면하지 못하고 그 순간 할 일을 일러주는 내면의 목소리를 접해보지 못한 사람은 악착같이 싸워나간다는 것이 무엇인지 깊이 와 닿지 않을 수도 있다. 그렇다 하더라도 당신이 살면서 겪었던 큰 사건들을 잘 돌이켜본다면 그 순간순간에 자신의 모든 생각과 행동에 큰 영향을 미치고 제 능력을 일깨워준 무언가가 있었음을 아마 깨닫게 되리라.

나의 배움에는 이런 과정이 있었다. 우리 가족은 내가 네 살일 때 영국에서 미국으로 건너왔고 아버지는 시카고의 어떤 병원 지하에서 사체 해부 일을 하셨다. 아직 학교를 다니기 전에 부모님이 모두 일을 나가는 날에는 아버지가 나를 직장까지 데려가곤 하셨다. 거기서 아버지가 시체를 해부하는 모습을 처음 보았을 때 나는 다섯 살이었다. 그리고 여섯 살 때 아버지는 내 손에 뼈 톱을 쥐어주면서 일을 도와달라고 하셨다. 그렇게 나는 아버지가 어떻게 우리 가족을 건사하는지 알 수 있었다.

'어떻게든 방법을 찾아라.' 나는 그런 경험에서 이것을 배웠다.

인도 출신인 우리 부모님은 결혼 직후에 영국 런던으로 이주하셨고 바로 거기서 내가 태어났다. 당시 간호사였던 어머니는 아버지와 고민한 끝에 홀로 미국으로 건너가서 일을 하기로 하셨다. 형과 내가 더 나은 삶을 살았으면 하는 바람에서였다. 어머니는 1년간 시카고에서 혼자 사셨고 온 가족이 함께 살 만큼 돈이 모일 때까지 아버지와 형, 나는 런던에 머물렀다.

우리가 어머니와 재회하기 위해 시카고에 도착한 날, 아버지는 공항에서 택시 한 대를 잡아 런던에서 가져온 가방과 짐들을 모두 실었다. 그리고 우리는 시카고의 도심으로 향했다. 그런데 목적지를 몇 킬로미터 남겨두고 아버지는 갑자기 차를 세웠다. 우리는 택시에서 짐을 다 내리고 걷기 시작했다. 형과 내가 무슨 영문인지 어리둥절해 하던 그때 아버지는 이제 이 도시를 발로 누비며 멋진 모험을 할 차례라고 말씀하셨다. 하지만 실상은 택시를 더 타고 갈 돈이 없어서 그런 것이었다. 그래서 우리는 온 짐을 이고 진 채로 걸었다. 아버지는 그렇게 아무것도 없이 어린 두 아들과 함께 낯선 나라에서의 삶을 시작했다.

어떻게든 방법을 찾자. 나는 아버지에게서 그렇게 배웠다. 어떤 식으로든 자신이 해낼 것임을 아는 본능적 감각, 나는 그 능력을 아버지께 전수받았고 아버지는 지금도 변함없이 그 힘을 발휘하고 계신다. 그야말로 완벽한 클리너다. 아버지는 맨몸으로 시작하여 어디에도 기대지 않았고 자기 힘으로 성공할 것임을 알고 있었다.

악착같이 싸워나간다는 건 곧 이렇게 말할 용기가 있다는 뜻이다. "나는 이 목표를 향해 간다. 만약 내 방식이 틀렸다면 나는 얼마든지 변화를 주겠다. 그래도 나는 여전히 괜찮을 것이다."

세상 누구도 앞길을 막는 방해물을 모두 예상하거나 제어할 수는 없다. 우리가 다스릴 수 있는 건 우리 자신의 반응과 예상치 못한 상황에 대처하는 각자의 능력뿐이다.

당신에게는 어떤 상황에서든 방법을 찾고
바라고 바라던 결과를 이루어낼 기술과 지혜가 있다.

다만 내가 '어떻게든 방법을 찾아야 한다'고 말하는 것은 어떤 사
안을 일주일 내내 고민해보고 남들의 생각을 하나하나 들어보라는
뜻이 아니다. 그 자리에서 즉시, 본능적으로 "이 방향이야!" 하고 내
면에서 들려오는 목소리를 따라가라는 말이다.

물론 그러는 것이 100퍼센트 옳거나 성공적일 수는 없다. 본능은
사소한 차이나 미세한 부분까지는 인지하지 못한 채 불현듯 떠올라
우리 몸을 움직인다. 따라서 본능을 믿고 내린 결정이 잘못될 가능
성도 충분히 있다. 우리는 그런 모습을 스포츠 경기에서 자주 본다.
타자가 치기 좋은 공인 줄 알고 배트를 휘둘렀는데 알고 보니 바깥
쪽으로 휘는 커브볼이라든가, 미식축구에서 라인맨이 공격 타이밍
을 착각하고 오프사이드를 저지른다든가 하는 실수 말이다. 하지만
지금 택할 수 있는 또 다른 대안이 실수할까 두려워 한참을 기다리
고 생각하고 머뭇거리는 것이라면 실패하기는 매한가지다. 아이스
하키의 전설이자 클리너인 웨인 그레츠키^{Wayne Gretzky}가 말했듯이 "시
도조차 하지 않은 슛은 100퍼센트 빗나간 슛"이나 다름없다.

진짜 클리너를 어떻게 알아보는지 알고 싶은가? 클리너는 일을

망쳐도 압박감을 느끼지 않고 자신의 잘못을 기꺼이 인정하며 책임을 진다. 쿨러는 실수를 저질렀을 때 해결책은 없이 변명만 잔뜩 늘어놓는다. 클로저는 실수를 저질렀을 때 다른 사람을 탓한다. 클리너는 실수를 저질렀을 때 상대의 눈을 똑바로 보며 "내가 일을 망쳤어"라고 말할 줄 안다.

그 외에 다른 것은 없다. 당당하고 간결하며 거짓과 구차한 해명이 없다. 실수를 저질렀다고? 그래, 알겠다. 내 앞에서 왜 그랬는지를 장장 한 시간에 걸쳐 설명할 필요는 없다. 진실은 한 문장으로 족하다. 긴말은 필요 없다. 그냥 자기가 바보짓을 했다고 말하면 끝날 일이다. 압박감을 더는 데 그보다 더 빠른 길은 없다. "내가 일을 망쳤어." 그래, 그거면 된다. 다른 변명의 여지 없이 책임을 인정하는 것이다. 그리고 상황을 수습하라. 애초에 제 잘못을 인정하지 않고서 일을 바로잡기란 불가능한 법이다.

사람들은 실수를 인정하면 그만큼 책임을 져야하므로 더 큰 압박감이 생긴다고 생각한다. 하지만 그렇지 않다. 손을 번쩍 들고 "네, 제 잘못입니다" 하고 말하는 것은 압박감을 '없애는' 가장 좋은 방법이다. 그 순간부터 목표는 '과제 해결' 단 하나로 좁혀진다. 책임을 계속 회피하면 자기가 저지른 실수를 만회해야 한다는 부담감이 더해질 뿐이다. 게다가 진실은 언젠가 밝혀지기 마련이다. 뭐 하러 상황을 질질 끄는가? 결국은 당신의 잘못이다. 그 점을 인정하라.

클리너에 해당하는 사람들은 실수를 범한 당신을 똑바로 바라보며 당신 잘못이라고 단언할 것이다. 비판과 비난에 매우 둔감한 그들은 남들도 으레 그럴 것이라고 여긴다. 당신에게는 그런 언사가 공격처럼 느껴지겠지만, 그들은 그 상황을 두 사람이 머리를 맞대고 사태를 수습하는 과정으로 받아들인다. 그들은 언제나 굉장한 자신감에 차 있으며 잘못을 인정하는 데도 거리낌이 없다. 자신이 일을 바로잡을 수 있다는 것을 알기 때문이다. 클리너에게 그런 상황은 아무것도 아니다.

나는 지금까지 수없이 많은 실수를 저질러왔고 앞으로 더 많은 실수를 저지를 것이다. 하지만 그런 일들을 실패라고 여기지는 않는다. 내게 실패란 일이 터졌을 때 다른 사람들에게 책임을 전가하는 것, 자기 실수를 인정하며 해결책을 찾을 생각은 하지 않고 빠져나갈 궁리만 하는 것이다. 일단 남 탓을 하기 시작하는 순간, 당신은 그 상황을 제어할 능력이 없다고 시인한 셈이다. 그리고 그런 능력도 없는 사람이 적절한 대책을 내놓기란 불가능한 일이다.

물론 살다보면 정말 아무 손도 쓸 수 없는 일들이 벌어지기도 한다. 하지만 그 순간 어떻게 책임을 지고 앞으로 나아가야 할지 판단하는 것은 결국 당신의 몫이다. 그렇지 않으면 외부에서 밀려드는 스트레스가 모든 결과를 좌우하게 된다. 성공은 주변에서 가해지는 압박감이 아니라 우리 자신이 키워낸 내적인 압박감에서 비롯한다.

필요한 건 무엇이든 감당할 수
있다고 믿는 자신감이다.

언제나 유머를 잃지 않고 실패나 좌절을 무겁게만 받아들이지 않
는 자세, 그것이 바로 자신감이다. 반대로 누군가가 던진 기분 상하
는 말이나 듣기 싫은 말에 한순간이라도 압박감을 느낀다면 자신감
에 문제가 생겼다고 볼 수 있다. 자신감이 충만한 사람은 남들이 무
슨 생각을 하든 상관하지 않는다. 본인이 저지른 실수를 진지하게
받아들이면서도 앞으로 더 발전할 것을 알기에 웃음을 잃지 않는
다. 클리너는 잘못을 스스로 바로잡을 수 있다는 사실을 알고 늘 자
신 있게 행동한다. 결과를 받아들이고 계속 나아가는 것이다.

나는 코비와 함께 일할 때 자주 새로운 시도를 해본다. 코비가 훈
련에 많은 공을 들이는 만큼 이런저런 아이디어를 시험해볼 시간과
기회도 많이 나기 때문이다. 그렇게 새로운 방식을 도입해보고 이
후의 경기력이 평소 같지 않을 경우, 나는 코비가 저지른 실수를 헤
아리거나 그의 결점에 골몰하지 않는다. 그럴 때 나는 무엇을 달리
해야 할지 따져보며 나 자신에게 압박을 가한다. 혹시 우리가 슛 동
작에 해가 될 만한 운동을 한 것은 아닐까, 어쩌면 전에 했던 어떤
연습이 움직임에 특별히 영향을 미치지 않았을까…. 나는 그렇게
자문해본다. 그런 부분을 보완하는 일은 모두 내 몫이니까. 그건 나
의 책임이지 코비의 책임이 아니다.

제 잘못을 떳떳이 밝힐 줄 아는 자신감을 가져라. 사람들은 그런 당신의 말과 행동을 존중할 것이다.

본인이 한 일은 사실 그대로 인정하자. 입 밖으로 꺼낸 말은 꼭 지키자. 단지 실수와 잘못만이 아니라 당신이 내리는 모든 선택과 결정에 있어서 늘 그래야 한다. 그런 태도가 곧 당신의 명성을 만든다. 말 한마디 한마디를 소중히 하라. 자기 생각이 사람들에게 가치 있게 받아들여지려면 말에 자신감과 진심이 담겨야 한다. 그러한 배짱도 명성도 그 출발점은 당신 자신이어야 한다. 결국은 자신이 한 모든 말과 행동에 책임을 지면서 그 압박감을 받아들여야 하는 것이다.

경험, 연습, 성장…. 우리가 이런 과정에서 많은 것을 익히고 배울수록 각종 상황에 적응하는 능력은 더욱 커진다. 다른 사람들이 미처 생각하지 못하거나 중요하게 보지 않는 사소한 차이나 미세한 부분을 경험으로 인해 더 잘 이해하게 되기 때문이다. 나는 당신이 현재 머릿속에 든 지식과 생각에 여태 남들이 가르쳐준 것, 지금까지 살아오면서 배운 모든 것을 합하여 제 나름의 소신을 가지고 총체적인 지혜를 갖추었으면 한다. 다른 누군가가 만든 매뉴얼을 따르는 데 그치지 않고 나만의 해법을 확립하라는 것이다.

사람이 젊고 어릴 적에 내는 속도는 단 한 가지, 빠름뿐이다. 그러다가 우리는 차츰 성장하고 나이를 먹어가면서 상황에 따라 완급을 조절하는 법을 배우게 된다. 언제 천천히 가야할지, 언제 전속력을

멘탈리티

내야 할지를 아는 것이다. 이 점에 있어서 내가 선수들에게 종종 해주는 이야기가 있다. 젊은 수소와 나이든 수소의 우화인데, 어느 날 그 두 마리가 언덕 위에 올라 초원에서 풀을 뜯는 암소들을 내려다보고 있었다. 젊은 수소는 혈기를 참지 못하고 이렇게 말했다. "자, 얼른 내려갑시다. 지금 뛰어가면 저 중에 한둘은 낚을 수 있을 거예요." 그러자 나이든 수소는 지긋한 눈길을 보내며 말했다. "아니, 그보다는 천천히 걸어 내려가면서 '전부' 낚는 게 어떨까?" 그는 충동이 아니라 본능에 충실했다.

최고로 성공한 인물들은 어떤 상황에서든 본능적으로 신속하게 대응할 줄 아는 이들이다. 그런 사람들은 모든 계획을 처음부터 다시 검토하고 분석 영상을 더 살펴보고 회의 일정을 잡고 그 회의 중에 무엇을 논의할지 정하기 위한 회의 일정을 또 잡는다거나 하면서 중요한 결정을 뒤로 미루지 않는다. 클리너는 여기저기서 고개를 드는 두려움과 불만을 무시하면서 문제를 깨끗이 해결하고 결국은 할 일을 해낸다.

클로저는 주어진 상황에 자신을 맞추려 한다. 그러나 클리너는 그 상황을 자신에게 맞춘다. 클로저는 무엇을 해야 하는지 확실하게 알아야만 일을 진행할 수 있다. 클리너는 그렇지 않다. 클리너는 한 가지 계획에 얽매이길 원치 않는다. 물론 원래의 계획이 어떠한지는 이미 잘 알고 있다. 그리고 본인이 합당하다고 느끼면 기꺼이 그 계획을 따른다. 하지만 그만의 출중한 역량과 직관은 일을 해나가

"

말 한마디 한마디를 소중히 하라.
자기 생각이 사람들에게
가치 있게 받아들여지려면
말에 자신감과 진심이 담겨야 한다.

"

는 동안 수시로 변화를 읽으며 새로운 길을 찾아낸다. 이는 클리너 자신도 어쩔 도리가 없다. 그는 단지 행동이 이어지는 방향으로, 본능이 이끄는 대로 나아갈 뿐이다. 이러한 클리너의 본능이 어디로 향하는가, 그것은 함께하는 이들의 운명까지 결정한다.

#1.

누구와도 경쟁하지 않는다

> ## 쿨러는 임무를 완수하고 칭찬받기를 기대한다.
> ## 클로저는 임무를 완수하고 스스로를 칭찬한다.
> ## 클리너는 아무것도 바라지 않고 임무를 완수한다.
> ## 마땅히 할 일이기 때문이다.

클리너에게 무의미한 시합이란 없다. 클리너는 시즌 개막 전에 치르는 첫 번째 시범 경기든 시즌 중반에 열리는 올스타전이든 플레이오프 진출이 좌절된 시즌의 마지막 경기든 상관하지 않고 코트에 나타나 승부를 겨룬다.

2012년도 NBA 올스타전은 다소 격한 분위기였다. 당시에 코비는 드웨인에게 파울을 당해 코뼈 골절상을 입고 뇌진탕까지 겪었다. 일상적인 정규 시즌 경기라고 해도 심하다고 할 법한 파울이고 부상이었는데 하물며 그날은 올스타전이었다. 그런 만큼 드웨인이 도에 지나친 행동을 했다고 보는 사람들이 많았다.

하지만 클리너란 그런 것이다. 어떤 상황을 마주하여 킬러 본능이 발동하면 금세 공격을 감행하고 만다. '이곳의 지배자는 나야. 나는 할 일을 하는 거야. 악감정은 없어.'

문제는 그 사건이 두 클리너의 충돌로 일어났다는 것이다. 그날 시합이 끝나고 코비는 그의 상태를 확인하고 병원으로 데려가려는 리그 및 구단 관계자들과 의사들에게 둘러싸였다. 코뼈가 부러진 채 현기증에 시달리던 그는 몸을 겨우 가눌 정도였다. 그런데도 병원으로 가기를 거부했다. 대체 왜? 그는 드웨인을 만나서 상황을 매듭짓고 넘어가길 원했다. 그러다가 결국 그는 병원으로 향했고 다음 날 드웨인은 그 일을 사과했다. 이후 코비는 쉬지 않고 시합에 출전했고 그렇게 사건은 차츰 잊혀갔다. 악감정은 남아 있지 않았다.

하지만 잊어서는 안 될 것이 있다. 매사에 악착같이 분투하는 이들이 맞붙으면 그런 상황이 몇 년이나 이어질 수도 있다는 사실이다. 서로 예전처럼 아무렇지 않게 잘 어울리고 즐겁게 시간을 보내기도 하지만, 그 내면에 존재하는 클리너는 상대를 절대 용서하지 않고 지난 일을 결코 잊지 않는다.

그것이 클리너가 경쟁하는 방식이다. 상대를 공격하고 자신을 향한 공격을 받아들인다. 그리고 다른 사람들 역시 그렇게 하도록 만든다.

하지만 세상 모든 사람이 그러지는 못한다. 아직 명확히 입증되지 않은 나만의 이론이기는 한데, 신장이 약 208센티미터(6피트 10인치) 이상인 선수들은 대부분 강하고 직설적인 비판을 견디지 못한다. 키가 약 205센티미터(6피트 9인치) 이하인 선수들은 면전에서 호된 질책을 받아도 별 탈이 없다. 그러나 그보다 큰 경우에는 곧장 자신감을 잃고 움츠러들고 만다. 나는 그들이 남들보다 훨씬 큰 키로 인해 늘 눈에 띄고 어쩔 수 없이 시선을 모았던 경험 때문에, 또 괜히 키를 지적하고 놀려대던 사람들 때문에 더 예민해지고 소심해진 것이라고 생각한다. 그런 선수들은 감정적으로 여리기 그지없다. 물론 시합에서 압도적인 활약을 펼치는 경우도 있지만, 한편으로는 칭찬과 격려로 늘 자신감을 북돋워주고 기분을 맞춰줄 필요가 있는 선수들이다. 그럼 키가 작은 선수들은 어떠냐고? 그들은 세상 어떤 별명을 갖다 붙여도 아랑곳하지 않고 꿋꿋이 제 갈 길을 간다.

내가 이런 이야기를 꺼내는 건 사람들이 첨예한 경쟁을 앞두고 얼마나 다르게 반응하는가를 말하고 싶어서다.

시카고 불스가 3연속 우승을 향해 달리던 시절에 있었던 일이다. 결승 시리즈가 진행되던 당시에 스코티 피펜은 팀 동료인 룩 롱리의 의욕을 북돋기 위해 갖은 애를 썼다. 시합 전에 선수들이 한데 모인 자리에서 스코티는 룩을 격려했다. 룩은 키가 약 218센티미터에 달하는 거구였다.

"룩, 이젠 네가 실력 발휘를 해줘야 해."

여기에 룩이 대답은커녕 심지어 고개를 끄덕이기도 전에 마이클이 불쑥 끼어들어서는 말했다. "실력 발휘? 제발 평소의 반만이라도 좀 해라."

그 한마디로 룩은 끝났다. 내 기억에 한 점이라도 넣었는지 모르겠다. 세상을 떠난 그 친구의 자신감에 작별 인사를 고하는 수밖에.

마이클은 동료들을 심리적으로 어떻게 다뤄야 하는지 몰랐고 알려고도 하지 않았다. 그가 운동선수로서 지녔던 수많은 재능 가운데 타인을 헤아리는 세심함은 없었다. 그의 마음은 온통 공격하고 지배하고 정복하는 데 쏠려 있었다. 해야 할 일은 무엇이든 해냈고 자신의 주변 사람들 모두가 그렇게 해내기를 기대했다.

동료 선수들은 매일같이 연습장에서 그를 대면할 때마다 앞으로 닥칠 상황을 두려워했다. 연습이 힘들어서가 아니었다. 시카고 불스의 23번을 직접 상대하면서 그 전설적인 트래시 토크 세례를 견뎌야 했기 때문이다. 그 빌어먹을, 시즌, 내내. 마이클은 선수들을 일일이 쫓아다니면서 다그치고, 독촉하고, 도발하고, 독설을 퍼붓고, 온갖 방법으로 신경을 긁어가며 더 노력하게 만들었다.

한번은 그해 플레이오프 중에 진이 쏙 빠질 만큼 힘들게 연장전을 치른 적이 있었다. 다음 날 연습 시간을 앞두고 팀원들을 둘러본 마이클은 한 사람이 빠졌다는 걸 알아챘다. "버렐 이 자식은 또 어디 갔어?"

스콧 버렐Scott Burrell, 끽해야 파트타임 선수에 불과했던 그는 트레이너실에 있었다. 마이클이 들이닥쳤을 때 스콧은 가엾게도 햄스트

링 문제로 마사지 베드 위에서 관리를 받던 중이었다. 마이클은 스 콧이 누워 있던 베드를 붙들고는 그대로 엎어버렸다.

"내가 어제 48분을 뼈 빠지게 뛰었어! 안 그래도 별의별 일로 미 칠 것 같은데 넌 망할 햄스트링 때문에 자빠져 있어? 당장 궁둥이 떼고 연습장으로 튀어나와!"

내 수준까지 올라오라.
그게 싫으면 그냥 꺼지시든가.

능력을 증명한 자만이 기회를 얻는다

최고의 위치에 있는 사람에게는 주변 사람들을 같은 수준으로 끌어 올릴 책임이 있다. 여태 공들여 쌓아온 것들을 무너뜨리고 싶지 않 다면 그래야 한다. 스스로에게 걸출한 능력과 성과를 요구하고 그 수준까지 오를 수 없거나 오르려 하지 않는 사람들을 용납하지 못 하는 클리너로서는 정말 쉽지 않은 일이다. 그럴 때 과연 클리너는 자신을 내려놓고 남들과 어울리면서 등을 두들겨주고 너희는 훌륭 하다고, 모두 함께 정상에 오르길 바란다고 그렇게 말할까? 아니면 그 자리에 홀로 우뚝 선 채 솔선수범하며 그들을 더욱 분발하게 만 들까? 무엇이 정답인지는 꽤 명확해 보인다. 그런데 놀랍게도 현실 에서는 그렇게 스포트라이트 아래 홀로 서려는 사람이 많지 않다.

제 기량을 온전히 드러내면 그때부터 세상 사람들이 그만큼 기대를 품기 때문이다. 당신의 실력이 얼마나 뛰어난지 아무도 모를 때는 굳이 기적을 일으킬 필요도 없고 쇼를 이끌 필요도 없다. 아무도 큰 기대를 하지 않을 테고 그러면 당신이 무엇을 하든 대단한 활약처럼 보일 것이다. 어려울 건 하나도 없다. 실제로 그러는 게 더 쉽고 편하다. 그냥 평범한 수준에 머물러도 좋다면 말이다.

재능이 빼어난 사람들은 동료들과의 간극을 좁히기 위해 일부러 실력 발휘를 덜 하는 경우가 더러 있다. 그들에게 자신감을 더해주고 팀원으로서 제 역할을 하고 있다는 것, 다들 나름대로 경쟁력이 있다는 것을 느끼게 하기 위해서다. 코비도 동료 선수들을 시합에 더 적극적으로 참여시키기 위해 필요할 때는 그런 전략을 쓴다. 이 방법은 선수들의 성향에 따라서 꽤 쏠쏠한 효과가 나기도 하는데, 코비는 동료들이 능동적인 모습을 보이면 곧장 본인의 경기 방식으로 되돌아간다. 한 명의 슈퍼스타와 그를 둘러싼 조연들이 아니라 모두가 한 팀임을 느끼게 하려는 의도적인 연출이다.

이와 정반대로 마이클은 동료들을 대놓고 이렇게 불렀다. 저들은 조연급이라고. 그의 메시지는 아주 명료하고 단호했다. '난 너희를 돋보이게 하려고 내 실력을 떨어뜨릴 생각이 없어. 시합에서 눈에 띄고 싶다면 너희 스스로 실력을 높여.' 그는 굳이 자기 방식을 포기해가며 다른 선수들에게 기회를 주지는 않았다. 기회를 얻는 쪽은 제 역할을 다할 수 있다고 증명한 선수들뿐이었다.

시합 중에 마이클은 동료 중에 누가 최선을 다하는지 아닌지를 평가하면서 스스로 경기력을 조절했다. 코트 위에서 실망감을 드러낸 적은 결코 없었고 몸가짐과 태도 역시 늘 한결같았다. 그는 이런 말을 던질 뿐이었다. "다들 제대로 안 할 거야? 뭐 됐어, 내가 5인분을 하면 되지. 너흰 4쿼터까지 적당히 점수 유지만 해줘. 나머지는 내가 할 테니까." 그리고 그는 처음부터 그럴 계획이었던 양 온 경기장을 열광의 도가니로 몰아넣으며 임무를 완수하곤 했다.

스포츠에서는 동료 선수의 시합 결장으로 스타플레이어가 성을 내고 감정에 휘말려 팀 전체가 좌초되는 일이 의외로 자주 일어난다. 이는 일찍이 이야기했듯이 감정이 사람을 약하기 만들기 때문이며 감정이 깃든 모든 에너지는 철저히 파괴적이기 때문이다.

하지만 마이클은 시합이 진행 중인 사각의 코트 안에서 절대로 감정을 내비치지 않았다. 그 공간에서 그는 항상 긍정적인 태도를 유지하며 즐거움을 느꼈다. 물론 경기가 끝난 뒤에는 그야말로 칭기즈 칸이 따로 없었으니, 그는 동료들을 머리부터 발끝까지 모조리 집어삼킬 듯이 몰아세우곤 했다. 그러나 시합을 하는 동안, 몰입의 공간에 있는 동안은 냉정을 잃지 않고 자신을 통제하며 오롯이 최종 결과를 이루는 데만 집중했다.

1995년에 트레이드로 불스의 일원이 된 데니스 로드맨Dennis Rodman은 전 소속 팀인 샌안토니오 스퍼스에서 걸핏하면 시합 결장을 일삼았고 그럴 때마다 스퍼스의 패배는 늘어갔다. 그의 일탈에 담긴 메시지는 이러했다. '너희는 나 없이 이기지 못해.' 그래서였을까, 시카고에 당도한 뒤 경기 중에 카메라맨을 발로 차서 기어이 열한 경기 출장 정지를 당한 그는 불스가 그 없이 승리하지 못한다는 걸 보고 싶어 안달이 나 있었다. 하지만 그게 정말 가능할까? 마이클 조던의 팀에서? 로드맨이 빠진 모든 시합에서 마이클과 스코티의 자세는 마치 리그 최종 결승전에 임하는 것 같았다. 그렇게 마이클은 로드맨의 입에서 '불스가 승리하려면 내가 필요하다' 같은 말이 나올 가능성을 초장부터 지워버렸다. 그리고 그 문제를 그의 면전에 대고 직접 이야기했다. 여기서는 네 수작이 먹히지 않는다고, 우리는 네가 있든 없든 이길 거라고.

기회는 한 번뿐이다

마이클은 누가 잘 준비되어 있는지, 누구를 믿어도 되는지 알고 있었다. 그런 관점에서 그가 좋아한 선수는 스티브 커^{Steve Kerr}였다. 커는 마이클에게 당당히 맞설 줄 아는 사람이었다. 이제는 전설처럼 회자되는 1995년도 트레이닝캠프의 연습 경기에서 커는 마이클이 내뱉은 말에 발끈하여 마구 쏘아붙였고 그 결과 마이클이 그의 얼굴에 주먹을 날리는 불상사가 일어났다. 몇 년 뒤에 커는 그 일을 이렇게 말했다. "제 인생에서 최고의 사건이라고 손꼽을 만하죠. 그날은 아무리 마이클 앞이라도 물러서지 않고 받아칠 필요가 있었어요.

"

인간에게는 모종의 재능이 존재한다.
우리는 평생 동안 이미 가진 재능을 활용해
갖지 못한 능력을 메워가는 도전을 이어간다.

"

그 덕분에 어느 정도는 인정을 받았던 것 같고요." 그 말이 맞았다. 그날 연습 경기가 끝나자마자 마이클은 커에게 전화를 걸어 사과했고 그 시점부터 그가 함께 믿고 싸울 수 있는 동료임을 깨달았다.

불스 유니폼을 입던 시절 스티브 커는 클로저였다. 이후 그는 불스를 떠나 스퍼스에서 두 차례 더 우승을 경험하고, 방송국에서 농구 해설 위원으로 활동하고, 몇 년간 피닉스 선즈의 단장을 맡고, 다시 방송국으로 발길을 옮기며 자신이 맡은 모든 일에서 완벽한 클리너의 면모를 보였다.◆ 그러나 당시만 해도 마이클이 팀에서 가장 신뢰하는 선수가 그일 줄은 아무도 상상하지 못했다. 마이클은 직접 슛을 던질 만한 상황이 아니라고 판단하고 해법을 강구할 때 커를 보면서 이렇게 말하곤 했다. "스티브, 준비하고 있어." 팀 내 득점력 2위였던 스코티도, 3위였던 호레이스 그랜트^{Horace Grant}도 아니고 당대 최고의 식스맨 토니 쿠코치^{Toni Kukoc}도 아니었다. 마이클은 3점 슛이 필요할 때만 기용되던 후보 선수 스티브 커를 믿었다.

클리너란 그런 것이다. 클리너는 클로저가 무엇을 해야 할지 결정한다. 클로저가 클리너의 역할을 대신하는 경우는 그것이 현 상황을 해결할 최선책이라는 클리너의 판단이 있을 때뿐이다. 마이클의 결정 없이 커가 마지막 슛을 던질 일은 없다. 물론 그 시도가 실패했

◆ 2014년부터는 골든스테이트 워리어스의 감독을 맡아 2022년까지 본인의 이력에 NBA 우승을 네 번 더 추가했다.

멘탈리티

을 때 커에게 다시 기회가 돌아갈 일 역시 없다.

마이클은 팀원들에게 시즌 시작과 함께 이런 말을 하곤 했다. "난 너희한테 한 번씩 패스를 할 거야. 그걸로 뭐라도 해내지 못하면 그 다음에 너희한테 갈 패스는 없는 줄 알아. 내가 슛을 놓치는 경우도 있겠지만 그건 내가 알아서 할 거야. 그러니까 공이 오면 뭐라도 해. 기회는 한 번뿐이니까. 스스로 기회를 잡아."

클리너가 중요한 역할을 맡기려 할 때 당신은 만반의 준비를 갖춰두어야 한다. 언젠가는 회사의 중역 회의실이나 스포츠 경기장의 선수 탈의실 혹은 당신이 활약하는 그 어딘가에서 누군가가 당신을 가리키며 이런 말을 하는 날이 올 것이다. "네가 한번 해봐." 그 기회는 어쩌면 1분이나 10분 정도, 또 어쩌면 일주일이나 한 달간 지속될지 모른다. 하지만 당신이 그동안에 하는 일은 그 뒤로 오랫동안 당신이 할 일을 결정하게 된다. 조직 생활을 하다 보면 같은 팀의 선수나 직장 동료가 감독이나 상사들 눈 밖에 나는 경우가 있다. 어쩌면 경기력이 영 시원찮아서 혹은 근무 태도가 불성실해서 그런지도 모른다. 그러면 자연히 당신에게 그 자리를 차지할 기회가 찾아올 것이다. 당신은 그 상황에 대비하고 있는가? 그럴 때 그들의 눈에 들 만큼, 내가 그 일의 최고 적임자라고 자신할 만큼 충분히 준비하고 노력을 쏟아왔는가? 또 중요한 순간에 정신을 모으고 주의력을 유지할 방법을 모색해왔는가? 그렇게 기회가 왔을 때 성과를 내고 깊은 인상을 남기는 사람은 그 시스템 속에 분명하게 자리를 잡게 된다. 조직의 책임자는 당신에게 일을 믿고 맡겨도 좋다는 걸 확인하고, 당신은 그의 무기고에 앞으로 쓸 새로운 무기를 더한 셈이다. 하지만 기회가 왔을 때 성과를 내지 못한다면 그걸로 끝이다. 당신이 잡지 못한 기회는 다른 사람에게 넘어갈 것이다.

분명히 기회는 있다. 단, 그다음은 없다.

클리너는 상대방에게 무엇을 기대하며 어떤 일을 해야 하는지 분명하게 말한다. 2012년 LA 레이커스에 합류한 드와이트 하워드Dwight Howard는 얼마 후 시즌 전 시범 경기 개막을 앞두고 코비와 통화하면서 컨디션이 꽤 괜찮다고, 여름에 수술 받은 허리 상태가 85퍼센트 정도는 돌아왔다고 말했다. 그러자 코비가 이렇게 대답했다. "좋은 소식이네. 100퍼센트까지 끌어올리도록 해. 우승 반지 끼려면 말이야. 그럼 이만 끊어." 내 수준까지 올라오라. 그게 싫으면 그냥 꺼지시든가.

무엇을 할 수 있는가?

마이클은 시합에 앞서 팀원 하나하나를 단단히 준비시키고 더 열심히, 더 강하게, 더 잘 뛰도록 몰아붙였다. 그리고 그들은 마이클과 함께하며 그 뒤로는 다시없을 멋진 경력을 쌓았다. 그는 이런 과정까지 꼭 사랑할 필요는 없다고, 하지만 결과만큼은 사랑하게 될 것이라고 말했다. 정말 그랬다. 불스 선수들은 그 고된 여정을 반기지 않았다. 하지만 그 덕분에 '누구 하나 빠짐없이' 경기력이 향상되었고 코트 위에서 한층 더 빛이 났을 뿐 아니라 최종적으로는 값진 보상까지 받게 되었다. 심지어 마이클은 시합에 한 번 나가지도 않은 선수들의 실력까지 살피며 그들을 더 발전시켰다. 그는 동료들의 압박감을 덜어주고 그 모든 짐을 직접 짊어졌다.

그러다가 마이클이 불스를 떠나거나 그들이 팀을 옮기면서 마침내 각자의 길을 갈 때가 왔다. 그렇게 마이클 없이 시합에 나서게 되었을 때, 그들 중 대부분은 육체적으로나 정신적으로나 본래의 수준으로 회귀하고 말았다. 사람들은 그 시절의 불스를 거쳐 간 몇몇 선수들을 보면서 이렇게 생각했다. '말도 안 돼. 저 녀석은 대체 왜 저렇게 된 거야?' 불스 출신 선수들과 계약한 팀들은 뒤늦게 현실을 자각했다. '우리가 고작 이 정도 선수를 데려오려고 그 많은 돈을 들인 거야?' 원인은 마이클이었다. 불스를 떠난 그들에게는 마이클이 없었고 끊임없는 압박도 없었으며 일정한 성과를 요구하면서 책임을 묻는 사람이 아무도 없었다. 물론 다른 분야에서 훌륭한 경력을 쌓은 불스 출신 선수들도 있었다. 스티브 커와 존 팩슨John Paxson처럼 말이다. 반면에 다른 대다수 선수들은 마이클의 기대에 맞춰서 뛰던 그 시절의 기량을 스스로 유지하지 못했다.

하지만 착각해서는 안 된다. 클리너가 함께하는 사람들의 실력 향상을 꾀하는 건 그들이 잘되길 바라서가 아니다. 그는 그 과정에서 좋은 성과를 낸 동료를 보며 기뻐하겠지만 어찌 되었건 그가 하는 모든 행동은 다른 사람이 아니라 바로 자기 자신을 위한 것이다. 클리너의 유일한 목적은 알맞은 자리에 알맞은 인재를 써서 자신이 원하는 결과를 내는 것이기 때문이다.

2012년에 마이애미 히트가 우승을 차지했던 그때를 한번 생각해보자. 사람들은 르브론이 당시 결승 시리즈에서 한층 발전한 모습을 보였다고 온갖 찬사를 늘어놓지만, 만약 드웨인이 그를 그런 위치에 두지 않았다면 애초에 일어날 수 없는 일이었다. 기억하라. 클로저는 승부를 결정짓는 마지막 슛을 던질 수 있지만, 그를 시합에 참여시키고 필요한 순간 그 손에 공이 가도록 결정하는 건 클리너다. 정확히 드웨인과 르브론의 관계가 그러했다. 클로저의 행동을 결정하는 클리너로서 마이클이 동료들을 움직였던 것처럼 드웨인은 르브론의 도약을 위해 본인이 시즌 내내 한발 뒤로 물러서 있어야 한다고 보았다. 그가 그런 판단을 했다는 데는 의심의 여지가 없다. 그것이 바로 클리너가 구상하는 계획이니까. '내가 이렇게 하면 녀석은 저렇게 할 거야. 그럼 결국에는 우리 팀이 이기겠지.' 게다가 드웨인의 경우는 늘 안고 있던 무릎 부상 때문에 직접 할 수 있는 일이 제한되었던 만큼 남들보다 훨씬 더 영악한 결정을 내렸다고 볼 수 있다. 그렇게 그는 자신을 대신해 동료들을 적재적소에 배치하고 최종적으로 임무를 완수했다. 클리너는 방법을 따지지 않는다.

오직 결과만을 좇을 뿐이다.

다들 알다시피 모든 일에 특출난 사람은 극히 적다. 그래서 때로는 합당한 결과를 얻기 위해 실험을 해볼 필요가 있다. 한번은 마이클도 이런 논리를 따라 NBA에서 센터로 뛸 뻔했다. 1984년도 NBA 신인 드래프트가 개최되기 전 포틀랜드 트레일블레이저스 구단은 그해 미국 올림픽 농구 국가 대표 팀 감독을 맡은 밥 나이트[Bob Knight]에게 2순위 지명권으로 누구를 뽑아야 할지 물었다. 1순위 지명권을 가진 휴스턴 로케츠가 하킴 올라주원을 뽑을 것임은 세상 모두가 예상했지만, 포틀랜드 측이 2순위로 당시 유망주였던 샘 부이[Sam Bowie]와 마이클 중에서 누구를 뽑을지는 그 구단 관계자들을 포함하여 어느 누구도 확신하지 못했다.

그때 나이트는 이렇게 말했다. "조던을 뽑으시죠."

"그럴까." 포틀랜드 단장이 말을 이었다. "하지만 우린 센터가 필요한걸."

그러자 이런 대답이 돌아왔다. "녀석을 센터로 쓰면 됩니다."

아마 마이클이라면 센터로도 충분히 뛰었을 것이다. 그러나 대다수 사람들은 그런 선택을 하지 않는다. 당신은 함께하는 팀원들, 직장 동료들을 보며 그들이 무엇을 '못하는지'가 아니라 무엇을 '할 수 있는지'를 살펴야 한다. 재능을 평가하는 사람들은 언제나 부정적인 면에 주목하며 이런 말을 한다. "그 친구는 이것도 못하고 저것도 못해." 자, 그럼 그가 '할 수 있는 것'은 무엇인가? 그 사람이 아무 이유도 없이 현재 위치까지 올라오지는 않았을 것이다. 그렇다면 어떻게 여기까지 왔을까? 지금까지 우리는 누군가가 못하는 것, 할 수 없는 것만을 줄곧 입증해왔다. 이제는 다른 사람에게 불가능한 일을 요구하며 시간 낭비하지 말자. 앞으로는 그가 무엇을 할 줄 아는지 찾아내고 본인이 일을 잘 해낼 수 있는 시스템 속에 자리 잡게 해주자.

사람은 누구나 일정 부분 타고난 재능이 있다. 하지만 모두가 자기 재능을 발견하지는 못한다. 때로는 우리가 그것을 스스로 알아채기도 하지만 때로는 누군가가 알려줘야만 할 때도 있다. 어쨌든 우리 인간에게는 모종의 재능이 존재한다. 그와 동시에 우리에게는 처음부터 타고나지 못한 능력도 있다. 우리는 평생 동안 이미 가진 재능을 활용해 갖지 못한 능력을 메워가는 도전을 이어간다. 생존을 위해 부족한 부분을 보충하는 것, 이는 철저히 본능적인 현상이다. 가령 앞을 보지 못하거나 시력이 좋지 못한 사람들은 청력이 좋은 경우가 종종 있다. 또 신체적 장애를 가진 사람들이 다른 분야에서 비범한 재주를 발견하는 경우도 있다. 인간은 그렇게 무언가를 받고 무언가를 빼앗긴 채 살아간다. 나는 키, 체력, 민첩성 등 신체적인 면에서 정말 축복이라 할 정도로 뛰어나지만 성실하지 않거나 제대로 된 지원이 없어 타고난 능력을 제대로 활용하지도, 발전시키지도 못하는 선수들을 셀 수 없을 만큼 많이 알고 있다. 성공한 사람들은 자신이 갖지 못한 부분을 보충한다. 반면에 성공하지 못한

멘탈리티

사람들은 변명을 늘어놓고 남들을 탓하면서 기어이 제 결점을 극복하지 못한다. 진정한 리더는 상대방의 결점에서 눈을 돌려 진짜 재능을 알아보고 그 사람을 최대한 활용할 줄 안다.

클리너의 법칙

쿨러는 앞으로 무슨 일이 일어날지 궁금해한다. 클로저는 일이 일어나는 것을 지켜본다. 클리너는 일을 일어나게 한다.

나는 언젠가 플레이오프 기간에 한 선수와 함께 '비상사태가 터졌을 때는 유리를 깨야 한다'는 주제로 이야기를 하며 방금 언급한 내용들을 깊게 파고든 적이 있다. 그 시간 내내 우리는 한 자리에서 말만 주고받았다. 몸을 쓰는 일은 전혀 없었다. 전혀. 우리는 시합을 앞두고 스트레칭을 하지도, 몸을 풀지도 않았고 체육관에 가지도 않았다. 그저 앉아서 대화만 나누었을 뿐이다.

그 선수는 같은 팀 동료들의 능력이 아무래도 부족하다는 생각에 실망하고 속을 썩이는 중이었다. 원래 제 기량이 너무 뛰어난 사람, 너무나 자연스럽게 타고난 재주를 활용하고 차원이 다른 능력을 가진 사람은 왜 다들 자기 같지 않은지, 왜 자기처럼 하지 못하는지를 잘 이해하지 못하는 법이다. 그건 그 사람들이 노력을 더 쏟는다고, 일을 더 열심히 한다고 해서 해결되는 문제가 아니다. 그냥 어떻게 해도 할 수 없는 것이다. 만약 이런 갈등을 잘 다루지 못한다면 당신

"

최고가 되는 과정까지
애써 사랑할 필요는 없다.
그러나 그 결과만큼은
사랑하지 않을 수 없을 것이다.

"

이 속한 스포츠 팀이나 직장 부서 또는 재능이 덜한 동료들과 엘리트 인재들이 함께하는 모든 곳이 결국은 이 문제로 말미암아 무너질 것이다.

그날 우리는 그 팀의 모든 선수들을 거론하며 그들의 약점 대신 강점에 초점을 맞췄다. 나는 그가 리더로서 해야 할 일이 동료들의 재능을 알아보고 그 능력을 활용할 수 있는 상황에 그들을 투입하는 것이라고 말했다. 자, 우리는 이미 어떤 선수의 멘탈이 흔들리는지, 어떤 선수가 압박감 속에서 슛을 던지지 못하는지 알고 있다. 또 누군가는 정규 시즌에 펄펄 날아다니다가도 플레이오프에만 들어서면 마치 하부 리그에서 뛰는 선수처럼 변한다는 것도 알고 있다. 그러니 이제는 그들에게 맞지 않는 옷을 입히는 짓은 그만 두자. 각자의 장점을 잘 살려준다면 이후 뒤따를 모든 일에서 생각지도 못한 즐거움을 느끼게 될 것이다. 그걸 조절하는 사람은 바로 당신이다. 각 상황을 살피고 책임지면서 자신에게 유리하게 일이 돌아가게 하라.

"하지만 말이지." 나는 덧붙여 말했다. "네가 과도한 경쟁심 때문에 은연중에 실망감을 드러내지는 않는지, 그걸로 괜히 동료들을 위축시키지는 않는지도 스스로 살펴야 해. 너는 네가 다른 사람들에게 얼마나 큰 영향을 미치는지 모를 거야. 네 존재감은 확실히 남달라. 네가 고개를 젓거나 고함을 치면 팀원들은 기가 죽어. 물론 나는 네가 녀석들을 좋아하고 아낀다는 걸 알아. 그러니까 그 친구들을 지지한다는 걸 확실히 느끼게 해줘. 절대 등을 돌리지 않는다고 말이야."

"등을 돌리다니, 내가 그럴 리 없잖아요." 그는 어이없다는 표정으로 말했다.

아니, 실제로 당신은 그러고 있다. 누군가에게 지적을 하고 나서 그 사람이 무어라 반응하기도 전에, 제 의견을 말하기도 전에 곧장 자리를 뜨는 건 당신 생각이 옳다고 믿고 상대방의 말을 들을 생각이 없다는 뜻이다. 당신에게는 누가 어떤 반응을 보이는지 지켜볼 책임이 있다. 그래야만 다음을 예측할 수 있으니까. 혹시 그 사람이 고개를 숙이지는 않는가? 화를 내지는 않는가? 당신은 동료들의 의욕을 북돋는가 아니면 그 반대로 행동하는가? 부정적이고 비관적인 말과 행동, 표정은 사람에게 활력을 불어넣지 못한다. 오로지 기분을 처지게 할 뿐이다. 그렇게 동료들을 무력감에 빠뜨려놓고 자기편이 되어주길 기대한다는 건 실로 어불성설이다.

결과적으로 그는 내 말을 이해했다. 그리고 다음 시합에서 팀원들을 코트 중앙에 한데 모아서는 잘하고 있다며 엉덩이를 툭툭 두들겨주고 그들을 믿고 응원한다는 말로 마음을 전했다. 당신 역시 목표를 이루는 데 필요하다면 그렇게 해야만 한다.

어쨌든 책임은 당신이 진다

리더라면 으레 본인이 나서서 일을 다 해치워버리려는 유혹을 느끼기 마련이다. 코비의 경우 주 임무는 경기당 30~40점을 넣는 것이다. 만약 그에게 동료들의 득점을 신경 쓰면서 한 명 한 명을 독려하고 챙기라고 요구한다면 그는 제 기량을 온전히 발휘하지 못할 것이다. 분명 팀을 잘 이끄는 것이 그의 할 일이기는 해도, 다른 선수들이 얼마나 슛을 넣었느냐에 죄 관심을 쏟을 수는 없는 노릇이다. 그런 걱정은 각자 알아서 할 일일뿐, 중요한 건 그들을 리더 본인의 수준까지 끌어올리는 것이다. 기억하라, 클리너가 기회를 줄 때는 단단히 준비가 되어 있어야 한다. 실패한다면 다음 기회는 오지 않을 테니까. 어차피 클리너 입장에서는 그런 일을 직접 해버리는 편이 더 쉽다. 또 만에 하나라도 팀이 큰 위기에 처한다면 그는 리더로서 전면에 나설 것이다.

클리너의 책무는 결과를 얻기 위해서 해야 할 일을 결정하고 조율하는 것이다. 분명히 감독이 지시하는 바, 선수들이 원하는 바는 제각각 다를 테지만, 만약 당신이 그처럼 책임과 재능 있는 인재들 사이에 위치한 사람이라면 팀이 이기든 지든 당신은 무수한 손가락질을 받을 것이다. 비단 스포츠에서만이 아니라 어떤 분야에서든 말이다. 그렇게 일을 추진하고 집행하는 역할로 고용된 사람은 목표를 이루지 못하면 그 자리에 오래 남아 있기 어렵다. 어쨌든 책임자는 당신이다. 일을 진행하며 실수가 발생한다면, 즉시 상황을 호전

시키고 모든 것을 정상 궤도로 돌려놓고 싶다면 당신이 나서서 바로잡아야 한다. 모든 건 당신의 몫이다.

하지만 그런 위치에 선 당신에게는 모든 팀원이 화합을 이루며 같은 방향으로 가도록 이끌 책임도 있다. 세상의 모든 리더에게는 각자 다스리는 집단이 있기 마련이다. 리더는 어느 시점이 오면 그 구성원 모두에게 우두머리의 역할이 무엇인지 경험시킬 필요가 있다. 조직의 최상층에서 일어나는 복잡다단한 일들과 온갖 쟁점과 그 성질이 어떠한지 보여주고 개개인의 좁은 시선이 아닌 거시적인 관점에서 어떤 일이 벌어지는지 알게 하는 것이다. 보통은 그처럼 전체적인 틀을 보여주며 온갖 세부 사항과 구성원들의 성향, 장점과 약점까지 모두 너희가 직접 관리해보라고, 모든 것을 제어할 힘과 지배권을 주겠다고 하면 사람들 대부분은 이렇게 말한다. "으음, 사양하겠습니다." 안전하고 편안하게 지금 있는 자리에 머무는 편이 더 쉽기 때문이다.

이것을 가장 잘 아는 사람은 팀 구성원들의 습성을 이해하고 리더에 해당하는 선수까지 관리해야 하는 감독들이다. 훌륭한 지도자는 그러한 역학 관계를 이해하고 휘하의 클리너들이 제 일을 하게 내버려 둔다. 이 통제권을 놓지 못하는 사람은 결국 감독 자리를 잃게되어 있다. 클리너인 선수에게는 클리너인 감독이 필요하다. 그들은 피차 해야 할 일을 이해하고 존중하기 때문이다. 클리너끼리는 서로 속이거나 배신하는 경우가 없다. 그저 각자 맡은 일을 처리하게 둘 따름이다. 필 잭슨 감독은 마이클을 데리고 무얼 해야 할지 알고 있었다. "자네가 내 역할을 존중해준다면 나도 자네 하는 일을 얼마든지 존중할 거야. 자네가 중심이 돼서 몇 가지 전술만 수행해준다면 그다음엔 마음대로 공격해도 상관없어." 필은 결코 선수들과 친분을 쌓으려 하지 않았다. 그저 그들을 성공할 수 있는 상황 속에 밀어 넣고 할 수 없는 일은 억지로 시키지 않을 뿐이었다. 그는 작전판을 들여다보며 빈틈없이 전략을 짜는 유형이 아니라 농구를 철저히 본능적으로, 직감적으로 대하는 사람이다. 그는 선수들의 개성을 눈여겨보고 그들의 능력을 헤아릴 줄 알았다.

또 다른 클리너인 팻 라일리는 오로지 최종 결과에 목숨을 거는 사람이다. 당연한 말이겠지만 그가 농구계에서 줄곧 대성공을 이뤄온 비결은 거기에 있다. 그와 함께할 때는 반드시 그의 방식대로 일을 처리해야 한다. 그렇지 않으면 그는 어떻게든 자기 방식대로 일을 마무리 짓도록 만들어버린다.

더그 콜린스Doug Collins*는 내가 아는 최고의 전략가다. 그는 시합 중에 어떤 일이 벌어질지 누구도 예상치 못하는 상황에서 늘 남들보다 세 수 정도를 먼저 내다본다. 그러면서 종종 얼토당토않아 보이는 작전을 구사하곤 하는데 막상 시합이 전개되고 나면 어느 순간

---

* 농구 해설가 출신으로 마이클 조던의 데뷔 초기에 3년간 시카고 불스의 감독을 맡았고 조던이 두 번째 은퇴에서 돌아와 뛰었던 워싱턴 위저즈에서도 감독으로 일했다. 현재는 불스 구단의 자문 위원을 맡고 있다.

그의 생각이 모두 맞아 떨어진다. 농구 지식으로는 정말 타의 추종을 불허하는 인물이다. 그러나 그는 모든 선수가 그런 작전을 따라갈 수 없다는 걸 때때로 잊곤 한다. 팻 라일리나 스탠 밴 건디Stan Van Gundy와 제프 밴 건디Jeff Van Gundy 형제, 톰 티보듀Tom Thibodeau 같은 감독들은 선수들에게 작전이 어떻게 돌아가는지 설명하고 그대로 수행해주길 기대한다. 그럴 때 일부 거물급 슈퍼스타들은 감독의 방식에 불만을 느끼고 이따금 마찰을 빚기도 한다. 그런 선수들은 코치진이 세 시간에 걸친 팀 훈련, 두 시간 분량의 슛 연습을 요구하면 이내 반감을 드러내기 시작한다. 다른 팀들은 훈련 시간이 짧은데 대체 왜 우리는 이렇게 힘들게 해야 하느냐고. 젊은 선수들을 상대로는 이 문제를 어떻게 넘길 수 있지만, 산전수전 다 겪은 베테랑들이나 이미 리그에서 업적을 이룬 선수들 가운데 상당수는 그런 요구를 영 내켜하지 않는다. 그래서 지도자의 입장에서는 승리가 그만큼 더 중요하다. 이기지 못한다면 선수들이 감독의 철학을 받아들이지 않을 테니까.

나는 듀크대학교 농구부 감독인 마이크 슈셉스키Mike Krzyzewski와 친분을 유지하며 여러 해 동안 많은 대화를 나눠왔다. 그는 자신의 팀에 맞는 선수들을 알아보고 활용하는 능력이 정말 탁월하다. '이 친구는 키가 크고 힘이 좋고, 저기 저 선수는 농구에 대한 이해도가 높지. 이 녀석은 점프슛을 잘 던지고….' 이런 판단을 바탕으로 조합한 팀은 항상 원활하게 돌아가며 좋은 성과를 낸다. 최고로 재능이 뛰어난 선수들이 아니라도 그는 팀에 무엇이 필요한지 정확히 살피고 각자의 능력을 파악하여 그들을 가장 빛날 수 있는 상황에 투입한다. 그가 그동안 미국 농구 국가 대표 감독으로서 팀을 훌륭하게 이끈 것도 다 그런 이유에서였다. 선수들이 원하는 위치가 아니라 팀에 꼭 필요한 부분에 그들을 배치했기 때문이다. 한편 켄터키대학교의 존 칼리파리John Calipari 감독이 추구하는 방향은 마이크와 정반대다. 그는 본인이 나서서 시합을 조율하지 않아도 될 만큼 우수한 선수들을 원한다. 결과적으로 승리를 이룬다는 건 같지만, 많은 훈련이나 지도 없이 선수들의 빼어난 실력에 더 의존한다는 점에서 그 방법은 한참 다르다.

스포츠든 비즈니스든 또 어떤 분야에서든 그런 팀을 어떻게 만들고 어떻게 필요한 조각을 맞춰 가느냐와 무관하게, 조직에는 굳이 격려하거나 재촉할 필요가 없고 존경과 두려움, 관심의 대상인 동시에 스스로 바라는 것만큼 남들에게도 좋은 성과를 요구하는 그런 사람이 필요하다. 팀에서 제일 기량이 뛰어나거나 재능이 남다른 인물이 꼭 아니어도 상관없다. 동료들이 따르도록 손수 모범을 보이는 사람이면 된다.

> 다른 사람들의 마음에 불을 지피는 유일한 방법은
> 당신 스스로 내면의 불꽃을 틔우는 것이다.

초점을 잃지 말고, 프로답게, 냉정하게 행동해야 한다. 당신이 전날 밤에 잠을 제대로 못자서 다음 날 단체 훈련에 못 나가거나 하루 종일 자리를 비운다면 그런 행동에 영향을 받는 건 당신 혼자만이 아니다. 당신을 둘러싼 모두가 영향을 받는다. 진짜 프로는 사사로운 일로 사람들을 실망시키지 않는다. 프로는 자신이 있어야 할 곳에 반드시 모습을 드러낸다. 어쩌면 일터에서 함께하는 사람들이 당신 마음에는 들지 않거나 싫을 수도 있다. 하지만 당신의 존재가 동료들의 기분을 한결 나아지게 한다면, 팀을 하나로 뭉치게 한다면, 더 좋은 성과를 내게 한다면 이는 결국 당신 스스로의 목표에 한 걸음 더 가까이 다가가도록 힘을 보태는 셈이다. 주변 사람들을 자기 수준으로 끌어올린다는 건 바로 그런 것이다. 당신은 그 선이 어디 있는지 몸소 보여주고 그들이 그곳까지 잘 도달할 수 있게 본보기가 되어야 한다.

#1.

제안이 아니라 결정을 하며
남들이 질문만 던질 때 해답을 안다

> **쿨러는 익숙하지 않은 역할을 절대 맡지 않는다.
> 클로저는 준비할 시간이 충분할 경우
> 새로 맡은 일을 훌륭하게 해낸다.
> 클리너는 남이 요구하기 전에 알아서
> 필요한 일을 한다.**

내가 절대 좋게 말하지 못하는 세 가지가 있다. 내적 열망. 열정. 물 잔이 반이나 찼느니 반이 비었느니 하는 논쟁.

당신은 이 세 가지의 공통점이 무엇인지 아는가? 하나같이 '생각만 하고 아무것도 하지 않았다'는 말과 같다는 점이다.

대체 '내적 열망'이란 뭘까? 내적 열망은 실천이 따르지 않는 공상, 어디로도 직접 발을 내딛지 못하고 머릿속에서만 헤매는 것에 지나지 않는다. 그런 생각들은 밖으로 끄집어내서 행동으로 바꾸지 않는 한 아무런 쓸모도, 가치도 없다. 마음속에만 있는 열망이 다 무슨 소용인가? 결과물은 어디 있는가? 내적 열망을 외치고 다니는 사람들은 생각과 말만 많고 아무것도 해내지 못하는 몽상가들이다. 앞으로 하겠다는 건 무수히 많지만 결국은 아무것도 하지 않는다. 내적 열망이란 그런 것이다.

자, 다음으로 넘어가보자.

열정. 무언가 또는 누군가를 향한 열렬한 느낌이나 감정. 말은 좋다. 그런데 그래서 어쩌라는 건가? 그냥 느끼고 끝인가? 그걸로 뭐라도 하지는 않고? 나는 동기부여 전문가라는 사람들이 강연에서 "여러분의 열정을 따르라"고 말하는 걸 보면 웃음이 나온다. 따르라고? 차라리 뭔가에 몰두하라는 말은 어떨까? 유능해지라거나 최고가 되라는 말은? 열정을 따른다니, 그건 대체 무슨 말일까?

하지만 이런 무의미한 말장난 중에서 최고는 시도 때도 없이 불거지는 '과연 물 잔이 반이나 찼는가 아니면 반이 비었는가'에 관한 논쟁이다.

이 물컵이 어쩌고 하는 이야기는 결정을 내리는 데 무능력한 사람들이 만들어낸 개념이다. 반이 찼든 반이 비었든 무슨 상관인가? 분명한 건 잔에 무언가가 있느냐 아니면 없느냐다. 안에 든 것이 마음에 든다면 더 채우면 된다. 마음에 들지 않으면 다 쏟아버리고 다시 시작하면 된다. 그러지 않고서는 물 잔만 쳐다보며 이런 생각을 할 뿐이다. '젠장, 어느 쪽인지 정할 길이 없네.'

정말 말 같지도 않은 소리다. 당연히 결정을 내릴 방도는 있다. 당사자에게 그럴 마음이 없어서 문제지. 만약 누군가가 이 물컵 개념을 들먹인다면 스스로 선택을 못하거나 할 마음도 없는 사람이 아무 의미도 없는 논쟁거리를 늘어놓는다고 생각하면 된다. 내가 봤을 때 이건 복잡한 사거리 한복판에 서서는 "어떻게 해야 할지 모르겠어요!" 하고 울부짖는 꼴이나 다름없다. 주변에서 다들 "길에서 빠져나와!" 하고 외치는데도 말이다.

> 자기 자신을 믿어라.
> 그리고 결정해라.

매일, 매시, 매분 당신이 팔짱 끼고 앉아서 무엇을 해야 할지 고민만 할 때 누군가는 이미 그 일을 하고 있다. 당신이 왼쪽이냐 오른쪽이냐를 두고 갈팡질팡할 때 누군가는 이미 목적지에 도달했다. 당신이 앞으로 할 일을 두고 지나치게 많은 생각과 분석에 휘말려 옴짝달싹 못할 때 누군가는 직감을 따라서 먼저 나아가고 있다.

스스로 선택하라. 그렇지 않으면 결국은 남이 한 선택을 따라야만 한다.

일반적으로 사람들은 직접 결정을 내리길 원치 않는다. 대개는 의견을 내고 주변의 반응이 어떤지 살피다가 "그냥 그래보면 어떨까 하고 제안해본 것뿐이에요"라고 얼버무리고 만다. 상황에 맞는 해답이 무엇인지는 다들 알지만 행동으로 옮기지는 못한다. 만약 일이 잘못 틀어지기라도 하면 자신이 책임을 져야 하고 그때는 다른 누구를 탓할 수도 없기 때문이다. 하지만 그러는 사이에 누군가는 어떤 결정을 내릴 것이다. 그리고 그 판단이 통할 경우 모든 공은 그 사람에게 돌아갈 것이다. 어쩌면 그가 내린 선택은 본인에게만 유리한 것일 수도 있다. 그러나 그 외에는 누구도 책임을 떠맡지 않았기에 남들이 아쉬워해봤자 아무 소용없다.

클리너는 모든 결정을 직접 내린다. 클리너가 제 일에 관한 결정을 다른 누군가에게 맡긴다는 건 상상도 할 수 없다. 주변에 의견을 묻고 그 정보를 본인의 지식에 더하는 일은 있을지도 모른다. 하지만 남들이 시키는 대로 움직이는 경우는 없다. 클리너는 오직 자신의 본능을 따를 뿐이다. 또 일단 내린 결정은 중간에 바뀌는 일이 없다. 클리너는 본인의 선택을 남들이 어떻게 생각하든 신경 쓰지 않고 그 결과를 기꺼이 받아들인다. 클리너에게 결정은 곧 행동이다.

스스로 결정하는 힘

이 주제에서 한 가지만큼은 쿨러를 칭찬하고 싶다. 쿨러에게는 상대방이 합당한 이유를 제시하면 이미 정해진 사항을 재고해보고 방향을 전환하려는 의지와 융통성이 있다. 만약 클리너 앞에서 그런 의견을 피력했다가는 당장 꺼지라는 말만 돌아올 것이다.

세상에는 무엇을 어떤 관점으로 봐야 할지 밤낮없이 생각만 하면

"

스스로 선택하라.
그렇지 않으면 결국은
남이 한 선택을 따라야만 한다.

"

서 아까운 세월을 낭비하는 사람들이 있다. '한편으로는… 또 다른 한편으로는… 그런데 또 이렇게 보면….' 그만 좀 하자. 고민도 한두 번이지, 뭐든 간에 지나쳐서 좋을 게 없다.

누군가는 이렇게 말한다. "긍정적으로 생각해야지!" 또 다른 누군가는 이렇게 말한다. "부정적으로 말하려는 건 아니지만 그래도…." 나는 긍정적인 사고와 부정적인 사고 어느 쪽도 옳다고 생각하지 않는다. 긍정주의자들은 오로지 성공한 모습만을 상상하라고 한다. 부정주의자들은 모든 일이 잘못될 가능성에 초점을 맞추라고 한다. 글쎄, 무엇을 원하든 간에 그저 상상한다고 현실이 될 리 만무하고 또 아직 일어나지도 않은 문제들을 계속 생각해봤자 두려움과 불안감만 커질 뿐이다. 나는 당신이 본능과 반사 신경으로 무장하길 바라지 신경안정제를 달고 살길 바라지 않는다.

애초에 본능은 긍정도 부정도 인지하지 못한다. 그저 어떤 상황과 우리의 반응과 어떤 결과만 있을 뿐이다. 매사에 준비가 갖춰진 사람은 눈앞의 상황이 좋은지 나쁜지 생각하지 않고 전체적인 그림을 살핀다. 반대로 좋고 나쁨을 생각하는 사람은 지금 해야 할 일에만 집중하지 못하고 몰입 상태를 벗어나 마음을 가누지 못한 채로 감정과 에너지를 소모하게 된다. 생각은 결과를 이루지 못한다. 오직 행동만이 결과를 낸다. 성공하고 싶다면 필요한 모든 준비를 갖추고 행동하라. 자기 자신을 지키고 힘을 북돋는 데 수많은 사람이 필요하지는 않다.

당신을 지켜줄 안전망은
바로 준비성과 본능이다.

어느 날 당신의 머릿속에 어디서도 듣지 못한 놀라운 아이디어가 번개처럼 떠올랐다고 치자. 당신은 신이 나서 몇몇 사람들에게 그 이야기를 해본다. 그런데 다들 공감하기는커녕 뚱한 표정을 짓기만 한다. 그 순간 방금 전까지 하늘 높은 줄 모르고 치솟던 의욕이 확 꺼지고 만다. 왜 그렇게 됐을까? 바로 몇 시간 전에 떠올린 그 아이디어는 여전히 그대로인데 대체 무슨 일이 일어났단 말인가?

생각을 멈춰라. 스스로 멋진 발상을 떠올리고 그 가치를 직감적으로 알아차렸는데 왜 불가피하게 뒤따르는 빈약한 예측과 의심, 분석 따위에 고개를 숙이는가? 당신이 귀 기울이는 건 다른 사람들의 말인가 아니면 자신의 본능인가? 당신이 조언을 구하는 쪽은 확실한 주관을 가진 사람들인가 아니면 실패만 걱정하는 사람들인가? 어떤 결정을 두고 지나치게 많은 생각을 하다보면 어느 순간 입에서는 "자고 일어나서 생각해볼래"라든가 "일단 뒤로 미뤄두자"라든가 "나도 내 판단을 못 믿겠어"처럼 흔히들 버릇처럼 하는 말이 나오기 시작한다. 일단 뒤로 미룬다? 뭐든지 우선순위에서 밀려나면 그만큼 관심도 식기 마련이다. 그러면 나중에는 그런 아이디어가 있었는지도 완전히 잊고 그 일에서 아예 손을 떼게 된다. 자신이 성공에 얼마나 가까이 다가갔는지도 모른 채.

사람들이 버릇처럼 내뱉는 말을 또 하나 이야기하자면, 우유부단하고 소극적인 태도를 키우는 데 한몫하는 것이 있다.

바로 기다리는 자에게 복이 온다는 말이다. 한데 실제로는 그렇지가 않다. 복은 '노력하는 자'에게 온다. 물론 세상에 조급하게 굴어서 좋을 건 아무것도 없다. 우리에게 필요한 건 신속함이지 경솔함이 아니니까. 그렇다고 뒤로 물러 앉아 무슨 일이 일어나기만 기다려서는 안 된다. 어쨌든 결과를 향해서 계속 움직여야 한다. 절대 기다리지 말라. 당신이 월요일에 내리지 않은 결정은 화요일이 되어도 여전히 남아 있을 테고 그때는 화요일 분의 또 다른 고민거리가 더해질 것이다. 만약 그날 역시 아무것도 정하지 않고 넘어간다면 수요일에는 결정할 사안이 서너 가지로 불어날 것이다. 그러면 당신은 얼마 지나지 않아 아직 손대지 않고 미뤄둔 수많은 일거리에 짓눌려 완전히 얼어붙은 채 결국 아무것도 못 하는 상태가 되고 말리라.

그러는 사이, 당신이 실수를 할까 봐 두려워서 손 놓고 아무것도 하지 않을 때, 누군가는 앞으로 나아가 온갖 실수를 저지르고 거기서 무언가를 배우며 당신이 바라던 목적지에 도달할 것이다. 어쩌면 그곳에서 당신의 나약함을 비웃을지도 모른다.

그러다가 스스로 미루고 미뤘던 결정을 마침내 내리게 됐을 때, 그때 당신은 과연 어떤 선택을 할까? 십중팔구 맨 처음 보였던 반응, 그 일을 처음 맞닥뜨린 순간 떠올렸던 생각으로 되돌아간다. 당신은 이미 알고 있었다. 왜 처음부터 그냥 자신을 믿지 못했는가?

당신의 꿈을 이루는 데 남들이 적극적으로 달려들어 뭔가를 해주길 기대하지 마라. 사람은 제각기 다른 꿈이 있다. 그들은 당신의 꿈을 걱정해주지 않는다. 여력이 된다면 다들 어느 정도는 도우려고 하겠지만 결국은 당신에게 달린 일이다. 좋은 사람들을 곁에 두고, 자신의 장점과 약점을 알고, 동료들이 최선을 다하도록 믿어주자. 하지만 어찌 됐건 그 꿈을 이루는 것은 여전히 당신의 몫이다. 이제 필요한 건 계획과 실천이다.

당신에게는 어떤 계획이 있는가? 모든 것은 단순한 생각에서 시작한다. 세상의 모든 아이디어, 발명, 계획, 창작품의 시작은 하나의 생각이었다. 하지만 생각에 생명을 불어넣으려면 계획을 세워야 한다. 몸을 단련하고, 어떤 스포츠 종목에 맞는 훈련을 하고, 새로운 사업을 시작하고…. 우리 인간은 그런 것을 생각만으로 끝내기도 하고 목표를 실현하기 위한 계획을 세우기도 한다. 계획은 현실적이어야 한다. 과연 당신에게는 얼마나 시간이 있는가? 어떤 목적을 위해 얼마나 많은 시간을 쏟을 것인가? 그 일은 당신의 일과에서 최우선 순위를 차지하는가 아니면 다른 활동을 겸하며 처리할 수 있는가? 자신의 목표와 관심사를 제대로 반영하여 계획을 짜면 실천할 가능성은 더욱 커진다. 본인이 운동을 일주일에 세 번 정도 할 걸 이미 알면서 굳이 매일 할 것처럼 굴 필요는 없지 않은가?

스스로 선택하고 그 결정을 고수하라. 사람들 대부분은 그러지 못한다. 보통은 일을 그때그때 되는대로 하거나 상황을 지켜보는 데 만족하고 만다. 안 될 말이다. 당신은 그 방향으로 들어서면 어떻게 되는지 이미 알지 않는가? 끝내는 모든 것이 위기에 처한다는 사실을. 그러나 실제로는 정말 많은 사람이 그런 길을 택한다. 과감히 물로 뛰어들어야 할 때 물 상태가 어떤지만 살피는 격이다. 대체 뭐 하러 그럴까? 물속에 악어 떼가 득실거리는 게 아닌 이상에야 결단을 내려서 나쁠 게 뭘까? 끽해야 몸이 젖는 것이다. 클리너는 이렇게 생각한다. '별 일 아냐. 헤엄을 치면 되니까.' 대다수 사람들은 물가에서 몸을 떨며 수건만 찾을 뿐이다.

아하, 혹시 수영을 못해서 그런 걸까? 좋다, 그렇다면 '할 수 있는 것'을 말해보라. 굳이 물가에 서서는 헤엄치지 못하는 자신을 딱하게 여길 필요는 없다. 남들이 한 수영장에서 자리다툼을 할 때 방향을 틀어 다른 곳에서 앞서 나가라. 어차피 평범한 대다수의 뒤를 따라서는 클리너가 될 수 없다. 누구나 할 줄 아는 일 이상을 해내고 자신이 그 분야에서 왜 최고인지를 매일같이 증명하는 사람만이 그 위치에 도달한다.

아마 다들 주변에 이런 사람이 하나쯤은 있을 것이다. 뭐든지 할 줄 아는 만능인. 이번 주에는 블로거이자 작곡가이자 상담가로 활동하고 지난주에는 일식 요리사로 일하며 이틀 저녁은 남들에게 테니스를 가르치고 주말에는 1955년식 마세라티를 개조하는 데 매달리는 그런 사람 말이다. 그렇게 누군가가 종횡무진하는 이야기를 듣고 있노라면 대개는 자신이 한 것도 없이 인생을 헛살았다고 느끼기 쉽다. 하지만 더 자세히 들어가 보면 그 역시 이것저것 손만 대보고 어디서도 성공하지 못한 수많은 이들 가운데 하나라는 걸 알게 된다. 그런 사람들을 볼 때 나는 이런 생각이 든다. '이러나저러나 잘하는 건 바쁘게 지내는 것뿐이라는 소리네.'

내가 원하는 건 "나는 이런 일을 한다"고 한 가지를 똑 부러지게 말하는 사람이다. 코비에게 너는 무슨 일을 하느냐고 물으면 녀석은 이렇게 답한다. "나는 숫자를 만들죠." 숫자? "네, 숫자요. 한 경기에 81점을 넣고, 어느 날은 트리플 더블을 하고, 또 어떨 때는 61점을 넣기도 하죠." 사람들은 코비가 패스에 얼마나 인색한지 매일 신나게 떠들어대지만 그가 맡은 역할은 득점을 하고 그런 숫자를 내는 것이다. 물론 그는 그 일을 실제로 해낸다.

사람들 대부분은 스스로 못 하는 게 없다는 것을 증명하고 싶어 하지만, 이는 제 진짜 능력을 깎아먹는 짓이다. 3점 슈터가 아닌 사람이 굳이 3점슛을 던질 일이 아니다. 홈런 타자가 아니라 주루 플레이와 도루에 일가견이 있는 사람은 달리는 데 매진해야 한다. 현실에서 크게 성공하는 건 어느 한 가지에 능통한 전문가다. 그리고 그 한 가지가 필요할 때 우리가 찾는 건 다름 아닌 그 사람이다.

몇 년 전에 나는 마이클과 함께 FBI 훈련 시설을 방문했다. 그곳에는 세계 최고의 명사수들을 위한 사격 연습장이 있었다. 그날 우리는 거기서 쉬지 않고 홀로 사격 연습을 하는 어떤 남자를 보았다.

과녁은 365미터나 떨어져 있었다. 그는 차를 몰고 사로 끝까지 가서 과녁 위에 표적지를 붙인 뒤 다시 우리가 있는 곳까지 돌아왔다. 그런 다음 조준경이 달린 총을 들고 과녁을 향해 한 발을 쐈다. 아마 슉 하는 소리가 났을 텐데 우리 귀에는 들리지도 않았다. 우리는 그와 함께 차를 타고 과녁 쪽으로 이동했다. 가서 보니 정확히 가운데에 구멍이 나 있었다. 그때 우리는 총알이 과녁 어디든 맞기만 해도 대단하다고 생각했을 것이다. 그런데 365미터에 정중앙이라니.

마이클은 그 사로를 쓰는 사람이 얼마나 되는지 물었다. 남자의 대답은 이랬다. "저뿐입니다." 그러니까 아주 가끔 우리 같은 방문객이 있을 때를 제외하고 그는 내내 혼자서 그 한 발을 쏘는 연습을 몇 번이고 반복하는 것이다. 결국 그만한 거리의 목표물을 저격해야 할 때 찾는 것은 그 사람이다. 그가 그런 실력을 갖추기 위해 매일 어떤 노력을 기울이는지는 아무도 모른다. 사람들은 그가 결과를 낸다는 것만 알 뿐이다.

> 자신이 무엇을 할 줄 아는지 파악하고 그 일을 하라.
> 그리고 누구보다 그 일에 출중한 사람이 되어라.

모든 활동은 본인이 잘하는 일을 중심으로 돌아가야 한다. 다시 말해서 잘 아는 분야에 열중하라는 말이다. 당신이 이느 한 가지에 특출하다는 사실이 음식 장사나 자동차 대리점 업무, 운동복 브랜드 경영까지 모두 잘할 수 있다는 뜻은 아니다. IT 분야의 대가인 빌 게이츠가 구태여 운동복 브랜드를 만들 리 없다. 당신도 마찬가지다.

고통에 대한 내성을 키워라

선수 입장에서 가장 내리기 어려운 결정 가운데 하나는 자신이 피로와 고통을 얼마나 견딜 수 있는지, 스스로를 얼마나 채찍질할 수 있는지를 가늠하는 것이다.

모든 선수는 고통을 안은 채 시합을 하고 항상 몸 어딘가는 우리가 알지 못하는 변화를 겪는다. 여기서 중요한 것은 어떻게 그런 통증이 멘탈에 영향을 미치지 않게 하느냐다. 만약 앞으로 만성적인 통증에 시달리게 된다면 당신은 그 불편하고 힘든 상황을 익숙하게 받아들일 수 있을까?

어떤 선수들은 부상을 당했을 때 운동을 하면 안 된다는 의사의 진단을 정말 아무렇지 않게 받아들인다. 운동 쉬는 것을 아쉬워하지도 않고 오히려 그 상황을 편히 여기기도 한다. 반면에 클리너는 부상을 당해도 어떻게든 운동할 방법을 찾으려 하고 그러지 못할 때는 괴로워서 몸부림을 친다. 어쨌든 선택은 본인의 몫이다. 선수들은 의사의 말을 따라서 오랫동안 더 안전하게 회복기를 보낼 수도 있고, 장기적으로 재활하는 만큼은 안 되겠지만 어쨌든 시합에 나갈 수 있게 다른 방식으로 더 빨리 몸을 낫게 할 수도 있다. 이는 당사자가 경기장에 복귀하길 얼마나 간절히 바라느냐에 달렸다.

클리너라면 생존을 위해 몸 한 부분을 제거해야 하는 상황이라도 망설이지 않고 결정을 내릴 것이다. 그리고 그 부위 없이 적응할 방법을 찾을 것이다. 그게 만약 손가락이라면 나는 그럴 수 있다. 손가락을 잃느냐 아니면 시즌을 통째로 날리느냐? 그런 질문이 던져졌을 때 클리너는 손가락을 포기한다. 실제로 코비에게는 원래라면 절대 움직여서는 안 될 방향으로 움직이는 손가락이 하나 있다. 아마 보통 사람 같으면 당장 수술을 해서 바로잡았으리라. 하지만 그렇게 했을 때 코비 입장에서 손가락이 뒤로 완전히 꺾이지 않게 막는 것 외에 무슨 이점이 있을까? 그 수술을 하면 9개월 동안 농구를 쉬어야 한다. 과연 그럴 가치가 있을까?

클리너는 육체적·정신적 고통에 대한 내성이 강하다. 그들에게는 그런 상황이 고통을 얼마나 받아들이고 견딜 수 있는지, 몸이 아픈 상태로도 얼마나 잘 뛸 수 있는지를 확인할 또 다른 시험대와 같다. 이를테면 1997년도 NBA 결승전에서 마이클이 펼쳤던 전설적인 플루 게임이나 코비가 2012년에 독감에 걸린 채로 뛰었던 시합을 들 수 있다. 그럴 때 클리너는 본인의 육체가 제기한 도전을 이겨내고 능력을 증명할 기회로 받아들이므로 경쟁 상대는 특히 조심해야 한다.

또 그들은 몸이 약해진 만큼 상대를 이길 다른 방법을 찾는데 대개는 정신력 싸움으로 흐르게 된다. 이처럼 육체적으로나 정신적으로 고된 상황에 처하는 것은 몰입을 부르는 강력한 방아쇠가 되곤 한다. 생존 본능이 발동하여 약해진 몸과 정신 상태에 맞설 새로운 무기를 안겨주는 것이다.

마이클의 플루 게임에 관해 이야기하자면, 사실 당시의 증상은 독감이라기보다 식중독에 가까웠다. 그렇게 탈이 나기 전에 마이클은 숙소 인근에서 유일하게 밤늦게까지 장사 중이던 한 식당에서 음식을 주문했다. 그리고 여섯 명이나 되는 배달원들이 나타났을 때 나는 무언가 잘못되었음을 느꼈다. 그 음식을 먹고 얼마 후 마이클은 바닥에 웅크린 채 고통을 호소했다. 그를 알게 된 뒤로 그토록 안쓰럽게 몸을 떨면서 아파하는 모습은 처음 봤다. 하지만 그는 특유의 투지와 결단력으로 다음 날 출전을 감행했고 그 와중에 38득점을 올리며 선수 인생의 하이라이트를 장식할 또 하나의 명경기를 만들어냈다. 나중에 그는 "지금까지 뛰었던 것 중에 제일 힘들었던 시합"이었다고 소감을 밝혔다.

나로서는 모든 것이 위태로운 상황에서 인간이 그렇게 해낼 수 있다는 사실이 놀라울 따름이다.

가장 유능한 선수가 제일 오래 훈련한다

은퇴를 하느냐 마느냐, 어떤 수술을 받느냐 마느냐, 내 꿈을 포기하느냐 마느냐. 이런 결정은 우리 인생에 큰 변화를 불러온다.

물론 우리가 내리는 결정 가운데는 그리 어렵지 않은 것도 있다. 매일 시합이 끝나면 나는 마이클에게 이렇게 물었다.

"5시, 6시 아니면 7시?"

다음 날 아침 체육관에 갈 시간을 묻는 것이었다. 그때마다 대답은 지체 없이 돌아왔고 다른 말은 없었다. 시합에서 졌을 때는 특히나 더 말할 것도 없었다. 훈련을 하루만 쉬자는 말도 없었고 그러려고 나를 설득하려는 시도나 논의도 없었다. 그 시간에 보면 되겠냐는 물음과 된다는 대답, 내일 아침에 보자는 말뿐이었다.

그리고 다음 날 아침이면 마이클은 본인이 정한 시간에 잠자리에서 일어나 숙소 앞에 서 있는 나를 찾았다. 지난밤에 무슨 일이 있었든, 시합에서 이겼건 졌건, 몸이 아프건 피곤하건 상관하지 않고 그는 매일 아침 다른 선수들이 자는 사이에 일어나서 운동을 했다.

여기서 흥미로운 것은 가장 유능하고 성공한 선수가 어느 누구보다 실력 향상에 많은 시간을 쏟았다는 점이다.

코비도 다르지 않다. 훈련을 향한 그의 욕구는 정말이지 끝이 없다. 우리는 날마다 낮에 두 번, 밤에 한 번 더 체육관을 찾아가 다양한 훈련법을 적용해보고 몇 가지 과제를 해결하면서 남들보다 우위에 설 방법을 찾는다. 사실 코비만큼 월등한 수준에 도달하면 실전에서 딱히 실수를 범할 일이 없다. 또 오늘날 농구계에는 최상의 컨디션을 유지하기 위해 제대로 된 인재들을 주변에 두고서 그보다 더 노력하거나 몸 관리에 더 많이 투자하는 선수도 없다.

그렇다고 해도 여전히 리그는 호락호락하지 않다. 그래서 코비는 매일 그렇게 많은 훈련을 소화하기로 결심했다. 앞에서도 말했듯이, 가장 재능이 뛰어난 사람이 누구보다 많은 노력을 기울이는 것이다. 그가 내린 선택은 그랬다.

코비의 개인 훈련은 한 번 할 때마다 약 90분이 걸린다. 그리고 그중 30분은 손목과 손가락, 발목 등 세세한 부분을 살피는 데 쓴다. 한 분야에서 최고가 된 이들은 작은 부분까지 세심하게 주의를 기울이면서 그렇게 한층 더 발전한다.

그는 매번 훈련 중에 어느 시점이 오면 눈을 부릅뜨고 내게 묻는다. 아직도 할 게 남았느냐고. 솔직히 아무리 코비 브라이언트라도 훈련이란 고되고 지루한 법. 때로는 농구대의 림이 몇백 미터는 위에 달린 것처럼 보이고 점프를 할 때마다 신발이 쇳덩이처럼 무겁게 느껴지기도 한다. 하지만 그는 끝까지 해낸다. 공을 림에 던져 넣지 못하면 모든 것이 물거품처럼 사라질 테니까. 그는 그렇게 또 한 번 선택을 내린다.

우리가 살면서 무엇을 하든 모든 것은 이 질문으로 귀결된다.

'당신은 성공하기 위해서 기꺼이 필요한 결정을 내릴 것인가? 당신은 그 결정을 끝까지 지킬 텐가 아니면 상황이 어려워졌을 때 뒤로 물러설 텐가? 당신은 남들이 그만두라고 말할 때도 계속 노력을 기울일 생각인가?'

고통은 육체와 정신, 감정 등 다양한 형태로 우리에게 다가온다.

당신은 그저 고통이 없는 상태를 원하는가? 아니면 그것을 극복하고 더 앞으로 나아겠다는 자신과의 약속과 결정을 지키고 싶은가?

모든 것은 당신의 선택이다.
어떤 결과를 맞을지는 당신에게 달렸다.

#1.

혹독한 과정 끝에 맞이하는
결과의 짜릿함에 중독되어 있다

> **쿨러는 보수만큼만 일한다.**
> **클로저는 보수가 얼마인지 확인하고**
> 얼마나 열심히 일할지를 결정한다.
> **클리너는 돈을 생각하지 않는다.**
> 조직이 자신의 가치를 분명히 인정한다는 것을
> 알고 맡은 일을 할 뿐이다.

마침내 그날이 왔다. 당신의 목에서는 깔끔하게 맨 200달러짜리 넥타이가 빛난다. 어머니는 새 드레스를 입었고 곁에는 온 가족이 함께 있다. 누군가가 다가와서 귀에 대고 속삭인다. 이제 됐어. 총재가 연단에 오른다. "올해의 신인 드래프트 11순위는…." 그러자 아무 소리도 귀에 들어오지 않는다. 그 순간 에이전트가 누구보다 먼저 당신을 와락 끌어안는다.

축하한다. 오늘은 끝을 향해 달려가는 당신의 선수 인생의 첫날이다.

혹시 발표를 듣는 순간 안도의 한숨을 내쉬었는가? '드디어 여기까지 왔어. 이제 내 인생은 핀 거야'라고 생각하면서? 혹시 이런 생각을 하지는 않았는가? '이제 정말 할 일이 많겠어.'

대다수 신인 선수들은 드래프트 행사가 끝난 뒤 축하 파티를 벌인다. 하지만 코비는 그날도 연습을 하러 체육관을 찾았다.

정상에 오르는 것과 그 위치에서 성공을 이어가는 것은 엄연히 다른 이야기다. 모든 비즈니스가 그렇다. 회사에 취직하는 것이 그 일자리를 계속 지킬 수 있다는 뜻은 아니며 고객을 유치했다고 해서 그 사람이 영원히 고객으로 남는다는 뜻은 아니다. 사람들은 대부분 이런 현실을 잘 이해하고 있는 것 같다. 보통은 큰 기회가 오면 돈을 벌기 위해 적극적으로 나서야 한다고 느끼고 본인에게 그만한 자격이 있다는 것을 증명하고자 더 열심히 일을 한다.

하지만 순식간에 돈방석에 앉게 되는 대형 스포츠 리그의 신인 선수들에게는 계약서에 서명을 하는 그날이 곧 종말로 향하는 시작점과도 같다. 그때쯤이면 이미 자신을 숭배하는 팬들이 즐비하고 고액의 신발 계약이 보장되어 단순히 어느 팀의 어떤 선수가 아니라 어느 브랜드와 계약을 맺은 스타플레이어로 이름을 날리는 상황이다. 여름은 실력을 키우려고 땀을 쏟는 계절이 아니라 운동복과 신발을 홍보하며 세계 곳곳을 여행하는 휴식기로 바뀐다. 소위 '친구'라는 족속들은 일주일 전보다 열 배 이상 늘어나고, 이제는 내가 몸담은 스포츠를 위해 무엇을 할 수 있을지가 아니라 이 스포츠가 내게 무엇을 줄 수 있는지를 생각하기 시작한다. 많은 선수들이 그렇게 주어지는 것을 받아들이기만 하고 거기서 끝난다.

운동선수를 예로 들었지만 누구나 생각해볼 만한 주제다. 과연 지금까지 나에게 무엇이 주어졌으며 나는 내 힘으로 무엇을 해낼 것인가?

당신에게 필요한 것은 행운이 아니다

살다 보면 우리에게는 특별한 선물이 주어지기도 한다. 어쩌면 당신에게는 날 때부터 뛰어난 재능이 있는지도, 물려받을 가업이 있는지도 모른다. 또 누군가가 성공을 기대하며 당신에게 새로운 문을 열어주었을지도 모른다. 하지만 아는가? 문이란 열리는 면이 있으면 닫히는 면도 있기 마련이다. 혹시 당신은 스스로 경쟁할 기회를 저버리고 본인의 가능성을 닫아버리지는 않았는가?

선물을 받는 것이 잘못되었다는 말은 아니다. 진짜 도전은 바로 그 지점부터 시작되니까. 무언가에 미쳐 꿈을 이루려는 수많은 사람과 마찬가지로 나는 기회를 포착하고 그 가능성을 키우기 위해 부단히 애썼다. 내가 어디까지 해낼 수 있을지 재느라고 노력을 멈춘 적은 없었다. 이 업계에서 나를 헐뜯는 사람들은 매번 이런 말을 한다. "그 녀석은 마이클 조던을 데리고 일을 시작했잖아. 이미 누구보다 뛰어난 선수를 트레이닝하는 건 어렵지 않아." 최고의 선수를 더 나아지게 할 방법을 찾는 것이 '어렵지 않다'고 생각한다면 그 사람은 한 번도 그런 도전에 직면한 적이 없었다는 말이다. 평범한 사람을 더 높은 수준으로 끌어올리기는 쉽지만 이미 실력이 탁월한 사람을 그 이상으로 발전시키기란 쉽지 않다.

클리너의 법칙

경쟁 상대가 당신을 두고 '운이 좋다'면서 징징댄다면 당신은 지금 잘하고 있는 것이다.

성공에 지름길은 없다. 행운도 없다. 사람들은 압박감이 엄습하는 순간 늘 "행운을 빈다"고 말한다. 아니, 그렇지 않다. 행운 따위는 관련 없는 일이다. 나는 행운을 믿지 않는다. 우리 앞에 놓인 것은 사실과 기회와 현실뿐이며 여기에 어떻게 반응하느냐가 당신의 성공과 실패를 좌우한다. 복권조차도 행운과는 아무 관련이 없다. 단지 일련의 숫자가 있고 당신이 그중에 맞는 것을 고르느냐 아니냐가 당락을 결정할 뿐이다. 시합의 승리가 위태로운 상황에서 "행운을 빈다"는 말은 선수에게 영 달갑지 않은 소리다. 바꿔 말하면 그 사람이 충분히 준비되어 있지 않다는 뜻이니까. 구직 면접을 앞둔 사람에게 필요한 것은 행운이 아니다. 그때 필요한 건 갑작스러운 사건이나 알 수 없는 힘에 기대려는 마음이 아니라 스스로 얼마나 준비가 되었는지, 얼마나 중심을 잘 잡고 있는지 아는 것이다. 행운은 일이 마음대로 풀리지 않을 때 꺼내 드는 쉬운 변명거리이자 제 운명

을 요행에 맡긴 채 허송세월할 때 마음을 놓기 위한 일종의 근거가 된다. 이처럼 알 수도 없는 무언가에 앞뒤 가리지 않고 모든 것을 거는 사람이 악착같은 투지를 갖기란 불가능하다.

무엇이 주어졌느냐는 중요하지 않다. 진짜 중요한 건 "이건 내 힘으로 해냈어" 하고 당당히 말할 수 있는 일을 해내는 것이다. 만약 당신이 그저 특별한 선물을 받은 채로 모든 준비가 끝났다고 여긴다면 진정 위대한 것, 빼어난 것이 무엇인지 깨달을 가능성은 그야말로 제로다. 그래놓고 불굴의 승부사가 된다느니 세상 무엇도 날막지 못하느니 하는 말은 얼토당토않은 소리다. 당신 스스로 모든 가능성을 막아버렸으니까.

드웨인은 아무것도 없이 오로지 재능만 안고 태어나 그 능력을 최고 수준으로 끌어올린 완벽한 본보기다. 그는 시카고에서 농구로 딱히 알려진 바 없는 작은 고등학교 출신으로, 여타 대학 팀들로부터 스카우트 제의를 거의 받지 못한 채 리그에서 경쟁력이 떨어지는 마케트대학교에 입학했다. 1학년 때는 부족한 학업 성적 때문에 시합에 나가지도 못했다. 그러나 프로 선수가 될 기회를 잡으려면 어떤 대가가 필요한지 깨닫고 다시 일어나 있는 힘을 다해 노력하기를 거듭했다. 이후 2003년에 이르러 그는 NBA 신인 드래프트에서 마이애미 히트의 선택을 받았다. 르브론 제임스, 다르코 밀리시치Darko Milicic, 카멜로 앤서니Carmelo Anthony, 크리스 보시에 이은 전체 5순위였다.

"

'행운을 빈다'는 말은
선수에게 영 달갑지 않은 소리다.
바꿔 말하면 그 사람이 충분히
준비되어 있지 않다는 뜻이니까.

"

그렇다. 드웨인 웨이드는 2010년에 결성된 빅 쓰리 중에서 마지막으로 선발된 선수였다. 그는 대규모 광고나 수억 달러 규모의 신발 계약, 리그의 제왕이 되리라는 세간의 기대감 같은 것 없이 마이애미에 도착했다. 그리고 그저 시합에만 열중했다. 3년 뒤, 그는 첫 우승 반지를 끼었다. 그보다 먼저 드래프트된 선수들보다 몇 년이나 앞서 이룬 성과였다.

지름길은 없다

손에 닿지 않는 무언가를 갖기 위해 발버둥친 적이 없는 사람은 악착같이 사는 것이 무엇인지 이해하지 못한다. 계속 닿을 듯 닿을 듯 하다가도 점점 더 멀리 달아나는 목표, 그럴 때 우리 내면에 존재하는 미지의 힘, 바로 킬러 본능은 그것을 붙들기 위해 온 힘을 다해 싸우고 마침내 두 손에 거머쥘 때까지 끊임없이 우리를 나아가게 한다. 눈앞에 가만히 있는 대상은 누구라도 쉽게 붙잡을 수 있다. 결코 한곳에 머물지 않는 목표를 좇으려는 결의, 그 마음은 진정 악착같이 분투하는 사람만이 이해할 수 있다.

타고난 재주가 뛰어난 사람들이 누구보다 빨리 정상에 오르는 것은 당연한 일이다. 그래서 어쩌라고? 그게 당신이 그만큼 높이 올라가지 못하는 이유인가? 도전의 길은 여전히 그곳에 있으나 대다수 사람들에게는 그만한 노력을 기울일 용기가 없다. 엘리트가 되고 싶다면 스스로 그 자격을 얻어야 한다. 매일, 당신이 하는 모든 일에서 그래야만 한다. 제힘으로 해내고, 증명하고, 희생해야 한다.

성공으로 가는 지름길은 없다. 코끼리 떼와 싸우고 싶다면 우선 진흙탕을 뒹굴며 돼지 떼와 씨름하고 매일같이 벌어지는 잡다하고 지저분한 일들을 해결하면서 더 크고 강한 녀석들에게 맞설 준비를 해야 한다. 난데없이 코끼리부터 상대했다가는 준비를 갖추기는커녕 살아남지도 못한다. 당신의 본능이 아무리 대단하다 해도 그런 경우에는 본인만의 무기를 장만하고 싸우는 데 필요한 기반이 부족할 수밖에 없다. 물론 주변을 에워싼 코끼리 떼는 눈앞의 상대가 절망에 빠진 신참임을 한눈에 알아채리라.

어느 여름날 우리 체육관에는 베테랑들과 아직 드래프트 되지 않은 신인들을 포함해 쉰 명 정도 되는 선수들이 모였다. 그중에는 여태 단 한 번도 돼지와 씨름해보지 않은 청년이 있었다. 그는 최고의 감독과 코치들이 있는 유수한 학교 출신이었고 집안도 상당히 좋아서 원하는 것은 다 가질 수 있었다. 물론 노력도 있었지만 장학금부터 온갖 트로피까지 모든 것을 너무 쉽게 얻었고 달리 큰 대가를 치르지 않은 채 대스타가 되었다. 그가 예상하는 본인의 신인 드래프트 순위는 꽤 높았다. 그러나 그는 대학교를 벗어난 현실 세계에서 일이 어떻게 돌아가는지 전혀 알지 못했다.

그는 공에 손을 대는 순간부터 한마디로 모두에게 찍혔다. 그날 체육관에 모인 모든 선수의 임무는 단 하나였다. 이 애송이를 밟아버리는 것. 당연히 좋은 태도는 아니지만 경쟁이란 드물게 그럴 때가 있다. 그 정도로 뜨겁고 험악한 분위기를 한 번도 접해본 적 없었던 그 청년은 완전히 무너지고 말았다. 순위로 따지면 그날 모인 쉰 명 중에서 51위라 해도 무색할 만큼 아무것도 하지 못했다. 그리고 그 경험으로 충분한 준비 없이는 잡지 표지 모델로서의 이력도, 화려한 퍼레이드도 아무 도움이 되지 않는다는 사실을 뼈저리게 느꼈다.

처음부터 높은 곳에서 시작하는 사람들은 자신이 그 아래쪽에서 무엇을 놓쳤는지 절대 알지 못한다. 우편물을 분류하거나 늦은 밤까지 식당 청소를 하거나 체육관에서 비품을 정리하고 고치는 사람, 진짜로 일을 어떻게 처리하는지 아는 건 그런 사람이다. 그처럼 근면하게 한 단계씩 밟아가며 위로 올라간 사람은 어떤 일이 어떻게 돌아가는지, 왜 그런지, 일이 중단되었을 때는 무엇을 해야 하는지를 모두 안다. 그런 인물은 조직 내에서의 영향력과 가치가 클 뿐 아니라 근무 수명 역시 길다. 가장 높은 곳에 도달하려면 어떤 역량이 필요한지 그만큼 잘 알기 때문이다.

마라톤을 완주했다는 말,
그 말을 코스 중간부터 달리기 시작한
사람이 할 수는 없다.

모든 것은 기본기에서 시작한다

마이클은 시합 중에 놀라운 동작과 잊지 못할 광경들을 수없이 자아냈지만 기초가 튼튼하지 않으면 어떤 것도 해낼 수 없다는 사실을 잘 알았다. 모든 것은 그가 어린 시절부터 반복하고, 반복하고, 또 반복해서 연습해온 여러 가지 기본기 덕분이었다. 그는 현란한 재주를 부리기 위해서가 아니라 꾸준한 결과를 내고자 노력했고 그 목표를 정말 악착같이 좇았다. 클리너는 일시적인 만족감에 구애되지 않는다. 그 대신 장기적인 성과를 얻기 위해 온 힘을 쏟는다.

가슴에 손을 얹고 한번 생각해보자. 당신이 진정 원하는 것을 얻으려면 무엇을 희생해야 하는가? 사회생활? 인간관계? 신용카드? 자유 시간? 수면 시간? 이제 이 물음에 답을 해보라. 지금 당신은 무엇을 '기꺼이' 희생할 텐가? 만약 두 질문의 대답이 일치하지 않는다면 당신이 원하는 무언가가 매우 간절하지는 않다는 뜻이다.

당신이 무슨 일을 하든 그것이 그저 돈이나 남들의 관심을 얻기 위해서라면, 당신 스스로 많은 노력을 기울이고 헌신할 생각이 없다면, 그냥저냥 괜찮은 수준에 머물러도 좋다고 여긴다면 나는 묻고 싶다. 대체 왜 그런가?

물론 많은 사람이 그런 삶에 만족하며 살고 있고 나 역시도 그 점을 비난하려는 건 아니다. 사람들은 압박감과 스트레스를 피하길 원하고 가족이나 친구들과 함께하는 시간을 희생하고 싶어 하지 않는다. 즉흥적으로 파티를 즐기고, 웬만하면 늦잠을 자려 하고, 잠자리에서 일어나 다시 잠자리에 들기까지 많지 않은 걱정과 책임과 압박감만을 안고 살기를 원한다. 그런 마음은 나도 이해한다. 그것이 인생을 살아가기에는 훨씬 쉬운 길이니까.

하지만 대부분의 경우 자신보다 더 성공한 누군가를 보며 이런 말을 내뱉는 것 역시 저들과 같은 사람들이다. "저 사람은 정말 운도 좋지. 저 정도는 나도 할 수 있었을 거야. 만약에…." 잠깐, 당신도 할 수 있었을 거라고? 만약이라니 무엇을 말인가? 만약에 당신이 지금보다 더 많은 시간과 노력을 쏟아 부었다면? 만약에 당신이 그 사람에게 도움이 된 어떤 방법을 꾸준히 써봤다면? 만약에 그 사람이 성공하기 위해 치른 대가를 당신 역시 기꺼이 치렀다면? 과연 그는 당신이 하지 못 할 일을 한 것일까?

아니다. 사실은 당신도 똑같이 해낼 수 있었다. 훨씬 더 많은 것을 해낼 수도 있었다. 대체 무엇이 당신을 멈추게 하는가? 설령 그 사람과 같은 방식으로 해내지 못 한다 해도 그게 대수인가? 왜 당신만의 방식으로 하지 않는가? 같은 기회가 있었더라도 당신 스스로 그 기회를 흘려보냈다면 성공한 사람을 질투할 일이 아니다.

대체 언제부터 우리는 노력하는 것을 무슨 어려운 기술이라도 되는 양 생각하게 되었을까? 열심히 하는 데는 재능이 필요하지 않다. 누구나 할 수 있다. 본인의 일터에 나가서 노력을 기울이고 조언을 들어라. 필요한 것은 헌신하고, 발전하고, 더 나아지려는 의지다. 당신은 존재하지도 않는 지름길을 찾는 중인가 아니면 당장 필요한 일을 할 준비가 되었는가? 지금 당신이 원하는 것은 편한 길인가 아니면 위대한 여정인가?

노사 분규로 말미암아 두 달가량 개막이 미뤄졌던 2011~2012 시즌 동안 NBA에는 심각한 부상을 겪은 선수가 많았다. 사람들은 대부분 직장 폐쇄로 인해 시즌 진행 기간이 줄어든 것, 부족한 휴식 기간과 상대적으로 많은 경기 수를 원인으로 들었다. 선수 노조와 구단주들의 대립이 끝나자 리그 사무국은 선수들이 훈련을 하거나 손발을 맞춰볼 겨를도 없이 시즌 개최를 서둘렀고 이에 너나 할 것 없이 준비할 시간이 없었다며 불만을 늘어놓았다. 결과는 볼 것도 없이 뻔했다. 체중 관리, 체력 관리가 전혀 되지 않아 시합에 나갈 상태가 아닌 선수가 많았고 부상으로 며칠에서 몇 주는 물론이고 시즌을 통째로 날리는 선수도 더러 있었다.

하지만 나는 묻고 싶다. 대체 왜 다들 그렇게 살이 찌고 몸이 망가져서 시합에 못 나갈 꼴이 된 것인가?

진짜 농담이 아니라, 그 몇 달 동안 직장 폐쇄가 끝나기를 하릴없이 기다리면서 운동 말고 할 일이 뭐가 있었단 말인가?

몸을 써서 먹고 사는 사람이 책임지고 할 일은 딱 하나다. 최상의 컨디션을 유지하는 데 공을 들이는 것. 단지 그것뿐이다. 운동선수라면 자기 몸과 능력을 보호하고 체력을 단련하여 그 상태를 유지해야 한다. 이는 일 년 내내 수행해야 하는 의무지 취미가 아니다. 당신이 프로 선수라면 마땅히 세계 최고가 되어야 한다. 당신은 어렵사리 그 직업을 가진 겨우 몇백 명 가운데 하나다. 그런데 시즌이 언제 열릴지 몰라서 운동을 하지 않았다고? 도대체가 시즌이 언제 열리든 말든 무슨 상관인가? 꾸물대지 말고 당장 체육관으로 가라!

그러나 NBA 시즌이 아예 시작되지 않거나 늦게 열릴 것이 확실시된 상황에서 선수들은 대부분 때가 되면 열심히 할 것이라면서 운동을 게을리 했다. 내 귀에는 이런 말이 계속 들렸다. 시즌이 언제 열릴지도 모르는데 트레이너를 고용하고 싶지는 않다느니 아직 시간과 노력을 들여가며 그 정도로 준비하고 싶지는 않다느니 하는 투정이었다. 참 대단한 꼴이다. 세계에서 제일가는 선수들의 노력이란 것이 헬스클럽에서 운동하는 일반인과 다를 바 없으니 말이다. 어쩌면 그보다 못할지도 모른다. "아뇨, 시즌이 언제 열릴 지만 알면 우린 언제라도…." 변명은 그만해라. 그런다고 뭐가 달라질까? 프로라면 시즌 개막일이 정해졌을 때 이미 준비를 끝냈어야 한다. 개막이 눈앞에 막 닥쳤을 때 NBA의 그 격하고도 험난한 시즌에 대비하기는 불가능하다. 쉴 시간이 거의 없이 짧은 기간에 많은 경기를 치르는 단축 시즌은 특히 더 그렇다. 아하, 일정이 그렇게 빡빡해질 줄은 몰랐다고? 그게 이유가 될까? 그러거나 말거나 당신은 이미 준비를 마쳤어야 한다.

그때 지름길을 찾지 않고 새로운 시즌을 계속 준비하던 선수로 코비가 있었다. 그간의 부상 이력과 그가 이룬 수많은 업적을 생각하면 그해 여름은 일단 휴식을 취하고 노사 문제가 해결되기까지 기다리자 해도 이상하지 않았다. 그러나 그는 체력과 기술을 끌어올리고 더 나은 선수가 되기 위해 준비하는 데 그 시간을 투자했다. 대다수 선수들이 이후 닥칠 고난에 대비하는 데는 아무 쓸모도 없는 가벼운 운동만 하며 편히 쉴 때, 코비와 나는 하루에 두 번 이상 체육관을 찾아 몇 시간씩 땀을 흘리면서 여름과 가을을 보냈다.

마침내 시즌이 시작된 크리스마스 날, 다른 선수들이 우왕좌왕하며 잃어버린 슈팅 감각을 찾으려고 애쓸 때 코비는 정신적으로나 육체적으로나 이미 준비가 끝난 상태였다. 그 뒤 이어진 몇 달 동안 그는 무릎 통증, 손목 인대 손상, 코뼈 골절상, 뇌진탕을 겪어가며 뛰었고 4월에 뉴올리언스 호네츠*전에서 정강이 부상을 당하기 전까지는 단 한 경기도 빠진 적이 없었다. 그 일로 그는 일곱 경기를 결장하며 원치 않는 휴식을 취해야 했고 결과적으로 해당 시즌의 득점 1위 자리를 놓치게 되었다. 그 부상이 있기 전까지 그는 단 한 번도 쉬겠다는 말을 하지 않았고 지름길을 찾지도 않았다. 그때 견뎌야 했던 온갖 고통과 불편함은 다른 누구도 아닌 코비 자신만이 알 것이다. 하지만 일찍부터 들였던 그의 노고는 훌륭한 성과를 냈고 그의 육체는 다른 선수들이라면 주저앉고 말 상황에서 그를 계속 앞으로 나아가게 해주었다.

◆　　2013~2014 시즌부터 펠리컨스로 팀 이름을 바꿨다.

멘탈리티

무엇을 포기할 수 있는가

무슨 일이든 열심히 하는 데는 재능이 필요하지 않다. 필요한 것은 하고자 하는 마음뿐이다. 세상에는 키, 힘, 운동 능력 등 육체적인 면에서 놀라운 재능을 타고난 덕에 그저 그 능력만을 따라서 운동선수가 된 사람들도 많다. 어떤 종목을 정말 사랑하거나 심지어는 좋아하지도 않지만 신체가 워낙 남다른 탓에 그 방향으로 흘러들어온 것이다. 그래서인지 그런 선수들에게는 뭔가를 더 해보려는 의욕이 없다. 최종 결과를 향한 열망이 없기 때문이다. 좋은 성과를 내서 마지막에 퍼레이드가 펼쳐지면 그들 역시 기뻐하기는 하지만, 그러지 못한다고 해도 딱히 아쉬워하지는 않는다.

그런 선수들에게 이렇게 말해보면 어떨까. "이 정도 연봉이면 넌 이 팀에 갈 수 있어. 하지만 거기서는 아마 계속 벤치에만 앉아 있어야 할 거야. 같은 연봉으로 다른 팀에 가면 매일 시합에 나갈 수 있지. 그 대신 그쪽에서는 네가 20킬로그램을 감량하고 몸을 제대로 만들어 오길 요구하고 있어." 그러면 어떤 대답이 나오는지 아는가? "어쨌든 돈은 받는 거잖아? 그럼 됐네, 몸을 만들고 자시고 할 게 뭐야."

좋은 팀에 들어가 벤치에서 시간을 보내면 언젠가는 두둑한 보너스와 우승 반지를 품에 안고 그곳을 떠날 수도 있다. 그런대로 만족할 만한 보상이다. 애초에 이루려고 했던 것이 그 정도 수준이었다면 말이다. 어쨌든 엉덩이를 붙이고 앉아서 번 돈 치고는 액수가 좀 된다. 그러나 돈이 있다고 해서 사람이 현명해지는 것도 아니요, 좋은 사업가가 되는 것도 아니요, 더 잘난 얼굴이 되는 것도 아니다. 오히려 돈은 대부분의 경우 우리를 나약하고 현실에 안주하게 만들 뿐 아니라 앞날에 대한 잘못된 자신감을 심어준다. 한데 사람이 그런 진실을 당장 깨닫는 일은 거의 없다. 주변에서 돈 냄새를 맡는 순간부터 돈 주인은 상상한 것보다 훨씬 더 막강한 힘을 누리기 마련이니까.

그러다가 그 돈이 다 떨어지고 파티가 끝나면 사람들은 다른 돈을 향해 우르르 몰려간다. 곁에는 문자메시지에 답해줄 친구 하나 남지 않는다.

당신이 항상 돈만 보고 움직인다면, 바라고 바라는 최종 결과가 그뿐이라면 끝에 가서는 어떻게 될까? 당신이 인정하든 인정하지 않든 간에 언젠가 당신의 커리어는 끝을 맞이한다. 그럴 때 다른 누군가는 더 많은 돈을 벌고, 더 많은 일을 하고, 더 큰 존재가 되어 있을 것이다. 당신이 편히 자리에 앉아서는 "나는 부자다" 하고 외치며 아무것도 하지 않는 사이에.

누구나 뭔가를 시작할 줄은 안다.
그러나 끝을 맺는 사람은 많지 않다.

목표를 이루려는 의지를 지속적으로 지켜내지 않으면 우선순위

멘탈리티

는 금세 변하고 만다. 계속 싸워나가며 경쟁에서 앞서겠다는 의지는 사라지고 경쟁을 통해 남들보다 더 많은 것을 가지려는 욕심만 남는다. 경력을 쌓거나 자신만의 유산을 만들어가는 데 몰두하지 않고, 더 큰 집과 더 많은 차고를 짓고 파티에 부를 사람 수를 늘리는 데 빠지는 것이다. 그래서는 얼마 가지 않아 재능도 잃고 일자리도 잃은 채 어쩔 줄 모르는 세상에 많고 많은 사람들 중 하나가 될 뿐이다.

자기 직업에 진정으로 헌신하고 싶다면 그 일을 하기 위해 무엇을 포기해야 하는지 알아야 한다. 다시 말해서 임무 완수에 방해되는 유혹거리를 통제할 줄 알아야 한다는 소리다. 작은 성공을 이루고 사람들 사이에서 인지도가 높아지기 시작하면 기분이 들뜨게 된다. 약간의 만족감과 함께 어쩐지 남들과는 다른 특권을 손에 넣은 듯한 기분이 들 때도 있다. 하지만 내 말을 믿어라. 특권이란 제대로 다루는 법을 모르는 사람에게는 독약이나 다름없다.

당신이 어디에서 무엇을 하든 간에 마음을 흔드는 방해물은 늘 존재할 것이다. 당신은 무엇을 기꺼이 포기할 텐가? 해마다 마이클은 노동절이 오기 전까지 농구 이외의 모든 외부 활동을 접고 훈련만 했다. 그것도 하루에 세 번씩. 훈련, 휴식 및 골프, 훈련, 점심 식사, 휴식 및 골프, 훈련, 저녁 식사, 취침…. 매일매일이 이런 일과의 반복이었다. 광고 촬영도, 제품 홍보 투어도, 어떤 행사도 없었다. 오로지 농구 선수로서의 일뿐이었다. 그는 겉으로 보이는 모든 성과

"

무슨 일이든 열심히 하는 데는
재능이 필요 없다.
필요한 것은 하고자 하는 마음뿐이다.

"

가 보이지 않는 곳에서 들인 노력의 결과임을 누구보다 잘 알았다.

시대의 아이콘은 신발 회사와 계약을 맺고 멋진 광고를 찍는다고 해서 만들어지지 않는다. 불굴의 의지로 멈추지 않고 나아가는 사람만이 아이콘이 된다. 고된 노력으로만 가능한 일이다. 마이클이 아버지의 죽음으로 깊은 슬픔을 겪던 무렵에 나는 진심으로 그에게 감탄했다. 결국에는 다시 농구장으로 돌아와 본인이 할 일을 했기 때문에. 그것도 이전보다 훨씬 더 뛰어난 수준으로. 지금 위치에서 할 일을 하라. 프로답게 행동하라.

클리너의 법칙

세상 어떤 고통을 겪더라도 결코 숨는 일은 없다.

항상 일터에 나와 만반의 준비를 갖추고, 눈앞에 닥친 역경과 비평가들과 자신에 관해 이러쿵저러쿵 떠드는 사람들에게 맞서고, 모두가 당신이 흔들릴 것이라고 예상할 때 몰입 상태로 빠져들어 최고 수준의 활약을 펼치는 것. 프로가 된다는 건 그런 것이다.

운동선수가 본인의 몸과 기량을 갈고닦지 않고 방치한다니 이 무슨 프로답지 못한 소리인가. 스포츠계에는 그렇게 썩은 정신 상태로 자기 미래를 쓰레기통 속에 밀어 넣는 젊은 선수들이 적지 않다. 해마다 나는 그 문제로 울상 짓는 단장이나 에이전트와 상담하곤 한다. 운동선수가 자기 종목에서 성공하기 위해 시간과 자원을 투자하여 기술을 연마하고 몸 상태를 끌어올릴 생각은 하지 않고 여름 내내 훈련하기가 너무 힘들고 비용도 비싸다는 둥 비시즌에는 쉴 필요가 있다는 둥 여기저기서 불평하는 꼴이라니. 15만 달러짜리 차를 몰면서 다이아몬드가 빼곡히 박힌 시계를 차고 목에는 보아 뱀처럼 두꺼운 금목걸이를 두르고 다니는데, 앞으로 1000만 달러는 계속 벌게 해줄 훈련에 고작 1만 달러를 못 쓰겠다고? 미안하지만 진정으로 승리자가 되겠다는 마음을 먹는 순간부터 그대들에게 비시즌이란 없다. 하지만 그거 아는가, 소속 팀에서 잘리면 영원히 비시즌을 즐길 수 있다는 사실을.

할 일을 하라.
세상에 최고가 되겠다는 압박감을
느끼는 것보다 큰 특권은 없다.

그리고 당신이 이룬 결과 앞에서 그저 경이롭다는 말밖에 못 하는 이들에게 존경과 두려움을 동시에 사는 것보다 더 큰 보상은 없다.

#1.

사랑받기보다
두려운 존재가 되길 원한다

> **쿨러**는 자기 의견을 밖으로 드러내지 않는다.
> **클로저**는 제 생각을 말하기는 하나 대화가 필요한
> 상대의 뒤에서만 그런 말을 꺼낸다.
> **클리너**는 상대방에게 직접 자기 생각을 말하고
> 그 사람이 그런 상황을 반기든 꺼리든
> 상관하지 않는다.

나는 라이벌 선수들이 서로 부딪히고 반응하는 모습에서 언제나 큰 흥미를 느낀다. 특히 코트 위에서 질투와 경쟁의 씁쓸한 면모가 확연히 드러날 때 더욱 그렇다. 무수히 많은 농구 경기를 보아온 사람으로서 그런 현실을 절감하는 경우는 올스타전이나 올림픽에서 선수가 감독에게 공공연히 반항하거나 작전을 무시하면서 특정 선수에게 공을 주지 않고 따돌리는 광경이 눈에 띌 때다.

여기서 이야기하는 선수들은 클리너가 아니다. 클리너는 상대가 공 없이 가만히 있을 때가 아니라 실력을 온전히 발휘할 때 싸워 이

기고 싶어 한다. 농구장에서의 '따돌림'이란 자기가 조금 잘났다고 막 느끼기 시작한 젊은 선수들이 리더에게 제힘이 커졌다고 과시하려 할 때 흔히 부리는 개수작이다. 생각해보면 참 웃기는 짓이다. 경쟁이 그리 치열하지도 않은 올스타전이나 올림픽 시합에서 동료 선수에게 기회를 주지 않고 자신이 다 해낸 양 으스대며 스포트라이트를 받는다는 것이 솔직히 말해서 유치하지 않은가? 그래야만 사람들의 관심을 받는다면 본인도 어쩔 수 없겠지만 말이다.

하지만 혹시라도 따돌리려는 대상이 클리너라면 그때는 정말로 조심해야 한다. 그는 상대방이 무슨 짓을 하는지 주시하고 절대로 잊지 않을 테니까. 최고 중의 최고에게는 늘 그 뒤를 쫓는 누군가가 있기 마련이고 클리너는 그러한 시도를 기꺼이 지켜보는 사람이다.

클리너의 법칙

쿨러는 사람들의 호감을 산다. 클로저는 사람들의 존경을 산다. 클리너는 사람들의 두려움을 산다. 그와 동시에 다들 해낼 수 있을지 반신반의하는 일들을 실제로 완수하며 그들의 존경까지 산다.

클리너는 수면 아래서 조용히 움직인다. 그러는 동안 물결 한 번 일지 않기에 우리는 그가 무엇을 하는지 전혀 알지 못한다. 그는 남들 눈에 띄지도, 소리를 내지도 않는다. 어떨 때는 그가 누구인지조차 모르는 경우도 있다. 그러다가 어느 정도 눈치를 챌 만큼 준비가

됐을 때 그는 아무 경고도 없이 밀려드는 해일처럼 모든 것을 해치워버린다. 사람들은 무슨 일이 벌어지는지 전혀 모르고 있다가 뒤늦게 큰 충격을 받는다. 그때쯤이면 달리 손을 쓰기에는 너무 늦은 탓에 그저 흐름에 휩쓸리는 수밖에 없다.

그는 남들에게 호감을 얻으려고 애쓰지 않을 것이다. 애초에 그런 데는 개의치 않는 사람이니까. 그 대신 경쟁 상대가 두려움을 느끼게 할 일이라면 무엇이든 시도하고 결국 성공을 거둘 것이다.

앞으로 무슨 일이 벌어질지 모를 때 사람의 마음은 어떠한가? 그럴 때 우리는 긴장하고 집중력을 잃는다. 또 걱정과 의구심으로 뒤를 힐끗힐끗 돌아보게 된다. 스포츠 경기에서 상대편 선수의 머릿속을 헤집고 싶을 때, 나라면 그 사람이 보는 앞에서 다른 누군가에게 귓속말을 할 것이다. 어쩌면 그건 단순히 시합 후에 어디서 저녁을 먹을지 묻는 행동일 수도 있다. 하지만 그 순간 내 경쟁 상대는 자기 할 일에 집중하지 못하고 우리가 무슨 말을 하는지에 신경 쓰게 된다. 즉 몰입 상태가 깨지는 것이다.

당신은 그렇게 걱정하는 사람이 되고 싶은가 아니면 조용히 남들에게 걱정을 불러일으키는 사람이 되고 싶은가?

이는 코비가 역대 최고의 선수 가운데 하나인 이유이기도 하다. 그는 자기 생각이 어떤지, 앞으로 무엇을 할지를 밝히지 않는다. 그저 행동으로 보여줄 뿐이다. 그래서 사람들은 그가 꺼내 들 다음 수를 두려워하는 동시에 그 일을 실제로 해내는 능력에 존경을 보낸다.

행동으로 존재감을 드러내라

2012년도 NBA 올스타전에서 드웨인 때문에 코뼈가 부러지고 뇌진탕까지 겪었던 코비는 병원에 가기 전에 그를 직접 만나보길 원했다. 보복이나 응징을 위해서가 아니었다. 그것은 정글의 법칙 같은 것이었다. 본능을 따라서 두 짐승이 싸우고, 수사자가 높은 바위에 올라 모두에게 건재함을 알리고, '여전히 이곳의 지배자는 나'라고 조용하면서도 매서운 눈길로 굽어보는 그런 정글.

두려움과 존경을 얻고 싶은가? 그렇다면 말이나 감정이 아닌 행동으로 존재감을 드러내야 한다. 주목을 받기 위해 꼭 시끄럽게 굴 필요는 없다. 영화 〈대부〉의 주인공을 떠올려보라. 세계 최고 수준의 클리너이자 누구보다도 조용한 그는 자신을 받드는 수많은 사람에게 한마디 말도 없이 제 뜻을 전달하곤 한다.

가장 시끄럽고 말이 많은 사람은 증명해야 할 것이 가장 많은 동시에 무엇 하나 증명할 길이 없는 사람이다. 클리너는 일부러 자기 존재를 알릴 필요가 없다. 시원시원하고 자신만만한 몸가짐은 그 사람의 존재감을 절로 드러낸다. 클리너는 자신이 얼마나 대단한 사람인지 떠들어대지 않는다. 말없이 결과에만 집중할 뿐이다. 그에게는 오로지 결과만이 중요하다. 도둑은 손님이 붐비는 가게에 들어설 때 "지금 도둑질 중이에요!" 하고 소리치지 않는다. 아무도 눈치채지 못하게 조용히, 빈틈없이 계획을 수행할 따름이다. 손님 중에서 누군가 자기 시계가 없어졌다는 것을 알 즈음에는 이미 저 멀리 도망간 지 오래다.

사람이 제 입으로 앞으로 무엇을 할 것이고 그 일을 해냈을 때 본인이 얼마나 대단한 위치에 오를지를 떠들어댄다는 건 자기 목표에 대한 확신이 아직 한참 부족하다는 뜻이다. 내가 이미 잘 알고 굳게 믿는 것을 애써 말로 할 필요는 없다. 말이란 절대로 값어치가 오르는 법이 없다. 언제나 공짜다. 또한 세상일은 대개 주는 만큼 받게되어 있다.

그 전형적인 예가 바로 올림픽 대회다. 나는 1992년 바르셀로나에서 치러진 드림팀의 시합들을 시작으로 미국 농구 국가 대표 팀과 함께 올림픽 대회를 몇 차례 경험한 바 있다. 거기서 재미있는 것은 어떤 종목이든 '승리'를 먼저 생각하는 선수들이 누구인지, 인기도나 기업들의 광고 후원에 더 관심을 둔 선수들이 누구인지가 금방 보인다는 사실이다. 여러 방송국과 올림픽 후원사들은 선수들이 대회장에 도착하기 훨씬 전부터 홍보에 열을 쏟고, 그러면 다들 홍수처럼 쏟아지는 광고 속에 기분이 들떠버린다. 선수들의 부모님, 감독과 코치진, 트레이너, 영양사… 너나 할 것 없이 스포트라이트를 받고 싶다는 생각을 품는다.

그때마다 분위기에 휩쓸리는 선수가 적어도 한 명은 꼭 나온다. 그런 선수는 누구를 어떻게 이기겠다느니 그 자리에 오기 위해 어떤 훈련을 했느니 신나게 떠들어대다가 결국 본 시합에서 호된 꼴을 당하고 만다. 도무지 말한 만큼 해내질 못하는 것이다. 초점이 시합 대신 온통 방송국 카메라에 쏠린 탓이다.

대부분의 사람들은 마이클 펠프스Michael Phelps를 그동안 따낸 수많은 메달 때문에 존경하고 인정한다고 말할 것이다. 그러나 나는 오로지 메달로만 말을 하는 그의 모습에 더 큰 경의를 표한다. 매번 큰 대회에서 다른 선수들이 그를 1위 자리에서 끌어내리고 금메달을 따겠다고 호언장담할 때, 그는 그런 도발에 아무 말도 하지 않았고 어떤 생각도 내비치지 않았다. 그의 초반 경기력이 부진한 날이면 사람들은 '이제 펠프스도 끝인가?' 하고 생각했지만, 그럴 때마다 그는 저 깊디깊은 곳에 있는 자아를 일깨우고 자신이 경기장에 있는 이유를 떠올리고는 나머지 시합들을 몽땅 쓸어버렸다. 말 한마디 없이 적수들을 위협한다는 건 바로 그런 것이다.

내가 아는 한 그렇게 상대방을 위협하는 기술로는 마이클 조던이 최고였다. 이제는 NBA에서 금지된 일이지만, 그 시절 플레이오프 시합이 있는 날이면 그는 상대 팀에 친구가 있다며 인사하겠다는 구실 삼아 그쪽 탈의실로 향하곤 했다. 물론 그를 잘 아는 사람이라면 말도 안 되는 소리라는 걸 알 것이다. 마이클은 누구한테 일부러 인사하러 다니는 사람이 아닐 뿐더러 특히 시합을 앞두고 있다면 더더욱 그렇다. 하지만 탈의실에서 시합을 준비하는 상대 선수들 입장에서는 그런 걸 알 바가 아니다. 다들 제자리에 앉아서 최고의 팀 시카고 불스와의 맞대결을 생각하던 차에, 난데없이 마이클 조던이 걸어 들어오니까. 그 상황에서는 연차가 아무리 오래된 선수라도 별수가 없다. 마이클 조던이 나타나면 누구라도 시선이 돌아가게 되어 있다. 그가 문을 열면 그 순간 온 공간이 정적에 휩싸인다. 말 그대로 모든 사람이, 모든 것이 그 자리에서 멈춰버리는 것이다. 사람들은 그에게서 눈을 떼지 않고 의아한 표정으로 그가 어떤 행동을 할지 기다렸다. 마이클이 머무는 시간은 정말 짧았다. 그저 아는 사람(혹은 아는 척하는 사람)과 간단히 악수를 하고 방안을 슬쩍 훑어볼 만큼이었다. 그런 다음에는 처음 등장했을 때와 마찬가지로 일순간에 그곳을 떠나버렸다.

흑표범The Black Cat. 우리는 그를 그렇게 불렀다. 무슨 일이 일어났는지 알아챌 틈도 없이 순식간에 나타났다가 사라졌기 때문에.

그는 지나간 일을 다시 돌아보지 않는 성격이었다. 그러나 탈의실에 남은 선수들은 얼빠진 듯 마이클 이외에는 아무것도 떠올릴 수 없었다. 임무 성공. 그는 상대편의 공간에 침투하여 그들 머릿속에 진을 친 셈이다. 선수들은 이제 시합에서 할 일을 떠올리지 못하고 마이클만 생각하게 되었다. 머리를 비운 채 몰입 상태로 냉정하게 시합에 집중하지 못하고 불스의 23번에 관한 생각으로 달아오른 것이다. 이내 그들은 서로 얼굴을 맞대고 그 위대한 마이클 조던이 그날 경기에서 몇 점을 넣을지, 지난 경기에서는 몇 점을 넣었는지, 그가 어떤 정장을 입고 어떤 차를 모는지 이야기하기 시작했다. 이제 그들은 그와 곧 맞붙을 적이 아니라 경외감에 찬 한 무리의 팬들에 불과했다.

마이클이 가는 곳에는 어디에나 그를 향한 경외의 감정이 존재했다. 누구나 그런 분위기를 느낄 수 있었다. 시합마다 그는 잊지 못할 활약을 펼쳤고 사람들은 앞으로 무슨 일이 벌어질지 전혀 예상하지 못했다. 심지어는 마이클 본인도 어떤 활약을 할지 예상 못 하는 경우가 많았다. 하지만 그는 팬들을 늘 기다리고 궁금하게 만들었다. 언제나 상대 팀과 관중에게 '놀라운 순간'을 안겨주었고 때로는 시합 전체가 '놀라움의 연속'이었다. 선수 생활 후반, 그러니까 과거처럼 매일 덩크 쇼를 벌이지는 않던 무렵 그는 자신의 건재함을 보여주고자 가끔 기습적으로 덩크를 내리꽂곤 했다. 그런 모습은 경기에 꼭 필요해서가 아니라 리그의 다른 적수들에게 그들이 곧 '다음 먹잇감'임을 상기시킬 요량으로 보인 것이었다. 또 위저즈에서 뛰던 시기에 다들 마이클 조던은 끝났다고 할 때도 그는 여전히 경쟁자들의 숨통을 조일 방법을 찾아내곤 했다. "내가 하지 않는 것이 할 수 없다는 뜻은 아니다"라는 말과 함께.

클리너는 늘 두려운 이미지를 남기며 다음에 만날 상대들에게 걱정거리를 안겨준다. 사람들은 그런 모습에서 클리너의 존재감을 느끼는데, 이러한 이미지를 형성하는 것은 경쟁력을 높이는 데 확실히 도움이 된다. 실제로 이는 타이거 우즈의 가장 강력한 무기 중 하나였다. 그는 시합에 출전한 다른 선수들이 그가 앞선 홀에서 무엇을 했고 앞으로 어떤 활약을 펼칠지 궁금해한다는 것을 잘 알았다. 모든 시합, 모든 라운드, 모든 홀에서 그는 단연코 주인공이었다. 그

"

가장 중요한 것은 멘탈이다.
나와 맞붙었을 때 상대방은 생각보다 훨씬 더
참혹한 결과를 맞는다.
내가 그의 멘탈을 조져버리기 때문이다.

"

때 경쟁 상대들을 포함하여 누구나 알고 싶어 했던 것 하나는 "타이거가 시합을 어떻게 풀어가고 있는가?"였다. 그러나 이후 스캔들과 부상으로 휘청대면서 그의 경기력이 나락으로 떨어지자 경쟁자들은 더는 그를 신경 쓰지 않았다. 그동안 타이거를 천하무적으로 만들었던 세간의 외경심은 곁을 떠난 지 오래였다. 물론 그렇다고 해서 다른 선수들의 기량이 갑자기 향상될 리는 없었다. 하지만 그들의 집중력은 분명히 그랬다.

때때로 운동선수들은 몸을 단련하는 데 과하게 몰두한 나머지 육체적인 탁월함만으로는 존경을 얻지 못한다는 것을 잊곤 한다. 그러나 스포츠는 몸뿐 아니라 머리도 쓰고 마음도 가다듬어가며 할 줄 알아야 한다. 매사에 제대로 처신할 줄 알고 지적이고 품위 있게 행동하며 자제력을 발휘하는 것은 자신을 다른 경쟁자들과 차별화하는 무기가 된다.

멘탈이 모든 것을 좌우한다

내가 하는 일에서 가장 중요한 요소는 멘탈이다. 혹시라도 내가 선수들과 싸운다고 하면 몸으로는 도저히 승산이 없다. 내 키는 간신히 180센티미터가 넘고 나이는 선수들보다 거의 두 배 정도 많으니까. 나는 현역 선수들만큼 강도 높게 운동하지도 않는다. 내 입장에서는 굳이 그래야 할 이유가 없다. 하지만 정작 나와 맞붙었을 때 그들은 생각보다 훨씬 더 참혹한 결과를 맞는다. 내가 상대방의 멘탈을 조져버리기 때문이다.

몸을 프로 수준으로 단련하는 것만 고려하면 선수들에게는 내가 필요하지 않다. 그들에게 내가 필요한 이유는 멘탈을 강화하기 위해서다. 젊은 트레이너들은 내게 늘 말한다. 자신이 운동으로 얼마나 많은 업적을 쌓았고 얼마나 오랜 시간 몸을 단련해왔는지 말이다. 그래, 아주 훌륭하다. 몸이 그렇게 튼튼하다니 축하할 일 아닌가. 그런데 몸이 좋기는 그 친구들이 맡아서 트레이닝해야 할 운동선수들도 마찬가지다. 어쩌면 트레이너들보다 훨씬 더 좋을 수도 있다. 그러나 만약 당신이라면 몸뿐 아니라 멘탈까지 강하게 단련할 수 있을까? 당신은 현장에서 필요한 모든 것을 섭렵하기 위해 스스로 배우고 연구하는 사람인가, 체육관에서 인정받고 존경받길 내심 바라며 그저 단단한 이두박근을 과시하는 데 만족하고 마는 사람인가? 분야를 막론하고 그 간극을 뛰어넘는 사람은 그리 많지 않다. 보통은 재능을 발휘하는 것만으로 충분하다고 생각한다. 그러나 현실은 그렇지가 않다.

마이클은 그 점을 누구보다 잘 알았다. 그는 자신의 시합을 보러 온 팬들이 평범한 농구 경기가 아니라 멋진 구경거리를 기대한다는 것을 알고 있었다. 불스가 몇 년간 줄곧 우승을 향해 달리던 그 시절에 옛 홈구장인 시카고 스타디움이나 신축 구장인 유나이티드센터를 찾으면 마치 큰 행사를 맞는 듯한 기분이 들었다. 사람들은 좋은 옷을 입고 값비싼 저녁을 먹은 뒤 고급 승용차에 몸을 싣고 경기장에 도착했다. 물론 저녁 식사라고 해도 시간은 조금 이른 편이었다. 다들 마이클 조던이 등장하는 쇼의 단 1초도 놓치고 싶지 않았기 때문이다. 좌석은 준비 운동 시간에 이미 빈틈없이 들어찼고 마이클이 공을 만질 때마다 2만여 개의 카메라 플래시가 폭발하듯 터졌다. 또 시카고의 스포츠 역사상 당시처럼 입장권을 구하기 어려웠던 때가 없었으며 시합이 열리는 매일매일이 마치 아카데미 시상식 날 같았다. 그리고 스포츠나 시카고 불스나 농구에 전혀 관심이 없는 사람들도 수백 달러를 써가며 불스의 시합을 보러 왔다. 이유는 단한 가지, 자신이 마이클 조던을 봤노라 자랑하기 위해서.

오늘날 그렇게 말할 만한 운동선수가 과연 얼마나 될까?

한편 마이클이 코트 위에서 펼친 멋진 쇼는 마치 꿈같다고 할 만큼 큰 존경을 사기에 충분했지만, 팬들을 위한 그의 진짜 활약은 시합 날 일찍부터 시작되어 숙소로 돌아가기 전까지 끝나지 않았다. 그는 초대 손님들의 입장권을 직접 준비하면서 그들의 좌석 위치를 파악했고, 후원사들이 자신에게 무엇을 바라며 시합 전후에는 누구를 만나야 하는지를 꿰고 있었다. 그는 그날 착용할 넥타이를 직접 고르고 시곗줄의 색과 디자인이 구두와 잘 어울리는지를 고민하며 사소한 부분까지 신경을 기울였고 단어 하나도 허투루 쓰는 법이 없었다. 그는 언제나 그냥 시계가 아니라 '손목시계'를 찼고 그냥 차가 아니라 '승용차'를 몰았으며 막 세차를 마친 차가 아니면 운전하려 하지 않았다. 심지어는 비가 오는 날에도 티끌 하나 없이 깨끗한 차만 몰았다. 대체 왜 그렇게 신경을 썼을까? 그는 경기장을 둘러싼 팬들 가운데 입장권을 살 만큼 형편이 넉넉지 못한 사람들이 많다는 것을 알았고 그들한테는 주차장 밖에 서서 기다리는 게 자신을 직접 볼 유일한 기회라는 것도 알고 있었다. 대다수 팬들에게는 그곳이 그를 볼 수 있는 가장 가까운 위치였다. 마이클은 유나이티드 센터 안으로 아무 제지 없이 차를 곧장 몰고 들어가도 되는 유일한 선수였지만 좀처럼 그러질 않았다. 그는 그때마다 일단 차를 세우고 팬들이 자신을 볼 수 있게 밖으로 나오곤 했다. 그리고 시합이 끝난 뒤에도 승패와 상관없이 한참 동안 그런 태도로 팬들을 대했다. 그러다가 집이나 호텔 방으로 돌아와 문이 닫히고 마침내 모든 일에서 해방되었을 때, 그의 쇼는 막을 내렸다.

나는 내 고객인 프로 선수들에게 이렇게 말한다. 몇 경기에 한 번씩은 차 밖으로 나와서 팬들과 사진도 찍고 사인도 좀 해주라고. 기껏해야 30초밖에 안 걸리는 일이고 그렇게 만난 스무 명의 팬들이 곧 200명, 2000명으로 늘어나 얼마 후면 다들 너를 봤다고 자랑할 것이라고. 너로 인해 많은 사람이 감동할 것이라고.

존경은 그렇게 얻는 것이다. 모든 부분에서 뛰어난 모습을 보여라. 그렇게 해야 돈깨나 버는 일개 선수가 아닌 진짜 일류로 인정받을 수 있다.

언젠가 나와 함께 일하던 한 선수가 NBA 결승에 진출한 적이 있었다. 시합 날에 나는 경기장으로 같이 가려고 그 팀이 묵던 호텔 로비에서 녀석을 기다렸다. 거기서 선수들이 구단 버스에 오르는 모습을 보니 다들 복장이 너절하기 짝이 없었다. 정말 보고도 믿기지가 않았다. 이게 NBA 결승전에 가는 프로 선수들인가? 술집을 털러 가는 게 아니고? 만약 마이클이 그 팀에 있었다면 죄다 버스 밖으로 쫓아낸 뒤 어떻게든 정장과 넥타이를 갖춰 입으라고 했을 것이다. 3000달러짜리 고급 정장이 아니라 월마트에서 파는 세 벌에 100달러짜리라도 상관없으니 어쨌든 어른스럽게 차려입고 오라고, 학교에서 퇴학당한 애들 꼴로 나타나지 말라고 말이다.

그런데 호텔 엘리베이터를 타고 내려오는 우리 고객님의 행색은 그중에서도 최악이었다. 한 팀의 스타이자 이른바 롤 모델이라는 사람이 마치 세차장이라도 가는 듯한 몰골로 나타났다. 나는 그를 기자들이 보이지 않는 구석으로 얼른 밀치고는 나무랐다. "지금 우린 리그 결승전을 치르러 가는 거야. 네가 그동안 땀 흘려 노력하며 바라왔던 목표이자 팬들과 후원 업체들과 온갖 매체들, 모두가 지켜보는 가장 큰 무대라고. 널 세상에 보여줄 사상 최고의 행사야. 여기서 하는 행동 하나하나가 곧 너를 말해주는 거라고. 대체 무슨 생각으로 이딴 옷을 입고 나왔지?"

그러자 나오는 대답이, 그 팀에서는 아무도 정장을 입지 않는단다. 자기도 팀에 어울릴 필요가 있다나. 정장을 입으면 너무 튈 거라면서 말이다. 아마 이 책을 읽는 당신도 이미 느꼈을 테지만 클리너는 그런 식으로 말하지 않는다.

팀에 어울려야 한다고? 정말로? 결국 목표는 누구보다 튀는 것이 아니었던가? 빼어난 실력을 갖추고, 슈퍼스타가 되고, 더 높은 목표를 이루기 위해 여태 그 많은 노력을 해왔는데 이제 와서 다른 선수들과 뒤섞이고 싶다고? 최고의 위치에 있는 사람은 주변의 모범이 되어야 하지 남들 수준으로 떨어져서는 안 된다. 존경을 불러일으키고 사람들을 내 기준까지 끌어올려야 하지 그 반대가 되어서는 안 된다.

당신은 친구를 사귀려고 그 자리까지 왔는가? 아니, 지금 그곳에 서 있는 건 당신이 최고이기 때문이다. 누구보다 뛰어나다는 것을 기꺼이 증명했기 때문이다. 그 과정에서 자신이 남들과 동떨어져 보인다면, 그건 기뻐할 일이다. 어쨌든 뭔가를 잘하고 있다는 뜻이니까.

코비는 문자 그대로 항상 남들과 동떨어져 있었다. 그는 시합 전에 다른 선수들과 절대 같은 골대를 쓰지 않고 늘 혼자서 슛 연습을 한다. 그때마다 동료들은 거리를 두는데, 그곳이 그에게 몰입을 불러오는 공간임을 잘 알기 때문이다. 물론 코비가 골대를 옮겨 남들과 함께 슛 연습을 할 수도 있지만 그건 어디까지나 본인의 선택일 뿐, 다른 선수들이 그의 영역을 침해하는 경우는 절대 없다. 존경한다는 건 바로 그런 것이다.

2012년에 정강이 부상으로 어쩔 수 없이 몇 경기를 빠져야 했을 때, 부상당한 선수들은 으레 땀복이나 운동복 차림으로 벤치에 머무르지만 코비는 그러는 대신 우아한 정장 차림으로 작전 판을 손에 들었다. 무슨 상황인지 잘 모르는 사람이 봤다면 아마 그를 척 데일리Chuck Daly♦ 이래로 NBA에서 가장 옷을 잘 입는 감독이라고 생각했으리라. 진정으로 돋보인다는 건, 모범이 된다는 건 바로 그런 것이다. 잊지 마라, 당신은 단순히 부상당한 선수가 아니다. 당신은 프로다.

내 말은 사람들에게 소외감을 안겨주며 일하라는 뜻이 아니다. 하지만 혹시 그렇게 된다고 해도 놀라지는 마라. 쿨러에 해당하는 사람들은 성격이 좋다. 그들은 부족한 경쟁력을 남의 호감을 사는 것으로 상쇄한다. 클리너는 그럴 필요가 없다. 클리너는 스스로 더 높은 수준으로 올라서서 두각을 나타냄으로써 동료나 주변 사람들과의 차이를 드러낸다. 누구든지 한 가지에 완전히 몰두하고 자기 일에만 매달리다 보면 다른 사람들에게 신경을 쓰기 어려운 법이다. 그럴 때도 다들 잘 지내는지 마음이 쓰일 수는 있지만 굳이 안부를 물으려고 전화까지 하지는 않게 된다. 혹시 전화를 한다 해도 보통 그건 무언가 물어볼 것이 있기 때문이다. 그때는 누군가와 잡담을 나누거나 점심을 함께할 시간도 없다. 지금 머릿속을 가득 채운 한 가지 목적을 방해하는 것은 무엇 하나 허용할 수가 없다. 남들이 어

♦　디트로이트 피스톤스와 드림팀의 감독을 역임한 척 데일리는 패션과 헤어스타일에 신경을 쓰는 것으로 유명했다.

멘탈리티

떻게 생각하든 상관없이 온 관심이 내가 원하는 바를 이루는 데 쏠려 있는 것이다. 물론 친구를 만들고 우정을 유지하기에 절대 좋은 방법은 아니다. 하지만 악착같이 앞으로 나아가기에는 가장 좋은 방법이다.

코비는 팀원들과 어울려 다니는 경우가 드물다. 그 대신 그는 농구 연습을 하거나 시합 영상을 돌려보곤 하는데, 필시 우정을 쌓기보다는 동료들에게 존경받기를 원할 것이다. 그건 마이클도 그랬고 래리 버드도 그랬다. 그들은 팀 동료가 아니라 아주 가까운 소수의 친구들을 믿고 의존했다. 애써 잘 보이거나 대접할 필요 없이 무리 내에서 각자의 역할을 잘 알고 성공을 향한 친구의 꿈을 내 것처럼 생각하는 그런 친구들.

어차피 사람은 누군가를 밟지 않고서는 정상에 오를 수 없다. 그러나 클리너는 발자국을 남기지 않고 어디를 어떻게 밟아야 하는지 안다. 언제 다시 그 사람들이 필요할지 모르는 일이기 때문이다. 두려움을 산다는 건 깡패처럼 군다는 뜻이 아니다. 내 바람은 당신이 처신을 잘해서 존경을 받는 것이지 제 잘난 멋에 남들을 막 대하며 천지분간도 못하는 머저리 취급을 받는 게 아니다. 아마 다들 이런 사람을 하나쯤은 알고 있지 않은가? 늘 자신감에 차서는 허풍을 떨고 이리저리 거드럭거리다가 결국 퀴퀴한 패배자의 냄새만 남기는 사람 말이다. 그딴 건 클리너가 아니다. 클리너인 척하고 싶어 하는 사기꾼일 뿐이다. 어쩌면 그렇게 해서 잠깐은 남들을 속일 수 있을

지도 모른다. 하지만 모든 결과가 나왔을 때 그런 인간은 더는 숨을 곳이 없다.

클리너는 누구를 어떤 식으로 이기겠다고 엄포를 놓거나 큰소리로 떠벌리지 않는다. 오직 결과로만 말한다. 과연 NBA 구단들은 소속 선수가 시즌 중간에 나를 부르는 걸 환영할까? 팀에서 그 선수를 도울 방법이 바닥났다는 이유로? 물론 좋아할 리 없다. 그렇다면 내가 과연 그런 상황을 신경 쓸까? 물론 그럴 리도 없다. 모든 것은 최종 결과가 말한다. 결국은 그의 손에서 우승 반지가 반짝이지 않는가?

나는 트레이너로서 일을 정말 잘한다는 말을 듣고 싶다. 그 외에는 더 바랄 게 없다. 간혹 사람들이 재수 없게 군다느니 미친놈이라느니 하며 나를 헐뜯을 때 내게는 그 소리가 이렇게 들린다. 그들이 이해할 수도, 따라잡을 수도 없는 수준에 내가 올랐다고. 다 두려우니까 내뱉는 소리다. 만약 당신에게 덤빈 상대가 눈앞에서 내내 욕만 해댄다면 그 싸움은 이미 이긴 셈이다. 상대방에게 그 밖에 달리 싸울 방법이 없다는 말이기 때문이다. 그처럼 겁을 먹고 위축된 적수는 늘 하던 대로 대응하면 그만이다. 하지만 그런 상황에서 딱히 위협을 느끼지 않는 사람들은 당신과 같은 부류라는 말이다. 진짜 대결은 그때부터 시작이다. 자, 어디 한번 실력을 보자.

'좋은 사람'이라는 평가는
아무 의미가 없다.

좋다는 건 평범하다는 말이다. 평범함은 대단한 인상이나 흥분을 안겨주지 못할뿐더러 딱히 기억에 남지도 않는다. 이는 '괜찮다'는 말과 다르지 않다. 그럭저럭 만족한다는 것. 하지만 존경, 감탄, 신뢰라든가 서로 같은 목표를 공유하며 마음이 잘 맞는 관계, 그러한 감각과는 의미상 그 거리가 수백만 킬로미터는 떨어져 있다.

내게 있어 최고의 찬사는 이것이다. "그 녀석이 좀 미친놈 같지만 일은 최고로 잘해." 참 고마운 소리다. 클리너에게 그보다 더한 칭찬은 없다. 하지만 그때는 자기 일에서 정말 '최고'가 되어야 한다. 그러지 못 하면 그냥 미친놈일 뿐이다. 당신은 계속 그렇게 해나갈 수 있는가 아니면 단지 그런 척만 하고 있는가?

클리너의 법칙

피도 눈물도 없는 강인한 승부사로 추앙받는 사람은 사실 주변 사람들에게 미친놈으로 통할 가능성이 크다. 그것도 그냥 미친놈이 아니라 미쳐도 단단히 미친놈.

내가 누군가를 가리켜 천하의 미친놈이라고 하면 그 사람은 곧장 다른 누군가를 일러 이렇게 말하곤 한다. "미친 건 저 자식이 더해

요." 아니, 그 녀석은 아니다. 아무래도 내 말을 이해하지 못한 모양인데, 나는 칭찬을 한 것이다. 만약 주변에서 당신을 향해 그런 반응이 나온다면 본인이 잘하고 있다는 뜻으로 받아들이면 된다. 오로지 승리에만 골몰하는 사람은 우정도, 동정심도, 의리도 신경 쓰지 않고 남들이 자신을 어떻게 생각할지도 걱정하지 않는 법이니까. 그런 사람에게 남들이 이러쿵저러쿵 지껄이는 말은 더욱 강력한 자극제가 될 뿐이다. 미워할 테면 미워하라지. 그래봤자 시샘에 찬 이들의 약점과 감정만 드러날 뿐, 당신은 더욱더 강해질 것이다. 당신에게는 친구가 필요하지 않다. 당신의 친구들이 당신을 필요로 할 뿐이다. 당신이 특히 신뢰하는 사람들, 그들은 그 믿음에 철저히 부응할 필요가 있다.

#1.

누구를 믿어야 할지 안다

> **쿨러는 자신의 역량으로는 감당할 수 없기에 진실을 두려워한다. 클로저는 진실을 좇다가 그것이 제 이익에 어긋날 경우 분노한다. 클리너는 상대의 거짓말을 간파하고 진실이 드러날 때까지 기다린다. 그리고 그것이 어떤 상황이든 간에 직접 해결을 본다.**

몇 년 전에 나와 함께 일했던 한 스타플레이어 곁에는 파티라고 하면 눈이 돌아가는 그런 친구들이 늘 붙어 다녔다. 그렇게 무슨 수행단마냥 우르르 몰려다니는 모습은 여간 볼거리가 아니다. 흔히 NBA 선수라고 하면 같은 고향 출신이거나 어디서 왔는지도 모르는 어중이떠중이가 꼬이기 마련인데, 대개는 별다른 재주나 배운 것도 없고 세상 물정도 모르는 꼴통 같은 놈들이다. 파티가 열리면 술 취한 여자나 꼬시고 공짜 술이나 마시려고 여기저기서 몰려들어와 밤새 눌러앉는 그런 녀석들. 그러다가 녀석들은 또 다른 꼴통을 그곳으로 데려온다. 파티를 공짜로 즐길 방법을 안다고 자랑하려고 말이다. 그들은 늘 그렇게 공짜를 찾는다. 하나같이 주머니에 동전 한 푼 없는 비렁뱅이 신세이기 때문에.

나와 일하는 선수들은 절대 내 주변에 이른바 측근들을 데려오지 않는다. 내 눈에 보이기만 하면 당장에 가서 이렇게 한소리를 하니까. "앞으로 여섯 시간 동안 훈련을 할 텐데 그동안 뭐 하려고 여기서 얼쩡거리는 거야? 가서 책을 보든가 세차를 하든가 세탁물을 찾아오든가 해. 당장 꺼지라고. 너흰 여기 있어봐야 아무 쓸모가 없어." 사실 엄밀히 말하면 내 말이 틀렸다고 할 수 있다. 녀석들이 늘 두 가지는 하기 때문이다. 슈퍼스타 친구에게 참 잘난 놈이라고 아부를 하고 PHD(Professional Holders of Dicks)◆, 다시 말해 프로 기생충의 소임을 다하는 것이다. 언젠가 나는 '나는 PHD다'라고 적힌 티셔츠를 만들어 그치들의 공을 치하하면서 하나씩 나누어줄 것이다. 공짜라면 뭐든지 좋아하는 인간들이니 분명히 그 옷도 아무 생각 없이 입을 테지.

그러다가 그 슈퍼스타 친구가 부상으로 수술을 받고 몇 달간 재활 훈련을 받는 상황이 오면 그 많던 인원은 파티를 열어줄 새 돈줄을 찾아 어느 틈엔가 스르르 사라져버린다.

◆ 박사 학위를 뜻하는 Ph.D와 같은 약어를 활용해 프로 선수의 재산을 축내는 측근을 비꼬았다.

주변에 아무나 두지 말라

내가 방금 언급한 스타플레이어에게도 바로 그런 일이 벌어졌다. 어제까지만 해도 곁에는 그를 하늘처럼 떠받들던 프로 기생충 무리가 가득했지만 이제 그를 기다리는 건 나와 재활 치료를 위한 얼음 욕조뿐이었다. 매일같이 패거리로 몰려다니며 아양을 떨고 네가 최고라고 말해주던 인간들이 죄다 떠난 것이다. 늘 자기 마음대로 주변을 움직이고 명령하는 데 익숙해진 사람이 그 버릇을 내려놓기란 쉽지가 않다. 그는 그동안 본인이 어떤 훈련을 하고 말지를 소속 팀 트레이너들에게 통지해왔다. 그러나 이제는 모든 결정을 나에게 맡기고 따라야 하는 신세가 되고 말았다.

리그에서 잘 나가는 선수들은 구단 사람들을 상대할 때 본인이 원치 않는 그런 상황을 어물쩍 넘기곤 한다. 보통 직원들에게 선수더러 뭔가를 강제할 힘이 없을뿐더러 대개는 일자리를 지키려고 몸을 사린다는 사실을 알고서 그러는 것이다. 구단 측 트레이너들은 나를 보면 늘 이런 소리를 한다. "우리도 당신 방식대로 시도는 해봤지만 그 친구가 도통 할 생각을 안 해요." 아니, 애초에 그렇게 시킬 수가 없었겠지. 만약에 누가 그딴 식으로 내 생각을 떠보고 말을 듣느니 마느니 한다면 나랑 오래 같이 일하기는 글렀다고 봐야 한다. 선수가 제 명성을 깎아먹는 건 상관없지만 내 명성까지 망치는 건 사양하고 싶으니까.

관계의 중심에는 항상 신뢰가 있어야 한다. 그렇지 않다면 한 발자국도 나아갈 수 없다. 나는 늘 엄격한 계획대로 재활 훈련을 진행해왔고 내 방식은 실제로 좋은 결과를 냈다. 하지만 그전에 선수는 나를 철석같이 믿고 내 규칙을 따라야 한다. 안 그러면 피차 시간 낭비일 따름이다. 일단 그 규칙 가운데 하나는 내가 허락할 때까지 농구를 하지 않는 것이다. 언제 다시 공을 잡아도 되는지는 선수의 복귀 열망이나 자존심이 아닌 내 경험에 근거해서 결정한다.

그런데 나를 찾아온 스타께서는 자신이 모든 것을 분별할 줄 안다고 착각하고 있었다. 그동안 주변 사람들이 늘 그런 소리를 해댔기 때문이다. 재활 훈련 일주일째 되는 날 그는 우리 체육관 한편에 있는 농구장을 어기적거리며 밟아보고는 다시 뛸 준비가 되었다고 선언했다. "내 몸은 내가 제일 잘 알아요. 이 정도면 몸 상태는 충분하니 이제 복귀하겠어요."

으흠, 정말 그럴까? 나는 그에게 충고했다. "잘 들어. 지금 하는 재활 프로그램이 효과를 내려면 앞으로 3주간은 농구를 하면 안 돼. 우선 네가 할 일은 중량 운동이랑 수중 러닝머신 훈련이고 그 외에도 우리가 네 몸 상태를 봐가면서 이런저런 운동을 시킬 거야. '그걸 다 하고 나서' 천천히 코트로 돌아가는 거라고. 처음 재활 시작할 때 설명했듯이 모든 건 내 계획대로 진행될 거야."

"쳇, 내가 뛰겠다는데 당신이 무슨 수로 막아?"

"진심으로 그렇게 생각해?"

"그럼, 진심이지."

우리는 서로 한참을 노려보기만 했다. 생각해보면 어떤 선수들은 나보다 30센티미터는 더 크고 나 정도 체격은 코트에 가볍게 내동댕이칠 만큼 힘이 장사다. 하지만 정말 그럴 마음이라면 내 숨통을 확실히 끊는 편이 좋을 것이다. 아니면 내가 곧장 다시 일어나 상상도 못할 방식으로 상대를 끝장낼 테니까.

나는 이렇게 말했다. "좋아. 오늘이 네가 여기서 보내는 마지막 날이야. 난 네 몸을 못 고쳐. 내가 우리 체육관에 오는 사람들한테 요구하는 건 딱 세 가지야. 체육관에 와서 열심히 운동하고 내 말을 듣는 것. 이 세 가지를 못 하겠다면 난 도와줄 수가 없어. 넌 지금 나한테 불가능한 일을 요구하면서 멀쩡한 돈을 버린 거야." 그러고서 나는 공을 든 그를 혼자 남겨놓고 그 자리를 떠났다.

물론 나도 선수들의 마음은 이해한다. 온갖 대중 매체가 그들의 재활 과정과 근황을 캐고, 소속 팀은 상황을 수습하는 데 진을 빼고, 에이전트는 어쩔 줄 몰라서 식은땀만 흘리고, 가족들은 죄다 실신할 지경이고, 세계 각국의 후원 업체들은 이달 말까지 어떻게든 돌아와 달라고 외치고, 현재 소유 중인 집 다섯 채와 자동차 일곱 대의 비용은 꼬박꼬박 나가고 있으니 말이다. 다들 중요한 돈줄이 아직 살아 있느냐고 목을 매는 상황이니 당사자는 압박감이 엄청날 테지. 하지만 나는 그들에게 진실만을 들이밀 것이다.

나와 부딪혔던 그 선수는 그날 오후 내내 보이지 않았다. 그러다 밤이 되어 전화가 왔다. "알겠어요. 까짓것 하죠." 그 뒤로 그는 하루도 빠짐없이 체육관에 나와 열심히 훈련하고 내 말을 따랐다.

진짜 일류란 그렇게 누구를 믿어야 할지 알고, 자신의 무지를 인정하고, 뭐든 다 아는 듯이 굴다가는 어떤 낭패를 당하게 되는지 아는 사람이다.

클리너들의 세계에서는 신뢰를 얻지 못하면 그것으로 곧 끝이다. 클리너는 믿고 의지하는 사람이 지극히 적다. 만약 당신이 그처럼 신뢰받는 사람들 중 하나라면 그건 확실히 인정을 받았다는 뜻이다. 하지만 그렇지 못하다면, 항상 뒤를 조심해야 한다. 클리너는 절대로 과오를 용서하거나 잊는 법이 없으니까.

생각해보니 방금 한 말을 정정해야겠다. 당신이 어느 쪽에 속하든 뒤는 늘 조심해야 한다. 만약 친구 중에 클리너가 있고 그가 당신이 철저히 신뢰하는 친구라 하더라도 만약 당신을 쓰러뜨리는 것이 그의 임무라면 그 친구는 기꺼이 당신을 짓밟을 것이다.

나는 한 번도 클리너가 모범 시민이라고 말한 적이 없다. 클리너가 수단과 방법을 가리지 않고 결과를 내는 사람이라고만 말했다. 그런 방식이 가까운 사람들의 눈에 나쁘게 보인다 한들 클리너 본인은 전혀 신경 쓰지 않을 것이다. 늘 함께하는 친구라고 해서 당신이 꼭 그를 좋아할 필요는 없다. 필요한 건 그가 시작한 일을 어떻게든 끝내리라는 믿음뿐이다.

만약에 당신이 이미 클리너라면 아마 이렇게 생각하리라. '신뢰? 조언? 난 아무도 믿지 않고 충고 같은 것도 필요 없어.' 그러나 부디 중단하지 말고 계속 읽어달라. 당신에게는 내 조언이 필요하다. 또 아직 클리너가 아니라 해도 당신에게는 내 조언이 필요하다.

우리는 일찍이 이 책에서 본능을 믿고 결정하는 법을 살펴보았다. 다양한 결정에서 큰 비중을 차지하는 것 중 하나는 누구를 믿어도 좋은지 판단하는 것이다. 그러지 못한다면 아무나 믿고 말 것 아닌가. 제아무리 잘난 인물이라도 성공하기 위해서는 자신의 목표 지점까지 힘을 보태줄 사람을 알아보고 각 조각을 알맞은 곳에 배치하는 과정이 필요하다.

> 남다른 성과를 바란다면
> '당신이 추구하는 수준에 걸맞은 사람'을
> 주변에 둬야 한다.

그러지 못하는 사람은 클리너는커녕 클로저조차 될 수 없다.

지금 이 책을 보는 당신이 클리너라면 "정상에 오르는 건 외로운 일"이라는 말이 깊이 와 닿을 것이다. 바로 당신을 일컫는 말이니까.

지금까지 최고 수준으로 기량을 갈고닦으려 오랜 시간 땀 흘리고, 자기 분야에서 가장 앞서고자 아주 사소한 부분까지 죄다 섭렵하고, 늘 새로운 길을 개척하며 스스로를 비롯해 만인에게 '최고'의 본보기가 되어온 사람에게 과연 누가 앞으로 얼마나 어떻게 더 나아질 수 있다고 조언할 수 있을까? 당신이 아는 것보다 더 많은 걸 알려줄 사람이 있기는 할까? 또 여태 당신이 해온 일들, 여전히 하고 싶은 일들에 관해 공감하는 사람은 얼마나 될까?

클리너에게 누군가를 믿는다는 것은 통제하길 포기한다는 뜻과 같으며 대개는 그 대목에서 상당한 곤란을 겪는다. 클리너에 해당하는 사람들이 공통적으로 갖는 특징은 어느 순간 세상에 믿을 건 자기 자신뿐임을 깨친다는 사실이다. 어쩌면 아주 어린 시절부터 익힌 것일 수도, 또 어쩌면 성인이 되어 마주친 무언가로부터 배운 것일 수도 있지만, 어쨌든 그 경험은 그들을 타고난 본능적 직감에 의존하게 만들고 생존과 성공을 위해서는 절대로 자기 인생의 운전대를 놓으면 안 된다는 깨달음을 안겨준다. 다른 누군가에게 운전을 맡긴다는 말은 내가 어디로 어떻게 갈지를 남이 좌우한다는 뜻이다. 클리너는 운전자를 100퍼센트 신뢰하지 않는 한 결코 조수석에 앉지 않는다. 그리고 세상에는 형편없는 운전사가 널렸다는 사실을 분명히 알고 있다.

하지만 신뢰가 꼭 지배권, 통제권을 포기하고 타인에게 중요한 결정을 맡기는 것을 뜻하지는 않는다. 마이클은 언제나 본인의 책무를 직접 다하려고 고집했다. 그는 경호원이나 운전사, 스타일리스트, 매표 관리자가 와서 대신 처리해주길 기다리지 않고 자기 일을 알아서 했다. 나는 혼자 아무것도 할 줄 모르는 슈퍼스타들을 볼 때마다 어떻게 저럴 수가 있나 싶어서 기가 막힌다. 그런 선수들은 제 책임과 의무를 죄다 남들에게 떠넘기고는 원하는 결과가 나오지 않으면 영문을 모르겠다며 눈만 껌벅거린다.

아무리 잘나가는 스타라도 훌륭한 인재들을 곁에 두고 관리할 책임은 처음부터 끝까지 본인에게 있다. 그런데 초유의 성공을 이룬 인물들이 특히 애를 먹는 부분이 바로 이 사람 관리다. 별의별 인간들이 그 성공에 편승하려 하기 때문이다. 이런 이유로 당신은 누구를 가까이 둬야 하는지, 다른 직업을 찾아야 할 사람은 누구인지를 신중하게 가려야만 한다.

클리너는 단순히 "자, 이걸 해줘"라는 말만으로 자기 책임을 남에게 넘겨주지 않는다. 그건 너무나도 위험한 처사다. 그는 15분이 걸리든 15년이 걸리든 시간과 상관없이 우선 상대방을 시험할 테고 그 사람이 어떤 반응을 보이는지, 또 어떻게 일하고 몸가짐이 어떤지를 살피면서 그 태도나 방식이 본인의 기준을 충족하는지 판단할 것이다. 어쩌면 당장은 용건이 없을지도 모르나 그전에 충분히 능력을 증명했다면 클리너는 일이 생겼을 때 적합한 인물을 물색하다가 그 사람을 부를 것이다. 그러나 능력을 증명하지 못했다면 그 사람은 있으나 마나 한 취급을 받을 게 뻔하다.

클리너는 사람들을 제각기 독특하고 어딘가에는 쓰일 데가 있는 도구처럼 여긴다. 망치는 무언가를 부수는 데도 쓰이고 짓는 데도 쓰인다. 칼은 잘못 쓰면 사람을 죽이지만 의사가 잡으면 사람을 살리기도 한다. 스패너는 결코 드릴의 역할을 하지 못하고 스패너로서 가능한 일만 할 수 있다. 결국 작업자의 실력은 어떤 도구를 선택

"

성공이란
얼마나 많은 돈을 버느냐가 아니다.
진정한 성공은
아무도 할 수 없는 일을 해내는 것이다.

"

하여 얼마나 잘 쓰느냐에 좌우된다.

이는 곧 클리너의 특기이기도 하다. 목적에 부합하는 인재들을 그러모아 적재적소에 배치하고 본인에게 유리하게 활용하는 것이다. 물론 클리너는 주요 조력자들을 구하는 데 세심한 주의를 기울인다. 그래서 이상적인 팀을 꾸리기까지는 오랜 시간이 걸리지만, 일단 필요한 사람들이 다 모이고 나면 클리너는 자신만의 조직을 유지하는 데 헌신한다. 지금 당신이 아는 가장 성공한 인물들을 떠올려보라. 그런 사람들은 무엇이 자신의 성공을 가능케 하는지 인지하고 효과가 지속되는 한 늘 같은 방식을 고수한다. 클리너는 순전히 변화를 위한 변화를 일으키는 경우가 드물다. 괜히 이곳저곳을 '헤집고' 상황을 '불안정하게' 만들어서 좋을 게 뭐 있을까? 그래서는 예상하기 어렵고 일정하지 않은 결과들이 나올 뿐이다. 누군가가 곁에 있는 사람들을 계속 갈아치우는 경우에 대부분 문제가 되는 건 교체되는 사람들이 아니다. 진짜 문제는 자신이 무엇을 원하고 필요로 하는지 깨닫지 못하는 바로 그 누군가에게 있다.

실제로 나는 에이전트나 매니저, 트레이너 같은 조력자들을 끊임없이 바꿔대는 선수들을 많이 안다. 그들은 일가친척의 압박에 못 이겨 아무 일도 할 줄 모르는 처남이나 매형을 매니저로 고용하거나 돈을 좀 아껴볼 심산으로 중요한 장부 관리를 오랜 친구에게 맡기곤 한다. 그러다가 이내 협동심은 온데간데없이 온통 짜증과 냉소만 남아서는 모두의 생계를 책임지는 선수 본인이 제 일에 집중하고 부담을 덜기는커녕 오히려 인사 문제를 해결해야 하는 상황에 빠진다. 나는 그렇게 난장판이 벌어질 때마다 이런 생각이 든다. '이건 네 비즈니스인데, 대체 넌 뭘 하는 거야?' 구성원 모두가 최종 결과를 함께 만끽하려면 팀 전체가 동일한 목표를 좇아야 한다. 사사로운 일에 초점을 맞춰서는 안 되는 것이다. 훌륭한 팀은 모든 상황을 균형 있게 살피며 지금이 이 행사 저 행사에 얼굴을 비춰도 좋은 때인지 아니면 훈련을 하거나 몸을 회복시켜야 할 때인지를 가릴 줄 안다. 그런 사람들과 함께할 때 클리너는 다들 사익을 돌보지 않고 자신을 굳게 지지한다는 것을 믿어야 한다. 당신이 A⁺짜리 인재이고 곁에 있는 사람들 역시 A⁺짜리라 해도 A⁺짜리 성과를 내려면 모두가 책임을 다해야 한다는 사실을 잊지 마라. 그러한 클리너의 성공에 한층 힘을 보태는 것은 있는 그대로를 말하는 용기다. 비록 당사자는 진실을 원치 않는다 하더라도 말이다.

간혹 누가 "난 긍정적인 사람들을 가까이 두고 싶어요"라고 말하면 나는 그냥 웃고 만다. 그 말에 담긴 진짜 의미가 무엇인지 아는가? '나는 내 코앞에서 거짓말을 하며 기분 좋게 해주는 사람들을 원해요'라는 말이다. 나는 입에 발린 소리나 하려고 선수들의 돈을 받으며 일하는 것이 아니다. 내 임무는 결과가 어찌 되었든 일단 그들의 생각을 바로잡는 것이다. 그 과정에서 가혹하다거나 무정하다는 소리를 듣는다 해도 나는 상관없다. 그런 비판은 내가 일을 아주 잘하고 있다는 뜻이니까.

어차피 선수들에게는 조언을 해주는 사람이 수없이 많다. 그런 상황에서 정말 참신하고도 뜻깊은 말, 상대방이 진심으로 귀담아들을 말을 하려면 나는 어떻게 해야 할까? 그들이 여태 들어온 수백 가지 조언보다 설득력 있으려면 어떻게 해야 할까?

다시 말하지만, 진실은 단순하다.

LA 레이커스의 시합 날 하프타임이 끝날 즈음 나는 경기장 복도에서 코트로 나가는 코비를 만나곤 한다. 나는 말을 하고 그는 듣고. 걸리는 시간은 15초 남짓. 물론 그건 코비와 나만이 아는 이야기지만 그 순간 그가 내 말을 진실로 받아들인다는 것은 누구라도 알아볼 수 있다.

내가 여태 해온 일은 선수들이 일단 그 자리에서 멈추도록 몇 마디 말이나 아이디어를 던지는 것이 다였다. 딱 거기까지. 그 뒤에 답을 궁리하고 상황을 해결하는 것은 그들의 몫이다. 그건 결국 그들의 공이다.

진실은 단순하다. 진실은 설명이나 분석, 근거 혹은 이유 따위를 요구하지 않으며 의심이 비집고 들어갈 수 없는 아주 단순한 말로만 이뤄져 있다. 이 각도 저 각도로 살펴보고, 불빛을 비춰보고, 위아래를 뒤집어보고, 속을 헤쳐보고, 도끼로 내려찍어 봐도 진실은 여전히 진실일 뿐이다. 그런데 크나큰 성공을 이룬 사람들의 귓가에는 진실이 가닿는 경우가 드물다. 소위 '신뢰'로 묶인 소집단 내에서 자기 자리를 지키려고 무슨 짓이든 하는 조력자들과 경호원 및 보좌관들 그리고 기생충 무리가 주변을 온통 둘러싸고 있기 때문이다. 그들은 진실을 가리고 듣기 좋은 말과 부풀려진 칭찬만을 퍼 나르며 온종일 보스를 기쁘게 하려고 애쓴다.

하지만 보스가 허구한 날 기뻐야 할 필요는 없다. 가끔은 머리를 쾅 때리는 솔직한 한 방이 필요할 때도 있다. 혹시 그런 조직에서 가장 귀중한 인재가 되고 싶은가? 그렇다면 클리너의 눈을 똑바로 보면서 모두가 입에 올리길 두려워하는 사실을 말하면 된다. 어쩌면 그는 그렇게 껄끄러운 상황과 그런 말을 꺼낸 당신을 언짢게 여길지도 모르나, 진정한 클리너는 그게 엿이나 먹으라고 하는 소리인지 아니면 진짜 직언인지를 판별할 줄 안다. 장담하건대 그가 다음번에 믿을 만한 사람을 찾을 때는 분명히 당신을 부를 것이다.

하지만 진실을 알리는 사람은 마주하는 상대방에게도 마찬가지로 진실을 전해야만 한다. 나는 선수들에게 질문을 하기 전에 이미 답을 안다. 그래서 나는 그들이 진실을 말할 때까지 계속 묻는다.

"술을 많이 마시는 편이지?"

"아뇨."

"술을 안 마신다고?"

"안 마셔요."

"몸을 보니 꽤 마실 줄 아는 것 같은데?"

"아니라니까요."

"얼마나 자주 마셔?"

"진짜 아니…"

실은 대답할 필요도 없다. 나는 이미 알고 있으니까. 이 선수에게 필요한 건 30일짜리 훈련 프로그램이다. 이 결정을 받아들이지 않으면 선수 생활은 끝났다고 봐야 한다. 아무래도 내키지 않는다고? 선택은 본인이 하기 나름이다. 어쨌든 관리가 필요하다는 사실은 변하지 않는다.

사태를 악화시키는 짓을 그만두지 않으면 지금보다 상황이 더 나아지기란 불가능하다. 비즈니스 측면에서든 스포츠 측면에서든 내 판단에 개인적인 감정은 없다. 해마다 여러 구단의 단장들과 코치진, 에이전트들은 내게 전화를 걸어 의견을 구한다. 물론 나도 내 조언에 귀 기울여주는 것을 고맙게 여기고 있다. 그들은 이렇게 묻곤 한다. "그 친구를 시합에 내보내도 되겠어?" 내 대답은 '아니요'다. "하지만 자네도 지난번에 그 녀석이 하는 걸 봤다면…." 내 대답은 여전히 '아니요'다. "만약에 우리가 녀석의 몸 상태를 어떻게든 끌어올리면…." 그래도 내 대답은 '아니요'다. 자, 내가 당신네 돈도 왕창 아끼고 고민과 불안까지 확실히 덜게 해주리다. 다시 말하지만 그 선수는 시합에 나갈 만한 상태가 아니다.

질문의 답이 '아니요'일 때 클리너는 아니라고 말한다. 구태여 완곡한 표현을 쓰지도, 보기 좋게 포장하지도 않는다. 왜 그런지 이유나 설명을 붙이지도 않는다. 잡다한 첨언이 뒤따른다는 것은 결국 이런 소리나 마찬가지다. "처음에는 나도 확신할 수 없었다. 그러다 가 이리저리 한참을 생각해보고 결론에 이르러보니 이제는 꽤 확신 이 선다. 그러니까 당신이 좀 이해해달라." 만약에 정말 설명이 필요 하다면 이후 더 많은 논의의 가능성이 열려 있다는 사실을 확실히 알고 그렇게 하라. 상대는 당신이 망설이는 모습을 보면 타협하려 들 테니까. '아니요'라는 답에는 어떤 가능성도 없고 타협도 없다. 누군가가 당신에게 원치 않는 일을 해달라고 물을 때 왜 안 되는지 이유를 대기 시작하면 그 사람은 당신에게 다시 묻고, 묻고, 또 물을 것이다. 애써 설명하지 말고 구차한 이유도 대지 마라. 진실은 한 문 장으로 족하다. 단순하고 명확하다. 질문 하나에 답 하나, 그뿐이다.

신뢰할 수 있는 관계를 만들어라

진정 뛰어난 수준에 이른다는 것은 편하고 쉬운 길에 안주하지 않 고 그러한 답을 찾는다는 뜻이다. 다시 말해 진실을 좇고 받아들이 며 가능한 한 상황에 적응한다는 뜻이다. 우리는 여태 부상 이후 서 둘러 복귀했다가 더 크게 다친 선수들을 얼마나 많이 보아왔던가? 십중팔구 담당 트레이너는 선수의 몸 상태를 잘 알았겠지만, 정작 당사자는 겁먹고 갈팡질팡하거나, 트레이너를 믿지 않거나, 자기가 무슨 말을 하는지도 모르는 얼뜨기들의 같잖은 충고에 귀 기울였을 것이다. 아, 이제 등 상태가 괜찮은 것 같다고? 그것 참 잘된 일이다. 그렇다면 등과 연결된 다른 부위도 다 괜찮을까? 당신은 거기까지 챙길 마음이 있는가? 그렇지 않으면 2주 안에 또 부상을 당할 텐데 그건 그때 가서 생각해볼까?

운동선수 주변에는 오만 일에 이래라저래라 하는 전문가들이 끝없이 진을 치고 늘어서 있다. 감독과 코치들, 트레이너들, 의료진, 별의별 조언자에다 아내와 부모님은 물론 프로 기생충들까지 제각각 의견을 던져댄다. 그러다가 선수가 나를 찾게 될 즈음에는 본인의 귀중한 본능을 되살리고 불러오는 방법을 잊고 만다. 그럴 때 나는 몸을 회복시키거나 경기력을 끌어올리기 위해 무엇을 할지 알려주면서 그가 지금껏 어디서도 들어보지 못했을 말을 던진다. 내게는 나만의 방식이 있고 그게 통한다는 걸 나는 분명히 안다고, 그러니까 이 일은 내게 맡기라고. 물론 모든 일을 늘 제 마음대로 하는 데 익숙한 스타플레이어로서는 받아들이기 쉽지 않은 결정이다.

자신이 무엇을 알고 무엇을 모르는가, 이는 운동선수든 기업 경영자든 록 스타든 혹은 이제 막 세상에 첫 발을 내딛은 사회 초년생이든 상관없이 누구에게나 필요한 깨달음이다. 보통 우리가 누군가에게 조언을 구할 때 정말 바라는 것은 진실이 아니다. 대개는 본인이 원하는 답을 듣고 싶어 한다. 하지만 살다 보면 자신의 바람에 어긋나는 충고를 받아들일 줄도 알아야 한다.

자신만의 꿈을 갖지 않은 사람들은 당신의 꿈을 응원하지 않을 가능성이 크다. 그들은 스스로에게 뇌까리는 온갖 부정적인 말들을 당신에게도 던질 것이다.

클리너에 해당하는 이들은 신뢰하는 사람이 거의 없다시피 하다. 대부분의 경우 그들은 내면의 목소리를 따르지 않고 남을 믿었다가 괜히 자책하느니 자기 선택이 틀리더라도 일단 본능을 따르고 나중에 사태를 수습하기를 택한다. 만약에 실수를 저지르더라도 그들은 다른 누군가가 시켜서 한 행동이 아니라 본인이 옳다고 여기고 한 행동 때문에 그렇게 되기를 바란다.

반면에 자신이 신뢰하는 사람이라면 클리너는 어떤 간섭도 비판도 하지 않고 알아서 할 일을 하게 내버려 둔다. 그 사람 역시 클리너라면 특히 더 그렇다. 피차 신경 쓰는 것은 최종 결과뿐이니까. 클리너는 일을 어떻게 하는지는 개의치 않는다. 어쨌든 한다는 것이 중요하다. 단 그 전에 무엇보다 상대방에 대한 신뢰가 필요하다.

마이클과 필 잭슨 감독은 둘 다 궁극의 클리너였다. 마이클은 필을 믿고 그가 제 일을 하도록 내버려 두었고, 필도 마찬가지로 그렇게 했다. 필은 마이클에게 이렇게 말하곤 했다. "자, 일단 트라이앵글 오펜스*를 가동시키고 그런 다음에 자네가 하고 싶은 대로 하도록 해. 하지만 적어도 트라이앵글의 모양새는 유지해줘야 돼. 우리

---

* 선수 세 명을 축으로 삼아 유동적인 공격을 전개하는 전술로 시카고 불스의 코치였던 텍스 윈터Tex Winter가 발전시켰다.

가 '뭔가 작전을 쓰는 것처럼' 보이게 말이야." 그러면 마이클은 사전에 정해둔 팀플레이를 몇 가지 선보인 뒤 자기 방식대로 일을 처리했다. 결과는 어땠냐고? 그야말로 대성공이었다.

물론 그런 관계가 늘 성공으로 이어지지만은 않는다. 그럴 때 두 클리너는 갈라서서 각자의 길을 가지만 결코 도전이 끝났다고는 생각하지 않는다. 그들은 강렬한 경쟁심으로 한시도 멈추지 않고 최정상에 오르려는 투쟁을 거듭한다. 혹 당신에게 한때 동료였다가 관계가 끊어진 클리너가 있다면 조심하라. 그는 과거 어느 때보다 더 강해져서 다시 돌아올 테니까.

클리너의 법칙

쿨러가 말할 때 사람들은 의심을 품는다. 클로저가 말할 때 사람들은 귀를 기울인다. 클리너가 말할 때 사람들은 신뢰를 표한다.

클리너는 남의 말에 귀를 기울이면서 스스로 결정할 줄 안다. 정보를 모으고 체계적으로 정리해가며 제 나름의 결론을 내리는 것이다. 마이클과 내가 처음 만나서 일할 때는 우리 두 사람 다 이것저것 배워가며 올바른 답을 찾는 처지였다. 그는 농구를 잘 알았고 나는 사람의 몸을 잘 알았다. 나는 농구에 관한 한 그의 의견을 철저히 믿고 따랐고 그는 몸에 관한 한 내 의견을 철저히 믿고 따랐다.

이제 다른 선수들에게 나는 무엇이든 알려주는 과외 선생과 같다.

그들은 내게 전화를 걸어 자식 문제, 아내나 애인과의 불화, 처세술 등 세상만사에 관한 조언을 구한다. 나를 믿는 것이다. 이유가 무엇일까? 내가 솔직하고 명료한 답을 주기 때문이다. 세상에 '나를 믿으라'는 것만큼 무거운 말이 또 있을까? 그 말은 큰 책임을 요하며 말한 사람은 마땅히 그 약속을 지킬 필요가 있다. 그렇기에 선수들은 나를 찾아와 "일이 좀 생겼어요"라고 말할 때 이미 내가 힘이 되어줄 것임을 알고 있다. 그럴 때면 나는 아마 고개를 절레절레 저으면서 이런 말을 뱉겠지. "그딴 짓을 하고도 정말 아무 일 없을 줄 알았어?" 물론 그 뒤에는 함께 머리를 맞대고 그 상황을 해결할 방법, 피해를 최소화할 방법을 찾아내리라.

내 입에서 선수들이 싫어하는 소리가 나오는 경우, 사실 나는 그런 말을 꽤 자주 하는 편이지만 그건 다 그들을 위해서다. 언제나 그랬다. 그들에게 지금 하는 일들이 잘되지 않을 것이라고 까놓고 말하는 모질고 재수 없는 놈이 되느냐, 모든 일이 잘되어간다고 눈앞에서 거짓을 말하는 기분 좋은 친구가 되느냐, 둘 중 하나를 고르라면 내가 과연 무엇을 선택하겠는가? 두말할 필요 없이 나는 모질고 재수 없는 놈이 되어 선수들이 실패의 수렁에 빠지는 것을 막겠다. 곁에서 온통 장미꽃 세례를 퍼붓는 족속에게 익숙해진 그들에게 나는 그렇게 가시를 들이대고 있다.

#1.

실패를 실패로 여기지 않는다

> **쿨러는 자신이 할 수 없는 일을
> 인정하고 포기한다.
> 클로저는 자신이 할 수 없는 일임을 알고도
> 계속 노력을 들인다.
> 클리너는 자신이 할 수 있는 일을 계속해나가며
> 또 다른 길을 탐색한다.**

1995년도 플레이오프 2라운드에서 시카고 불스가 올랜도 매직에 패하여 최종 탈락한 그날 밤, 나는 불이 꺼진 유나이티드센터에서 새벽 세 시까지 마이클과 함께 있었다. 그는 겨우 두 달 전에 농구계로 다시 돌아온 참이었다. 첫 번째 은퇴와 짧았던 야구 선수 생활을 거치며 지난 한 해 동안 참으로 많은 일을 겪어온 그였다.

정장에 넥타이를 갖춰 입은 마이클은 그 시즌부터 전설적인 시카고 스타디움을 대신하여 불스의 새 홈구장이 된 그곳을 둘러보며 말했다. "난 이 망할 건물이 싫어."

"이 망할 건물을 지은 건 당신이야." 그게 내 대답이었다.

올랜도 매직과의 대결 당시에 매직의 일부 선수들은 그가 과거의 23번과는 다르다고 말했고 실제로도 그랬다. 그때 마이클은 45번 유니폼을 입었을 뿐 아니라 전반적으로 준비가 덜 된 상태였다. 나는 그 점을 누구보다 잘 알았다. 체력이나 슈팅 감각 등에서 그를 우리가 익히 알던 최고의 선수로 되돌리기에는 시간이 부족했다.

아니나 다를까, 여기저기서 그의 야구계 도전과 농구계 복귀가 모두 실패했다느니 실패자라느니 하는 소리가 흘러나왔다. 마이클 조던은 끝났다고, 사람들은 그렇게 말했다.

하지만 늘 그렇듯이 세간의 판단은 틀렸다. 클리너에게 끝이란 남들이 수군댈 때가 아니라 자기 입으로 끝났다고 선언할 때 찾아온다. 다른 사람들의 비난은 오히려 반대의 결과를 불러온다.

그날 시합을 마친 뒤 마이클은 악수를 나누고 코트를 떠나는 매직 선수들에게 한 가지 메시지를 남겼다. "오늘의 승리를 마음껏 즐기도록 해. 이제 다시는 이런 일이 없을 테니까."

그다음 시즌에 그는 다시 23번을 달고서 불스를 NBA 역대 최다 승인 72승*으로 이끌며 이후 손에 낄 세 개의 우승 반지 중 첫 번째를 획득했다. 그에게는 당시의 '실패' 이전에 획득한 반지도 이미 세 개나 있었다. 실패? 그가 아무리 못해도 대다수 선수들이 제일 잘할

---

* 이 기록은 2015~2016 시즌에 73승 9패를 기록한 골든스테이트 워리어스가 깼다.

때보다 훨씬 나은데 대체 무엇이 어떻게 실패한다는 말인가?

사실 나는 실패라는 개념이 그리 와 닿지 않는다. 무엇이든 단 한 번 시도해서 성공하지 못하면 그것은 '실패'인가? 성공할 때까지 다시 도전하고 노력하는 것은 좋은 일이 아닌가? 그걸 과연 실패라고 할 수 있을까?

클리너의 법칙

자신의 이름을 걸고 일할 때는 그 이면에서 벌어지는 상황들을 확실히 다스리도록 하라.

세상 사람들 대부분이 실패라고 여기는 상황을 두고 클리너는 모두가 불가능하다고 말하는 일을 해낼 기회로 본다. 만약에 어떤 일의 성공률이 2퍼센트, 실패율이 98퍼센트라도 클리너는 남들이 불가능이라고 생각하는 일에 기꺼이 도전하고 무엇이든 해낸다는 것을 증명하고자 98퍼센트에 달하는 위험을 감수할 것이다. 목표를 이루기까지는 몇 년이 걸리고 남들은 알 수 없는 엄청난 노력이 필요할지도 모른다. 그러나 결국 클리너는 그러한 상황을 다스리며 모든 것을 본인에게 이롭게 이끌 것이다. 어쨌든 그럴 수밖에 없다. 그것이 클리너가 아는 유일한 방법이기 때문이다.

자, 이 수단이 먹히지 않았다면 저 수단을 써보자. 저 수단이 안 통하면 또 다른 수단을 써보면 된다. 당신은 얼마나 많은 대안을 마련할 수 있는가? 어딘가에 존재하는 수렁에 빠지지 않기 위해서 얼마나 다양한 경로를 창출해낼 수 있는가? 만에 하나라도 수렁에 빠졌다면 거기서 탈출하기 위한 선택지는 얼마나 준비해두었는가?

나는 마이클이 샬럿 밥캐츠*의 구단주이자 단장으로서 비난을 들을 때마다 너무나도 흥미가 동한다. 2006년부터 4년간 밥캐츠의 공동 소유주로 활동해온 마이클은 2010년에 마침내 구단 지배권을 획득하며 NBA 최초의 선수 출신 구단주가 되었다.

그러자 비평가들이 밥캐츠의 형편없는 성적을 지적하고 이 팀의 실패가 마이클의 업적을 퇴색시키지는 않을지 의심하면서 그간 훌륭한 경영 수완을 보였던 다른 선수들과 그를 비교했다. 실제로 래리 버드, 조 듀마스Joe Dumars, 제리 웨스트Jerry West 등은 각자가 속한 구단에서 관리자로서 훌륭한 성과를 냈다. 하지만 마이클과는 다른 점이 있었다. 그들은 누군가의 밑에서 일했기 때문이다. 현재 마이클의 고용주는 그 자신이다. 그는 자기 이름을 걸고서 자기 돈을 들여 일하고 있다. 그처럼 NBA에서 유례없는 선수 출신으로 직접 사업을 하는 입장과 남에게 고용되어 본인이 원하든 원치 않든 언젠가는 그 자리를 떠나야 하는 입장은 크나큰 차이가 있다. 애초에 아무도 해본 적 없는 도전을 하고 성공 여부를 가늠할 만한 기준도 없는데 어떻게 실패를 규정한단 말인가?

◆　　2014~2015 시즌부터는 샬럿 호네츠로 팀명이 바뀌었다.

끔찍한 성적을 기록했던 2011~2012 시즌**이 끝난 뒤 마이클은 누구도 탓하지 않고 모든 책임은 자신에게 있다면서 어떻게든 해법을 찾겠다고 했다. 아마 그 팀에서 농구 실력이 가장 출중한 사람이 구단주라는 사실은 상황을 개선하는 데 별 도움이 되지 않을 것이다. 그러나 시즌 종료 후에 그가 밝혔듯이 "절대 NBA 역사에 실패자로 이름을 남길 생각은 없다"는 그 의지는 분명히 믿어도 좋다.

간단히 정리하자면 이렇다.

실패란 당신 스스로 실패했다고
결론지을 때 일어난다.

그러기 전까지는 여전히 원하는 목표점에 도달하고자 길을 찾는 과정인 것이다.

언젠가 한 기자의 질문에 답하던 데릭 지터Derek Jeter가 꼭 그랬다. 소속 팀인 뉴욕 양키스가 시즌 후반기에 닥친 슬럼프 때문에 불안감에 시달리는 것은 아니냐고, 그 상황에 어떻게 대처하고 있느냐고 기자가 묻자 그는 이렇게 말했다. "저는 불안에 시달리지 않으니 대처할 것도 없습니다." 실로 완벽한 클리너다. 또 NFL의 댈러스

** 선수 노조의 파업 및 직장 폐쇄의 여파로 단축 시즌을 치렀던 2011~2012 시즌에 샬럿 밥캐츠는 7승 59패로 NBA 역대 최저 승률을 기록했다.

카우보이스 소속으로 비장 파열상에도 불구하고 구단과 담당 의료진을 위해 면책 각서까지 쓰고 시합에 나가려 했던 제이슨 위튼Jason Witten은 또 어떤가? 무릎 부상을 안고도 플레이오프에서 벤치로 물러나지 않았던 드웨인, 뇌진탕을 비롯해 어지간한 사람 같으면 무너졌을 온갖 부상 속에서도 계속 시합에 나선 코비 역시 그러하다. 그렇게 그들은 실패를 거부한다. 앞으로 나아가고 또 나아가면서 주어진 상황을 지배하기 위한 대안을 끊임없이 찾는 것이다.

성공과 실패는 멘탈에 달렸다

성공과 실패를 가르는 것은 오로지 멘탈이다. 누군가에게 성공인 것이 다른 누군가에게는 완전한 실패로 비칠 수도 있다. 당신은 불굴의 승부사가 된다는 것이 어떤 의미인지 제 나름의 비전을 세워야 한다. 절대로 다른 사람이 당신을 대신하여 그 의미를 규정하게 두어서는 안 된다. 당신의 직감은 어떤 말을 하고 있는가? 당신이 지금 해야 할 일들, 성공하기 위한 방법, 성공을 바라는 분야에 관해 본능은 어떤 답을 제시하는가? 과연 세상에 어느 누가 성공의 모습은 어떠해야 한다고 잘라 말할 수 있을까?

누군가가 당신을 향해 실패했다고 말할 때 사실 그 속에는 이런 뜻이 담겨 있다. '내가 너와 같은 상황에 있다면 나 자신이 실패했다고 느꼈을 것이다.' 그렇지만 그 사람은 당신이 아닐뿐더러 절대 클리너일리도 없다. 클리너라면 실패를 실패로 여기지 않으니까.

세상이 온통 당신의 실패를 바랄 때 온갖 역경에 맞서 싸우며 도전하는 그 기분, 나는 그게 무엇인지 잘 안다. 내가 2007년에 시카고에서 어택 애슬레틱스 체육관을 열었을 때 프로 선수 전문 트레이너로서 내 경력은 이미 약 20년에 달해 있었다. 그동안 세계 최고의 선수들과 함께 일하며 남들은 꿈만 꾸던 온갖 곳을 가보고 온갖 것을 보아온 나는 어택 애슬레틱스를 한층 높은 수준의 트레이닝 센터로 만들고 싶었다. 사람들은 누구 할 것 없이 이 체육관이 트레이너로서 내가 맞는 진화의 최종 단계라고 말했다. 그러나 내게는 시작에 불과했다. 나는 세계 도처에서 체육인들을 끌어모으는 최신식 스포츠 훈련 시설을, 일개 트레이너로서 누구도 감히 소유하거나 만들 수 있다고 상상치 못했던 장소를 만들어냈다.

내가 품었던 기대와 계획들은 모두 얼마간의 결실을 이뤘다. 일단 내가 원했던 건 무엇보다도 새로운 모험이었으니까. 하지만 어떤 사업을 하든지 예상치 못한 난관 때문에 이런저런 조정을 할 필요가 생기는 법이다. 나 역시 우리 시설이 나아갈 방향과 관련하여 어려운 결정을 내려야 했다. NBA 직장 폐쇄의 위험이 도사린 가운데 선수들은 시즌 개막이 확정되지 않은 상황에서 개인 훈련에 투자하길 꺼리던 참이었다. 물론 코비와 드웨인을 비롯한 내 주요 고객들은 늘 그렇듯이 장소를 가리지 않고 나를 불러댔다. 그래서 나는 시카고에 건물을 앉혀둔 채로 그들과 세계 각지를 오가야 했다. 사업

"

악착같은 투지는
기꺼이 모험을 감행하는 자에게 깃든다.
안전한 길은 당신에게
적당히 좋은 삶을 안겨주지만
모험은 당신을 위대하게 만든다.

"

을 이어가기가 참 어려웠다. 그러자 얼마 지나지 않아서 어택 애슬 레틱스가 '실패'했다는 소리가 들리기 시작했다.

분명히 체육관 건물을 관리하는 데는 차질이 있었다. 그러나 그렇게 곤란한 일을 잘 처리하는 것도 결국은 성공을 이루는 과정이다. 새로이 배우고 적응하는 것이다. 모두가 당신의 '실패'를 언급할 때 당신은 프로답게 본인의 위치를 지키면서 경로를 수정하고 할 일을 해야 한다. 그것이 쿨러에서 클로저로, 클로저에서 클리너로 나아가는 길이다. 처음부터 절대자의 위치에서 시작하는 사람은 없다. 성공은 일을 망치고, 해법을 찾고, 자기 자신을 믿어야 비로소 가능하다.

어떤 분야에서 최고가 된다는 말은 등 뒤에 커다란 과녁을 짊어진다는 뜻이다. 만약 당신의 직장 동료, 친구, 경쟁자 들이 뒤에서 수군대며 총구를 겨누기 시작한다면 그건 다 본인이 일을 잘해온 덕분이라고 생각해도 좋다. 그들이 당신의 신상이나 업무에 과하다 싶을 만치 신경 쓰고 당신의 '실패' 여부를 궁금해한다면 말이다. 하지만 실패라니, 그게 그 근처에도 못 가본 자들이 할 말일까?

클리너의 관점에서 실패란
애당초 존재하지 않는 것이다.

성공을 향한 여정은 끝이 없다. 일이 계획대로 되지 않을 때 클리너는 본능적으로 결과를 내기 위한 다른 대안을 찾는다. 그럴 때 그는 당황하거나 부끄러워하지도 않고 누군가를 탓하지도 않으며 남들이 그런 상황에 관해 왈가왈부하는 것도 신경 쓰지 않는다. 도전은 무한히 계속되기에, 절대 완결이란 없기에.

실패를 부르는 주문

'실패'를 성공으로 뒤바꾸고 싶은가? 그렇다면 당신은 선택해야 한다. 당신의 팀이 최종 결승전에서 패했다면, 사업이 무너졌다면, 그간 노력해온 업무에서 성과를 내지 못했다면 이제는 진화의 다음 단계로 나아가야 할 때다. 당신이 누구이고 어떻게 이 먼 곳까지 왔는지 기억하라. 직감에 귀를 기울여라. 당신의 직감은 무엇을 말하고 있는가? 성공을 향한 여정에 완전한 끝이란 없다. 당신에게는 선택이 있을 뿐이다.

클리너의 법칙

쿨러는 실패를 인정한다. 클로저는 더욱더 애써본다. 클리너는 다른 결과를 내기 위해 전략을 세운다.

실패를 인정하는 것은 지금 다루는 주제는 물론이고 이 책 어디서

멘탈리티

든 애초에 논할 바가 아니다. '목표를 포기하는 것'과 '악착같이 싸워나가는 것'은 어떤 식으로든 양립하지 못한다. 스스로 실패했다고 인정하면서 선택의 여지가 없었다고 말하는 사람들은 결국 성공하거나 최고가 되는 데 혹은 자기 자신에게 그만큼 진심을 다하지 않았다는 뜻이다. 그런 이들은 "한번 해보겠다"고 하면서 일이 잘되지 않으면 금세 포기하고 만다.

그렇게 '재는 짓'은 집어치워라. 한번 해본다, 시험 삼아 해본다는 것은 실패를 부르는 일종의 주문이자 "어쨌든 시도는 해봤으니까 실패한다 해도 난 잘못이 없어"라는 말과 다르지 않다.

당신은 '일단은 최선을 다해보자'는 식으로 일하는가? 아니면 '정말로' 최선을 다하는가? 이 두 가지에는 크나큰 차이가 있다. "글쎄요, 저도 어느 정도는 노력해봤어요." 아니, 그런 것 말고 '진짜로 한 일'을 내게 말해달라.

하거나 하지 않거나, 그 중간은 없다.
하고 안 되면 다시 하라.

이 방법은 써봤는가? 저 방법은 또 어떤가? 머릿속에 든 여러 가지 아이디어를 모두 따져보았는가? 불리해진 형세를 뒤집기 위해 그 외에도 할 수 있는 일들이 있지는 않은가?

진정 뛰어난 수준에 오르고자 한다면 희생을 아끼지 않아야 한다.

그것이 바로 성공의 대가다. 사람은 원하는 목표에 닿지 못하고 처음 그 쓴맛을 보기 전까지는 스스로 그것을 얼마나 원하는지 알지 못한다. 그러나 일단 그 맛을 경험하면 입안의 쌉쌀함을 지우기 위해 죽기 살기로 싸우게 된다. 살다 보면 운동을 하면서 후보 신세가 될 수도 있고, 사업을 하다가 큰돈을 잃을 수도 있고, 다른 누군가가 내가 원하던 직위로 진급할 수도 있다. 물론 그럴 때 도전을 포기하는 사람들도 있다. 그들은 아직 목표를 향해 나아가는 사람에게 너도 그만두는 편이 좋다고 가장 먼저 포기를 종용한다. 혹시 당신이 발걸음을 내딛길 그만두었다면 그건 당신 자신의 선택인가 아니면 포기하라는 그들의 말 때문인가? 그러나 아직 해야 할 일이 남아 있지는 않은가? 어떻게든 해내서 분위기를 뒤집겠다는 맹렬한 의지가 저 깊은 곳에서 여전히 타오르지 않는가? 그런 상황에서 클로저는 멈추는 것이 불가피할 때까지 계속 앞으로 나아간다. 일찍이 이야기했다시피 클로저는 막바지에 이르러 존재감을 보이는 사람이다. 하지만 일단 그 종점이 다가오면 이렇게 느끼고 만다. 이제 다 끝났다고, 더는 갈 곳이 없다고.

반면에 클리너는 끝을 받아들일 줄 모른다. 그 대신 언제 방향을 전환해야 하는지를 안다.

우리가 살면서 가장 대응하기 어려운 상황 가운데 하나는 이미 목표를 확고하게 정해둔 상태에서 방향을 바꿔야 할 때다. 여차저차 중요한 결정을 내리고, 그 목표를 이루기 위해 노력하고, 성공을 누릴 자격까지 손에 넣었건만 어찌된 영문인지 일이 계획대로 풀리지 않을 때가 있지 않던가?

언제 진로를 변경해야 할지 아는 것은 나약함이 아니다. 다른 대안을 모색하길 거부하다가 주어진 상황에 적응하지 못하고 사사건건 실패하는 것이 정말 나약한 것이다.

다들 그런 경험이 있지 않은가? 일을 하면서 왠지 이건 아니라고 직감하는 경우. 어쩌면 일이 계획만큼 빨리 진행되지 않아서 혹은 기대한 만큼 돈이 벌리지 않아서 그럴 수도 있고 단순히 지금 맡은 업무나 함께하는 동료가 마음에 들지 않아서 그럴 수도 있다. 아니면 당신 스스로 통제할 수 없는 외적인 요소가 현 상황에 영향을 미쳤을지도 모른다.

그럴 때 내면에서 울려 퍼지는 목소리에 귀 기울일지 말지를 결정하는 것은 오직 자기 자신뿐.

그 순간 본능은 우리 인간에게 존재하는
가장 강력한 도구가 된다.

그것이 프로 스포츠에서는 은퇴하느냐 아니면 한 시즌을 더 뛰느냐에 관한 결정으로 이어진다. 또 그것이 어린 선수들에게는 현 종목에서 후보 선수로 물러나느냐 아니면 다른 종목을 찾아보느냐로 이어진다. 비즈니스에서는 그것이 직장이나 직업을 바꾸느냐, 회사를 새로 만들거나 파느냐를 결정하기도 한다. 결국 상황이 어떻든 간에 중요한 것은 변화할 때를 아는 용기와 자신감이다.

그런데 스스로 이만하면 됐다고 받아들이고 언제 노력의 방향을 성공 가능한 다른 영역으로 돌려야 할지를 알려면 핵심을 짚어줄 특별한 누군가가 필요하다. 꿈이란 처음 마음속에 그렸던 것처럼 펼쳐지지 않을 때가 종종 있다. 하지만 거기에 약간의 창의력과 통찰이 더해진다면 목표를 수정하여 자신이 늘 바라던 꿈과 연결된 또 다른 길로 나아갈 수도 있다.

나는 지금 몸담은 분야에서 내가 최고라고 당당히 말할 수 있다. 내게는 분명 그럴 자격이 있다. 그러나 최고가 되기까지는 언제든 진로를 전환할 각오를 하고 성공과 실패에 관한 세간의 고정관념에 휘둘리지 않기 위해 정말 많은 교훈이 필요했다.

그런 교훈을 처음 얻은 건 일리노이대학교 시카고캠퍼스에서 농구부원으로 활동할 때였다. 나는 농구 선수로 성공하길 한창 꿈꾸던 중에 전방 십자 인대 파열상을 겪었다. 그리고 재활 치료가 잘못된 탓에 엉덩이와 다리, 무릎까지 상태가 좋지 않았다. 지금 겉으로 봐서는 알 수 없지만 그 외에도 내 몸에는 정형외과적인 관점에서 이상이 있다고 지적할 만한 부분이 꽤 있다. 물론 그 시절에는 내 가장 큰 약점이 언젠가 최고의 강점이 되리라고, 다시 말해서 온갖 부상과 수술에 대한 내 경험이 같은 곤란을 겪는 이들, 그것도 엘리트 중의 엘리트들을 돕는 데 보탬이 되리라고는 전혀 알지 못했다.

334

당시에 내 농구 실력은 꽤 좋은 편이었다. 하지만 NBA를 노릴 정도는 아니었다. 그때 나는 그런 사실을 받아들일 준비가 안 되어 있었다. 처음 부상을 당했을 때 내 머릿속은 온통 농구를 하고 싶다는 생각뿐이었다. 나는 신앙심이 그리 깊은 사람은 아니지만, 지금 생각해보면 십자인대 부상은 아마도 이런 계시가 아니었나 싶다. "얘야, 너는 농구로 성공하려고 너무도 많은 시간과 노력을 들이고 있지만 그 일은 이루어지지 않을 것이란다. 그러니 이제는 네가 평생할 일에 집중하고 한시라도 빨리 바른길로 나아갈 수 있게 그 망가진 무릎을 붙들지 말려무나."

그러나 나는 내 꿈의 또 다른 결말에 눈 돌릴 준비가 되어 있지 않았다. 엉망이 된 무릎에 커다란 보호대를 차고 부상과 형편없는 재활 치료의 후유증을 극복하려 애쓰면서 나는 계속 농구를 했다.

그러던 어느 날 전환점이 찾아왔다. 어떤 토너먼트 시합에 출전했을 때 난생처음 보는 꼬마가 나를 가리키며 이런 말을 하는 게 아닌가. "이 아저씨, 예전에는 잘했는데."

아….

그렇구나.

정신이 번쩍 들었다. 지금껏 성공 가능성이 없는 일을 억지로 밀어붙여 왔다고 깨닫는 데 필요했던 것은 바로 그 한마디였다. 물론 아이의 말에 그런 뜻이 담겼을 리 없었다. 녀석은 내가 이미 아는 사실을 말했을 뿐이다. 그전까지는 차마 인정하지 못했던 것을. 그날 이후 나는 친구들과 한 차례 시합을 해보고 그길로 농구를 그만뒀다.

이제는 내 꿈이 새롭게 나아갈 길을 찾아야 할 때였다. 배우고 또 적응하면서. 나는 고장 난 몸 때문에 농구를 직접 하지는 못하지만 그동안 배운 지식을 활용하여 좋은 일을 할 수 있다는 걸 깨달았다. 이미 내 눈에는 무엇을 해야 할지가 뚜렷하게 보였다. 어딘가의 팀 소속으로 일하고 싶지는 않았다. 내가 원했던 것은 내 이름을 내건 자영업이었고 농구계에 몸담은 인재를 더 강하게 단련시키는 일이었다. 그렇게 나는 NBA에 내 나름의 흔적을 남기기로 마음을 먹었다.

결과적으로 그 선택은 나쁘지 않았던 것 같다. 물론 당시의 꿈이 어떤 모양을 갖출지 직접 확인하기까지는 조금 더 시간이 걸렸다. 나는 아직 브래드 셀러스Brad Sellers를 비롯한 여타 불스 선수들을 좇으며 팀 그로버의 일대일 트레이닝 서비스를 받아보라고 내내 편지를 날리는 중이었다. 답신은 한 통도 오지 않았다. 내 예상에 마이클 조던은 트레이너를 고용할 가능성이 가장 작아 보였고 특히 프로 선수를 한 번도 훈련시켜본 적 없는 초짜에게 일을 맡길 것 같지 않았다. 그래서 그때 그에게는 연락한 적이 없었다.

그리고 그 과정들을 겪으면서 나는 알게 되었다. 한번 해본다는 생각으로 재지 말고 진짜로 해야 한다는 것을.

오늘날 내가 세계 최고의 선수들에게 몸 관리법을 가르치는 것은 결국 이 일을 처음 시작하여 장애물과 맞닥뜨렸을 때 나 자신이 처했던 상황을 실패로 보지 않았기 때문이다. 모두가 부정적으로 보는 상황을 역으로 잘 활용한 덕분에. 거대한 장벽 앞에서 의기소침해지거나 숨지 않고 이 길이 아니라면 저 길로 간다는 의지로 눈을 부릅뜬 덕분에. 또 온갖 의심의 눈초리를 보내는 이들에게 "나는 해낼 거야"라고 말한 덕분에.

그럴 때 자신이 세운 새로운 계획을 모두가 이해하거나 받아들일 것이라고 기대해서는 안 된다. 세상 사람들 대부분은 안전한 상태에 머무는 데 만족하거나 나쁜 결과를 낼까 봐 지나치게 겁을 낸다. 그러면서 새로운 일을 하는 사람에게 본인이 품은 모든 두려움과 의심을 투영한다. 즉 우리가 새로운 기회를 기대할 때 그들은 실패를 기대한다.

처음에 내가 이 분야로 진출하겠다고 결심했을 때 다들 이런 말을 했다. "아, 체육 교사를 하려고?" 아니. "퍼스널 트레이너를 할 생각이야?" 아니. 나는 퍼스널 트레이너가 아니다. 퍼스널 트레이너는 헬스클럽에서 고객과 일정을 맞춰 한 시간가량 운동을 도와주는 사람이다. 나는 내 고객들을 위해 1년 365일 평일과 주말, 밤낮을 가리지 않고 24시간 내내 일한다. 선수들이 부르면 어디든 간다. 만약 내 직업이 무엇이냐고 묻는다면 운동 전문가라 해도 좋고 일종의 건축가라 해도 좋다. 건축가가 건물을 만들듯이 나는 사람의 몸 구석구석을 새롭게 짜 맞추니까. 과연 이 어깨를 어떻게 다시 살려낼까? 이 선수의 몸을 더 강하고 튼튼하게 만들려면 체형을 어떻게 바로잡아야 할까? 이렇듯 나는 인체의 건축가로서 고객들이 의뢰한 몸과 마음의 모든 부분을 책임지고 관리한다.

이는 순전히 내가 농구 선수로서 '실패'한 덕분이다. 나에게 성공이란 얼마나 많은 돈을 버느냐가 아니다. 돈은 단 한 번도 그 기준이었던 적이 없다. 성공은 아무도 할 수 없는 일을 해내는 것이다.

모험은 당신을 위대하게 만든다

두 해 전에 나는 퍼듀대학교 농구 선수였던 로비 험멜Robbie Hummel과 여름 내내 함께 일했다. 농구 실력이 좋았지만 녀석은 8개월 동안 두 번이나 전방십자인대 파열상을 겪은 상태였다. 2010년 초, 3학년으로 대학 리그 최고의 선수 중 하나로 인정받던 그는 시즌 종료까지 여덟 경기만을 남겨둔 상황에서 처음 그 부상을 당했다. 다시 코트로 돌아가기 위해 그는 수술을 받고 학교 소속 트레이너들과의 재활 훈련을 거쳐 4학년으로서 팀에 복귀했다.

그런데 팀원들과의 연습 첫날 그 부위가 또다시 파열되었다. 시즌을 통째로 날린 것은 물론이고 다시는 농구를 할 수 없을 것 같았다.

8개월 만에 같은 수술을 또 받는다? 전방십자인대 손상을 두 번이나 겪고 다시 선수 생활을 한다? 고생길이 눈에 훤한데 결과가 어찌 될지는 불분명했다. 장래가 촉망되던 신장 203센티미터짜리 전미 대표급 포워드의 선수 생명이 아무래도 끝난 것 같다는 소문이 돌았다. 바로 그 무렵에 그의 아버지가 내게 전화를 걸어 물었다. 나한테 맡기면 로비를 코트로 복귀시킬 수 있느냐고, 녀석이 5학년을 달고서라도 다시 한번 기회를 잡을 수 있느냐고.

여태 우리 업계에 전방십자인대 파열상을 연달아 겪은 선수를 성공적으로 재활시킨 사람이 있는지 모르겠지만, 내게는 로비 이전에 그런 경험이 이미 두 번 있었다. 우리가 무엇을 해야 하는지는 모두 내 머릿속에 있었다.

> 필요한 것은 몇 달 간의 변함없는 헌신과
> 흔들리지 않는 멘탈이었다.

물론 선택은 그의 몫이었다. 이후 7개월 동안 로비는 시카고의 어택 애슬레틱스 체육관과 그의 고향인 인디애나주의 밸퍼레이조를 오가며 일주일에 5일, 하루에 두 번씩 재활 훈련에 전념했다. 그는 매번 한 시간씩 차를 몰고 체육관에 왔는데 처음에 우리가 진행한 훈련의 강도와 속도에 조금 놀랐던 모양이다. 언젠가 기자들 앞에서 그는 이렇게 말했다. "첫날에는 저한테 몇 가지 지시 사항이나 알려주고 키랑 몸무게 정도만 재는 줄 알았어요. 그런데 거기 간 지 한 시간도 안 돼서 그날 먹은 걸 전부 토하고 말았죠."

우리의 목표는 2011~2012 시즌 빅 텐 컨퍼런스^{Big Ten conference}♦에서

♦　NCAA가 주관하는 대학 스포츠 리그는 경기력과 시설, 관중수 등을 기준으로 디비전1~3으

첫 시합이 열리는 시점까지 로비의 몸 상태를 최상으로 끌어올리는 것이었다. 사람들은 불가능하다고 했다. 이미 담당 의사에게서는 다시 농구를 해도 괜찮다는 소견이 나왔지만, 로비가 내 허락을 얻기 위해서는 남은 한 가지 테스트를 반드시 통과해야 했다. 바로 1.2미터짜리 원통 위에서 바닥으로 뛰어내리고 다시 뛰어오르는 것, 내가 무릎과 발목, 엉덩이 부위의 재활을 마친 모든 선수에게 늘 시키는 그 동작이었다. 그리고 마침내 마지막 테스트를 통과한 날, 나는 이제 가도 좋다고 작별 인사를 하고 녀석을 학교로 돌려보냈다. 이제 내 임무는 끝이 났고 그의 임무가 시작된 셈이었다.

이후 로비는 어느 때보다 좋은 몸 상태로 코트에 복귀했을 뿐 아니라 득점, 리바운드, 블록 슛, 3점슛, 자유투 부문에서 컨퍼런스 내 상위 10위 안에 들며 생애 세 번째로 빅 텐 컨퍼런스 퍼스트 팀◆에 선정되었다. 게다가 마지막으로 뛴 대학 농구 토너먼트 시합에서는 아주 근소한 차이로 캔자스대학교에 패하긴 했지만 3점슛 다섯 개를 포함해 26득점을 올리며 대활약을 펼쳤다. 그 무렵 우리는 더는 함께 일하는 관계가 아니었으나 녀석이 NBA 드래프트 2라운드에서 지명을 받고 또 그 뒤에 스페인 리그로 가서 프로 선수 생활을 시

로 나뉘며 각 디비전은 여러 개의 컨퍼런스로 또 나뉜다. 빅 텐 컨퍼런스는 미국 중서부 지역 스포츠 명문 대학들의 연맹으로, 퍼듀를 비롯하여 인디애나, 아이오와, 메릴랜드, 미시간 등 총 14개 대학교가 포함된다.

◆　리그에서 포지션별로 가장 우수한 선수들을 선발하여 만든 베스트 파이브를 뜻한다.

작했을 때 나는 너무나도 기뻤다.

그런데 녀석은 새로운 시작과 동시에 반월판 부상을 당했다. 또 수술을 해야 했고 더 많은 노력과 헌신이 필요했다. 대개는 포기할 법한 상황이었다. 하지만 그는 계속 앞으로 나아갔다.

결국 모든 것은 선택이다. 나는 선수들에게 모든 사실을 숨김없이 말하고 계속 싸워나갈지 아니면 포기할지를 직접 정하게 한다. 일례로 한때 코비와 라이벌이었던 트레이시 맥그레이디Tracy McGrady의 경우 18개월짜리 재활 치료를 받느냐 마느냐를 두고 정말 어려운 결정을 내려야 했다. 선수 생활의 2년을 버리는 셈 치고 40대, 50대가 되어서도 여전히 쌩쌩한 무릎을 갖느냐, 아니면 위험을 감수하면서 18개월의 절반 정도 되는 시간 동안 무릎이 선수 생활 종료 시점까지 잘 버티게 만들어놓고 뒷일은 은퇴 후에 생각하느냐. 그런 결정을 내가 대신 내리기란 불가능하다. 지금까지 더 긴 재활 기간을 고르는 선수는 한 명도 없었지만 말이다.

그런 상황에서 나는 늘 어떤 선택지가 있는지 제시한다. 선수들은 그중에서 어떤 길을 갈지 정해야 한다. 안전한 길을 택하는 사람은 그럭저럭 괜찮은 선수로 남는다. 허나 악착같은 투지는 기꺼이 모험을 감행하는 자에게 깃든다. 안전한 길은 당신에게 적당히 좋은 삶을 안겨주지만 모험은 당신을 위대하게 만든다.

길버트 아레나스 역시 자기 몸을 걸고 모험을 한 사례다. 그가 무릎 수술을 세 번이나 받고 우리 체육관을 찾아왔을 때 나는 이렇게 말했다. 지금 그 무릎 상태로는 100도를 굽힐 수 있다고. 또 3년 뒤에는 그게 90도로 줄어들 테고 앞으로 7년이 지나면 75도 정도만 굽힐 수 있다고 말이다. 그러자 길버트가 물었다. 농구를 하려면 얼마나 굽힐 수 있어야 하느냐고. 나는 45도 정도면 문제없다고 대답했다. 그는 그럼 됐다고, 계획대로 재활 훈련을 진행하자고 했다. 우리 체육관 사람들은 길버트가 100퍼센트 다시 코트로 돌아갈 수 있다고 보았다. 3개월간 내게 고문을 당하기 위해 온 짐을 다 싸들고 시카고로 이사를 올 정도라면 이미 마음 자세가 제대로 되어 있다는 말이었으니까.

그처럼 큰 결단은 궁극적으로 성공과 실패를 가른다. 과연 선수들은 누구를 신뢰할까? 의사들의 초점은 모든 의학적 가능성을 따져보고 환자를 최대한 회복시키는 데 맞춰져 있다. 그들은 눈에 보이는 증상을 다룬다. 반면에 나는 그 원인을 바로잡는다. 구단과 후원 기업들은 자기네 선수가 어떻게든 빨리 코트로 돌아오길 바란다. 에이전트들은 다음 계약을 위해서 현 상황을 어떻게 이용할지 머리를 굴린다. 나는 그저 다친 부위를 살피고, 모든 관계자들에게 그 정보를 전달하고, 당사자에게 선택지를 줄 따름이다. 이 방식으로 처리하면 이런 결과가 나오고, 저 방식으로 처리하면 저런 결과가 나온다고. 부상의 원인은 여기에 있고, 이 계획대로 하면 다시는 다칠일이 없다고. 결정은 모두 본인의 몫이다.

그렇게 인생을 좌우하는 위험한 결정을 두고 신뢰받을 때 나는 성공했다고 느낀다. 물론 돈은 좋지만, 그보다는 뛰어난 실력을 발휘할 시간이 얼마 남지 않은 이들을 돕는 것이 더 좋다. 나는 주완 하워드^{Juwan Howard} 같은 선수를 정말 좋아한다. 그는 1994년에 NBA 선수가 되어 거의 20년에 달하는 세월 동안 우승 반지 하나를 얻기 위해 매년 필사적으로 노력했고 2012년에 마이애미 히트에서 마침내 그 결실을 맺었다. 말이 20년이지 나이 마흔이 다 되도록 몸 상태를 유지하며 계속 시합에 나간다는 것이 얼마나 많은 노력을 요하는지 아는가? 그것도 단지 그 최종 목표를 이루기 전까지는 은퇴를 용납할 수 없다는 이유 하나만으로 말이다. 실패를 거부하고 승자가 된다는 것은 바로 그런 사람을 일컫는다.

클리너는 떠나야 할 때가 언제인지 또 어느 방향으로 가야 하는지를 안다. 그러나 절대 급하게 달리지 않고 언제나 한 발 한 발 발걸음을 이어간다. 스스로 내린 결정을 따라서 유연하게. 작은 전투에서는 질 수도 있다. 진짜 목표는 큰 전쟁에서 이기는 것이니까. 시합 하나둘쯤은 질 수도 있다. 한 시즌의 승자가 되기 위해서. 이번에 우승을 놓쳤다면 다시 일어서서 3년 연속 우승을 향해 전진한다. 일자리를 잃었다면 새로운 사업을 시작할 기회로 삼는다. 과연 그는 성공했을까 실패했을까, 그 최종 결말이 무엇인지는 아무도 모른다.

#1.

업적에 취하지 않고
항상 더 많은 것을 이루길 바란다

> **쿨러**는 축하 행사에 가장 먼저 도착하여
> 마지막에 떠난다.
> **클로저**는 행사장에 모습을 비춘 뒤 측근들과
> 다른 곳에서 시간을 보낸다.
> **클리너**는 다시 일터로 돌아가기만을 바란다.

나는 우승 퍼레이드를 즐기러 이곳 행사장에 나온 것이 아니다. 내 고객이 내일 아침에 샴페인에 절은 티셔츠를 입고 눈을 뜰 때까지 여기서 마냥 기다리고 있을 생각도 없다. 퍼레이드가 다 끝나면 우리는 몇 분 안에 서로를 발견할 테고 그러면 내 용건도 끝난다.

"그 시각이면 되겠어?"

"그때 봐요."

끝.

다음.

클리너는 이 두 단어를 가장 좋아한다.

클리너의 세계에는 언제나 더 해야 할 일이 있다. 더 증명할 것이 있다. 언제나 그렇다. 축하는 남들이나 실컷 하라고 해라. 정작 임무를 완수한 그는 여전히 만족하지 못하고 있으니까.

만약 결승 시리즈에서 여섯 경기 만에 최종 승리를 따냈다면 그는 다섯 경기 만에 해내지 못한 데 실망할 것이다. 또 벤치프레스를 하며 88킬로그램짜리 역기를 들었다면 왜 90킬로그램을 들지 못했을까 하고 생각할 것이다. 그리고 어딘가에서 100만 달러를 받기로 계약했다면 120만 달러를 받을 수는 없었을까 하고 계속 의문을 품을 것이다. 결코 만족이란 없기 때문에.

드물게 클리너 스스로 축하하고 싶은 마음이 들 때는 홀로 잠시 기분을 낼 뿐 누구와도 그 순간을 나누지 않는다. 그 지점에 이르기 위해 어떤 고난을 겪어왔는지 아무도 공감하지 못하기 때문이다. 다른 이들이 마음껏 기뻐하고 축하할 수 있는 건 그가 모든 것을 가능케 했기 때문이다. 어쩌면 그들은 그 사실을 아예 인지하지 못할 수도 있다. 하지만 클리너 본인은 분명히 안다.

그가 많은 업적을 이루고 고되게 노력해온 것은 그러한 축하의 순간이나 다른 누군가를 위해서가 아니다. 온몸이 전율하듯 강렬한 만족감에 휩싸이는 그 느낌, 모두가 바라지만 오직 극소수만이 경험할 수 있는 그 한순간을 위해 그는 끝없이 땀 흘린 것이다.

그러나 그 감각은 깊이 음미할 새도 없이 금세 사라져버린다. 그 뒤로 클리너의 머릿속은 어떤 대가를 치르고서라도 그 감각을 다시 손에 넣겠다는 생각으로 가득 찬다.

그렇게 찰나의 만족감은 '더'를 외치며 저 깊은 곳에서 뜨겁게 솟아오르는 욕구로 대체된다.

클리너는 승리가 안겨주는 적막한 비애감을 잘 안다. 모두가 승리를 만끽할 때 그는 곧 다가올 허탈감에 대비하면서 승리의 영광은 이미 지난 일임을, 또 방금 이룬 것보다 더 크고 험난한 새 도전거리가 있음을 엄중히 깨닫는 자각의 시간을 기다린다.

만약 축하 파티에서 클리너를 찾고 싶다면 행사장 가장자리에 홀로 서서 다른 이들을 지켜보는 사람을 찾아보면 된다. 그는 동료들이 맡은 일을 모두 끝냈다는 만족감을 안고 귀가할 수 있다는 데 기쁨을 느낀다. 하지만 그 자신의 임무는 언제나 막 시작되었을 따름이다. 그는 이미 다음에 해야 할 일, 다음에 맞을 위험 요인, 다음 사냥감을 생각하고 있다. 만약 다음에 팻 라일리의 팀이 NBA 우승을 한다면 그를 잘 살펴보기 바란다. 누구보다 덤덤한 표정으로 축하 행사를 맞을 테니까. 그는 최정상에 도달하고 그 자리를 지키는 데 어떤 대가와 희생이 필요한지를 너무나 잘 아는 사람이다.

진정한 클리너는 가장 높은 곳에 도달하자마자 스스로 가장 낮은 곳으로 향한다. 최정상에 다다르고 한 5분간은 그도 더할 나위 없는 희열을 느낀다. 또 뒤이은 24시간은 비교적 행복한 기분으로 지낸다. 그리고 그 뒤에는…

다시 일터로 돌아간다.

세인은 하나같이 그에게 대단한 일을 해냈다고 말할 것이다. 물론 그도 그 사실을 안다. 그러나 남들의 인정은 아무 의미가 없다. 다른 사람들이 기대하는 수준보다 그 스스로 세운 기준이 훨씬 더 높기 때문에. 이기든 지든 그는 시종일관 지난 일을 더 잘해내거나 더 수월하게, 더 빠르게 아니면 다른 방식으로 할 수는 없었을지 생각한다. 그래서 임무는 끝났어도 매번 머릿속은 여전히 '더 많은 걸 할 수 있지 않았을까?' 하는 생각으로 차 있다.

악착같이, 끈질기게 최고의 길을 좇는다는 건 바로 그런 것이다. 언제나 자기 능력을 믿고 남들이 바라는 것 이상으로 자기 자신에게 큰 성과를 요구하는 자세.

이기는 것은 중독이다.

그 위대한 NFL의 명장 빈스 롬바르디[Vince Lombardi]가 그랬듯이 "이기는 것은 습관"이라는 말도 맞지만, 습관이 반복되면 필연적으로 중독이 되는 법이다. 승리의 맛이란 직접 경험하기 전까지는 도무지 알 수가 없다. 그러나 한 번 맛보면 일평생 점점 더 많은 승리를 갈망하게 된다. 저 깊은 곳에서 내면의 어둠이 제발 승리의 쾌감을 전해달라고 꿈틀대는 것을 느끼게 된다. 그리고 홀로 몰입의 세계에 들어섰을 때도 떠오르는 것은 오로지 성공을 향한 갈망뿐이다. 그렇게 우리가 하는 모든 선택, 모든 희생, 혼자서 준비하고 배우고 꿈꾸며 보내는 모든 순간, 다시 말해 삶의 모든 초점이 그 중독적인 욕구를 충족시키는 데 맞춰진다.

만약 지금까지 이 글을 읽으면서 왜 그렇게까지 이기려고 노력해야 하느냐고 혹은 그 정도로 애쓸 가치가 있느냐고 한 번이라도 의문을 품은 사람은 여기서 그냥 책을 접어도 좋다. 더 읽어봤자 어떤 심정인지 이해하지 못할 테니까.

승리의 희열을 재차 느끼려면 모든 과정을 처음부터 다시 시작하여 하나하나 다시 겪고 결과가 어찌 될지 불확실한 상황에서 이전보다 훨씬 더 많은 노력을 기울여야 한다. 한데 이런 사실을 알고도 계속 정상에 오르려는 이들을 보면 이 승리라는 것이 얼마나 무시무시한지 말로 다 할 수가 없다.

내가 코비와 막 함께 일하기 시작했을 무렵 주완 하워드는 LA 레이커스와의 시합에서 그를 만나 나와 줄곧 훈련을 해온 것이 선수 생활을 오래 지속하는 데 큰 도움이 되었다고 말했다. 그런 다음 주완은 그에게 몇 년 더 선수로 뛰고 싶은지 물었다.

"반지를 여섯 개 낄 때까지요."

그것이 코비의 대답이었다. 그는 주완의 질문과 다르게 햇수로 답하지 않았다. 대다수 선수가 으레 대답하듯이 은퇴하고 싶은 나이나 소속 팀과의 계약 기간을 듣지도 않았다. 코비의 기준은 우승 반지의 개수였다. 그 질문을 받았을 때 그에게는 이미 세 개의 우승 반지가 있었다. 그리고 얼마 뒤에 두 개를 연달아 손에 넣었다.

승리에 중독된다는 건 그런 것이다. 보통 선수들은 계약 기간이 몇 년 남았는지, 본인의 몸이 몇 시즌을 더 버틸 수 있을지 생각한다. 진정 위대한 선수들은 그런 생각을 아예 하지 않는다. 그들의 대답은 언제나 단 하나, 우승뿐이다. 혹시라도 한계에 부딪힐까 봐 걱정하는 경우는 없다. 자신에게 한계란 존재하지 않는다고 믿기 때문이다. 그들은 계속 앞으로 나아가다가 스스로의 결정으로 리그를 떠난다. 남들이 하는 말과는 상관없이 본인이 원하는 순간에.

클리너는 오로지 자기 자신을 위해 일한다. 그리고 그 결과로 승리는 모두에게 돌아간다. 한 개인이 내적인 목표를 충족시키고자 한 행동이 외적으로 큰 파급력을 발휘하는 것이다. 다시 말해서 클리너가 제 소망을 이루면 그를 둘러싼 모든 사람이 혜택을 입게 된다. 가령 클리너가 경영자로서 회사의 수익을 엄청나게 끌어올렸을 때, 그것은 큰 거래를 성사시키기 위해 그가 불철주야 일한 덕분이지만 그 성공은 직원들 모두의 것이 된다. 또 클리너가 승리를 결정짓는 마지막 슛을 성공시켰을 때, 그것은 그 한순간에 대비하여 그가 하루도 거르지 않고 수천 번씩 슛 연습을 한 덕분이지만 곁에 있는 동료들 역시 승자가 되어 집으로 돌아간다.

그러나 남들이 한껏 축제 기분에 젖을 때 정작 승리를 만들어낸 당사자는 그러지 못한다. 그는 모든 일이 끝난 뒤에도 경기 기록지를 들여다보며 좋은 기록이 아닌 나쁜 기록에 온통 신경을 쏠 테니까. "30득점, 10어시스트… 젠장, 실책이 두 개나 되네." 결과적으로 그는 그 나쁜 기록만을 기억하게 된다. "아, 실책을 두 개 저질렀던 그날 말이죠?" 그는 거의 완벽에 가까운 시합을 했지만 본인의 활약상에 결코 만점을 주지 못한다.

완벽에 가까운 상태에 머물지 않고 100퍼센트 완벽해지려는 욕구, 클로저와 클리너의 차이는 바로 거기에 있다. 자신이 낸 결과에 대한 불만, 언제나 떨쳐낼 수 없는 그 찝찝한 기분, 나는 분명히 더 잘할 수 있었다고 믿으며 그 믿음을 증명하기 위해 물불 가리지 않고 나아가는 삶. 과연 그런 태도가 인생을 살아가는 데 이상적이라고 할 수 있을까? 답은 나도 모른다. 쉽지 않다는 것만은 확실하다. 당신이 클리너라면 아마 가족과 친구들이 그런 자신을 내심 이해해주길 바랄 테지만, 보통은 그러지 못할 가능성이 크다. 인생 전체가 하나의 목표에 철저히 맞춰져서 그 외의 것들은 전부 잊고 사니까. 사업이든 스포츠든 인간관계든 무언가에 몰두하고 있을 때 필시 당신은 진지한 표정으로 열과 성을 다해 이렇게 외치리라.

"지금 하는 이 일을 위해서라면 난 뭐든지 포기할 수 있어. 남들이 날 어떻게 생각하는지는 아무래도 상관없어. 만약 여기서 나온 결과들이 내 삶의 다른 부분에 영향을 미치더라도 꼭 필요한 경우가 아니라면 난 신경 쓰지 않을 거야."

하지만 그처럼 결코 만족하지 못하는 삶이란 외로울 수 있다. 흔히 생각하기로 성공을 하면 마냥 행복해질 것 같지만 막상 성공을 경험해보면 상상과는 다른 경우가 많다. 물론 원하던 것을 손에 넣기는 한다. 그러나 클리너는 누구도 가지 않는 길을 겁 없이 가고 남들이 이해하지 못할 과격한 수단을 빈번히 택한 탓에 사람들 사이에서 외딴섬 같은 존재가 될 우려가 있다. 실제로 그간 짐작만 했던 그 우려는 꿈꾸던 모든 것이 이루어지는 순간에 사실로 밝혀진다. 그 위치에 도달하기 위해 그가 어떤 고초를 겪고 무슨 일을 했는지 아무도 이해하지 못하는 것이다.

나에게 절대 만족하지 않는다는 것은 당황하거나 허둥대지 않고 모든 상황에 잘 대비하며 적응할 준비를 갖춘다는 뜻이다. 이는 바꿔 말하면 모든 세부 사항을 빈틈없이 살피고 아무도 알아차리지 못할 만큼 작은 것까지 세심하게 주의를 기울인다는 뜻이다. 나는 농구공이 림에 들어가는 모습을 다 볼 필요가 없다. 공이 들어가는지 아닌지는 슛을 던지는 자세만 보면 안다. 그게 바로 내 일이니까. 슛을 던질 때 손목이 왜 이 위치에 있어야 하고 팔꿈치는 왜 저 위치에 있어야 하는지, 이 슛은 왜 들어가지 않고 저 슛은 왜 완벽한지를 선수들에게 알려주려면 확실히 알아야 하니까. 그렇게 내가 신체 각 부위의 자세와 동작이 모두 맞아떨어지는 것을 보여주면 그들은 도무지 믿기 어렵다는 반응을 보인다. 프로 선수 전문 트레이너로서 내가 남다른 이유는 바로 그런 데 있다. 세세한 부분 하나하나를 절대 그냥 넘기지 않고 선수들 역시 운동을 허투루 하지 않도록 만들기 때문에.

하지만 늘 그런 식으로 일하며 살면 여러모로 무리가 올 수 있다. 가령 경쟁심이 강한 사람들이 겪기 쉬운 문제로 번아웃 증후군이 있다. 이런저런 상을 받고 돈을 벌고 성공의 영광을 누리고 그러다가 어느 순간 모든 의욕을 잃고 누가 잠시라도 이 짐을 대신 져줬으면 하는 생각이 드는 것이다. 게다가 일상생활에서 늘 뒤따르는 압박감, 특유의 깐깐함, 긴장감 등은 주변 사람들에게도 영향을 미친다.

그래도 스포츠 이외의 분야에 몸담은 사람이라면 다른 선택지가 있다. 직장을 옮기거나 직업 자체를 바꿀 수도 있고 휴직을 하거나 다시 학교로 돌아갈 수도 있다. 아니면 현 직장에서 새로운 일을 배우는 방법도 있다. 그러나 운동선수들에게는 그야말로 꿈같은 이야기다. 리그에 제 나름의 발자취를 남기는 데 주어진 시간은 겨우 몇 년뿐이고 비슷한 나이대의 사람들이 이제 막 사회생활을 시작할 무렵에 대개는 선수 생활이 끝난다.

다시 하던 이야기로 돌아와서, 모든 엘리트 운동선수들은 어느 시점에 도달하면 남다른 결과를 내기 위해 악착같이 노력하고 싸워나가는 데 권태감을 느끼게 된다. 이 현상은 특히 어린 나이에 성공한 선수들, 이를테면 테니스 선수들이나 올림픽 출전 선수들처럼 어릴 적부터 늘 세계 각지를 오가며 시합과 훈련에 힘쓴 탓에 평범한 또래의 삶을 누리지 못한 이들에게서 흔하게 나타난다. 아이답게 살

기회가 없었던 사람은 그런 시간을 자연히 원하게 되어 있다. 책임과 목표, 성과 따위를 잊고 온갖 규칙을 무시한 채 즐겁게 놀고 싶은 마음은 그야말로 본능적인 것이니까. 나도 그 심정은 이해한다. 하지만 나는 우리 사회가 성인기 이전의 시간에 지나친 의미를 부여한다고 생각한다. 주어진 시간을 즐길 자유와 부만 있다면 우리는 어른이 되어서도 얼마든지 아이 같은 삶을 살 수 있다. 눈앞에 놓인 작은 기회를 살려 전설적인 존재로 발돋움한다면 나이와 상관없이 그 뒤의 여생을 얼마든지 아이처럼 신나게 보낼 수 있다. 그러니 전심전력으로 목표를 향해 나아가라. 설령 조금 늦은 나이에 이르러 원하는 것을 이룬다 해도 당신이 쌓은 그 업적을 누리며 살 시간이 앞으로 몇십 년은 더 남아 있을 테니까.

어떤 선수들은 제 기량이 한계에 도달했음을 알고 미련 없이 선수 생활을 접는다. 그러나 아직 은퇴할 때가 안 된 선수에게 번아웃이 닥치는 경우는 갈피를 잡기가 정말 어렵다. 어떨 때는 어렵사리 우승을 한 뒤 비시즌을 설렁설렁 보내고 이제 될 대로 되라는 식으로 새 시즌을 맞기도 한다. 보통 그런 선수를 원 상태로 되돌리는 것은 딱 한 가지, 바로 경쟁심뿐이다. 누군가가 내 자리를 차지할지도 모른다는 위기감을 느끼고, 자신이 아무 근심 없이 살을 찌우며 빈둥대는 동안 다들 여전히 피땀 흘려가며 경쟁심을 불태운다는 사실을 자각하는 것이다. 그럴 때 그들을 따라잡으려고 부지런히 애쓰지 않으면 챔피언이 되는 것은 요원한 꿈이 되고 만다.

클리너는 다른 사람들과 마찬가지로 번아웃을 겪지만 끝없이 성과를 내기 위해 달릴 때보다 은퇴라든가 자기 일을 잊고 살아야 한다는 생각을 할 때 오히려 더 큰 불안과 스트레스를 느낀다. 변함없이 승리를 향한 중독적 욕구가 채워지길 바라는 것이다. 한 분야에서 은퇴를 선언했다가 다시 복귀하는 사람들이 있는 것도 다 그런 이유에서다. 여태 이룬 결과물에 만족하지 못하고 여전히 증명할 것이 남았다고 느끼기 때문이다. 물론 그 대상은 이 세상이 아니라 자기 자신이다. 그들이 느끼는 압박감은 모두 내면에서 비롯하니까.

당신은 그러한 압박감을 갈망하고 받아들이며 그 기세 그대로 계속 나아가야 한다.

그 과정까지 애써 사랑할 필요는 없다.
오직 결과만을 끝없이 갈구하라.

가장 강력한 적수는 자기 자신이다

나는 지금까지 '불가능'이라 할 만한 일들을 수없이 경험하고 해내면서 불가능은 없다는 것을 깨달았고 매일같이 그 사실을 증명하기 위한 도전을 갈구하고 있다. 내가 할리우드의 유명인들을 배제하고 오직 운동선수들의 트레이닝만 맡는 이유도 다 거기에 있다. 내가 하는 모든 일은 실전 역량을 키우는 데 초점이 맞춰졌으며 우리 선수들이 서는 무대에는 메이크업도, 각본도, 숨을 곳도 없다. 그곳에서는 모든 상황이 사람들의 눈앞에서 실시간으로 펼쳐진다. 배우들은 각자의 결함과 실수를 수정하고 편집한다. 그러나 경기장에 나온 선수들은 아무것도 감추지 못하고 숨지 못한다.

나는 그러한 압박감이 좋다. 선수들을 철저히 준비시키고 전 세계가 지켜보는 가운데 우리의 고된 노력이 예술로 거듭나는 모습을 보는 것이 좋다. 나는 마이클이 야구를 하기 위해 몸을 만들고 다시 농구에 맞는 몸을 만드는 것을 돕게 되어서, 그래서 그가 첫 은퇴 이전의 우승 반지 세 개에 이어 새로운 세 개의 반지를 끼는 광경을 보게 되어서 참 좋았다. 또 코비의 능력을 최고 이상의 수준으로 끌어올리도록 도우며 그가 네 번째, 다섯 번째 우승을 일궈내고 더 많은 것을 이루고자 계속 전진하는 모습을 보는 것도 참 좋았다. 그리고 마이애미 히트가 2012년도 NBA 우승을 차지한 날 팻 라일리에게서 대체 어떻게 그 짧은 시간에 드웨인의 폭발력을 되살렸느냐고 질문을 듣는 것도 참 좋았다. 나는 해결이 필요한 상황이 주어지면 어떻게든 해법을 찾는다. 나를 움직이는 힘은 바로 그런 것이다. 매번 새롭게 도전하고 이전보다 더 나은 새로운 길을 찾는 것.

솔직히 말해서 나는 쉽게 감동을 받는 편도 아니고 뭔가를 남에게서 배우기보다는 독학으로 깨치는 편이다. 하지만 그런 내게 매일같이 가르침을 주고 도저히 상상도 못한 방법으로 도전을 안겨주는 사람이 하나 있으니, 그건 바로 내 예쁜 딸 필라다. 필라는 감정이 사람을 약하게 만든다는 것을 여실히 보여주는 살아있는 증거다. 딸아이에 관해서라면 나도 넘치는 애정을 주체하지 못하는 한 아버지에 불과하기 때문이다. 엄마를 닮아 영특하고 어여쁜 내 딸은 내가 강렬한 에너지와 경쟁, 끝없는 압박감으로 가득한 내면의 어둠으로부터 현실 세계로 돌아와야 하는 이유이자 내 인생의 하루하루를 빛과 사랑으로 물들이는 존재다. 나는 내가 딸의 모든 것을 자랑스러워하듯 내 모든 선택과 행동이 그 아이에게도 자랑스럽기를 무엇보다 바란다.

이런 말을 하는 이유는 내가 딸에게 조언하는 마음으로 지금 당신에게 진실을 전한다는 것을 알아주었으면 해서다.

우리가 마음속으로 그리는 모든 꿈, 잠든 사이에 보고 듣고 느끼는 모든 것은 환상이 아니다. 모두 현실이 될 수 있다고 저 깊숙한 곳에 있는 본능이 말하는 것이다. 그러한 비전과 꿈과 욕망을 따르라. 그리고 당신이 아는 것을 믿어라. 오직 당신 자신만이 그 꿈을 현실로 바꿀 수 있다. 그렇게 해낼 때까지 절대 멈추지 마라.

우리가 인생에서 맞는 최대의 격전은 다름 아닌 자기 자신과의 싸움이다. 당신에게 가장 강력한 적수는 언제나 다른 누구도 아닌 당신 자신이어야 한다. 항상 남들이 당신에게 바라는 것보다 스스로 더 많은 것을 요구하라. 자신에게 늘 솔직하라. 그래야만 어떤 상황에서든 스스로 준비를 갖췄다는 깊은 믿음과 자신감을 안고 모든 도전에 맞설 수 있다. 인생은 얼마든지 복잡해질 수 있다. 진실은 그

"

당신이 아는 것을 믿어라.
오직 당신 자신만이 그 꿈을
현실로 바꿀 수 있다.
그렇게 해낼 때까지 절대 멈추지 마라.

"

렇지 않다.

나는 진심으로 내게 한계가 없다고 믿는다. 당신 역시 스스로를 그렇게 믿어야 한다. 당신만의 본능에 귀를 기울여라. 지금도 그 본능은 계속 진실을 말하고 있다.

나는 내 모든 생각과 통찰력, 행동을 바탕으로 세상 누구보다 내일을 잘해내고 이제까지 아무도 가보지 못한 경지에 이르고 싶다. 나를 계속 나아가게 하는 힘은 그런 것이다. 당신을 움직이는 원동력이 무엇이든 간에 부디 그 힘이 당신 스스로 간절히 바라고 목표하는 곳으로 향하게 하라. 당신은 원하는 모든 것을 손에 넣을 수 있다. 클리너가 되어 꿈을 거머쥐어라.

악착같이 싸워라.

끝!

다음!

감사의 말

이 책이 나오는 데 힘써준 모든 분께 감사의 말씀을 드린다. 그중에서도 스크리브너 출판사의 섀넌 웰치 편집장과 악착 그 자체라 할 수 있는 나의 에이전트 겸 이 책의 공저자인 샤리 웽크, 여성이야말로 궁극의 클리너임을 입증한 이 두 사람에게 각별히 고맙다는 말을 하고 싶다.

또한 수전 몰도우와 낸 그레이엄, 존 글린을 비롯한 스크리브너의 또 다른 클리너들과 세상에 만족해도 좋은 수준은 없다는 신념으로 수년 간 나를 믿고 따라준 재능 충만한 모든 선수들에게도 감사의 인사를 전한다.

옮긴이 서종기

고려대학교 환경생태공학부를 졸업한 후 전문 번역가로 활동하고 있다. 옮긴 책으로《마이클 조던》,《나이키 이야기》,《유쾌한 소통의 기술》,《당신과 조직을 미치게 만드는 썩은 사과》,《필요의 탄생》,《남자의 구두》등이 있다.

멘탈리티
재능을 뛰어넘는 악착같은 멘탈의 힘

첫판 1쇄 펴낸날 2022년 11월 9일
7쇄 펴낸날 2023년 4월 20일

지은이 팀 그로버 · 샤리 웽크
옮긴이 서종기
발행인 김혜경
편집인 김수진
책임편집 곽세라
편집기획 김교석 조한나 김단희 유승연 김유진 임지원 전하연
디자인 한승연 성윤정
경영지원국 안정숙
마케팅 문창운 백윤진 박희원
회계 임옥희 양여진 김주연

펴낸곳 (주)도서출판 푸른숲
출판등록 2003년 12월 17일 제2003-000032호
주소 서울특별시 마포구 토정로 35-1 2층, 우편번호 04083
전화 02)6392-7871, 2(마케팅부), 02)6392-7873(편집부)
팩스 02)6392-7875
홈페이지 www.prunsoop.co.kr
페이스북 www.facebook.com/prunsoop   **인스타그램** @prunsoop

ⓒ 푸른숲, 2022
ISBN 979-11-5675-995-9(03190)